山东省中小学生红色主题研学旅行理论与实践教程

朱丽男　孟凤娇　**主　编**

张珊　田超　石媚山
张译文　夏淑娟　**副主编**

旅游教育出版社
·北京·

图书在版编目（CIP）数据

山东省中小学生红色主题研学旅行理论与实践教程 / 朱丽男，孟凤娇主编． -- 北京：旅游教育出版社，2022.12

ISBN 978-7-5637-4498-5

Ⅰ．①山… Ⅱ．①朱… ②孟… Ⅲ．①革命传统教育－教育旅游－教学研究－中小学 Ⅳ．①G631.3 ②G632.429

中国版本图书馆CIP数据核字(2022)第223042号

山东省中小学生红色主题研学旅行理论与实践教程

朱丽男　孟凤娇　主编

策　　划	施云峰
责任编辑	施云峰
出版单位	旅游教育出版社
地　　址	北京市朝阳区定福庄南里1号
邮　　编	100024
发行电话	（010）65778403　65728372　65767462（传真）
本社网址	www.tepcb.com
E-mail	tepfx@163.com
排版单位	北京旅教文化传播有限公司
印刷单位	唐山玺诚印务有限公司
经销单位	新华书店
开　　本	710毫米×1000毫米　1/16
印　　张	19
字　　数	247千字
版　　次	2022年12月第1版
印　　次	2022年12月第1次印刷
定　　价	69.00元

（图书如有装订差错请与发行部联系）

山东省中小学生红色主题研学旅行
理论与实践教程
编委会

主　编：朱丽男　　孟凤娇
副主编：田张珊　　田　超　　石媚山　　张译文　　夏淑娟

编　委：孙亚宁　　靳宏凤　　郭鑫鑫　　刘欣旭　　边游佳
　　　　王新越　　李佳蓓　　邹文慧　　王潇晗　　陈佳伊
　　　　尹文杰　　赵一静　　王胜南　　丁　禾　　盖奕帆

前 言

中小学生红色主题教育是具有战略意义的基础工程,在红色主题教育过程中要用好红色资源、传承好红色基因。近年来,中小学生研学旅行在红色主题教育中发挥着越来越关键的作用,2016年教育部等11部委印发《关于推进中小学生研学旅行的意见》,将研学旅行纳入中小学教育教学计划,通过研学旅行落实立德树人根本任务,其中红色主题研学尤为重要。为了更好地促使中小学生主动接受红色主题教育、主动提升教育效果,需要将红色主题研学旅行有效依托区域资源、深度契合课堂教学、遵循学生认知规律,以趣味性、任务式的研学旅行课程设计为突破口,向中小学生输出优质的红色主题研学旅行活动和高质量的研学旅行教育内容。给中小学生参与红色教育加上内部引擎,让更多青少年快乐地接受红色主题教育,这对完善、丰富、活化党和国家红色资源,以及对红色基因传承都具有重大现实意义。

本书是山东省社会科学普及应用研究项目《山东省中小学红色主题研学旅行理论与实践教程》(2020-SKZZ-80)研究成果;也是研学旅行管理与服务专业建设过程中校企合作、企业专家与校内教师产学研的成果之一。书中梳理了研学旅行以及红色主题研学旅行的缘起、政策和概况;详细论述了研学课程设计与实施的理论、方法和步骤;探讨了红色研学旅行的新技术支持路径;列述了中小学生研学旅行安全保障的建议和工具;最后在实地调研和前期理论研究的基础上,对山东省十六地市的红色文化资源进行了梳理,并选取典型案例,逐市进行中小学生红色主题研学课程案例示范。

本书由朱丽男、孟凤娇任主编,参与本书编纂的有:孟凤娇(第一章),

朱丽男（第二章），田张珊（第三章），石媚山（第四章），田超（第五章），张译文、夏淑娟（第六章），孙亚宁、靳宏凤、郭鑫鑫、刘欣旭、边游佳、王新越、李佳蓓、邹文慧、王潇晗、陈佳伊、尹文杰、赵一静、王胜南、丁禾、盖奕帆（第七章）。

  需要说明的是，在本书编写过程中，参阅了前人大量的文献资料，力求内容全面翔实、文字生动有趣。由于水平有限，虽然经过反复修订，书中仍难免有讹误错漏和可堪商榷之处，请专家和读者不吝指正。

编者

2022 年 5 月

目 录

第一章 研学旅行 ··· 1
- 第一节 我国研学旅行的缘起 ··· 1
- 第二节 研学旅行相关政策 ··· 6
- 第三节 研学旅行概述 ·· 12

第二章 红色主题研学旅行 ··· 19
- 第一节 红色文化 ·· 19
- 第二节 红色主题研学旅行概述 ·· 22
- 第三节 中小学红色主题研学旅行发展现状 ······························ 26
- 第四节 红色文化研学旅行资源 ·· 35
- 第五节 山东省红色主题研学旅行资源 ·································· 39

第三章 研学旅行课程设计 ··· 46
- 第一节 研学旅行课程设计理念 ·· 46
- 第二节 研学旅行课程设计的理论基础 ·································· 54
- 第三节 研学旅行课程需求调研 ·· 59
- 第四节 研学旅行课程的主题设计 ······································ 62
- 第五节 研学旅行课程目标与教学目标设计 ······························ 68
- 第六节 研学旅行课程资源的设计 ······································ 80
- 第七节 研学旅行课程的设计 ·· 83

第八节　研学旅行课程评价…………………………………………91

第四章　实施研学旅行课程教学方案………………………………101
　　第一节　研学旅行课程的教学原则……………………………101
　　第二节　研学旅行的教学模式…………………………………104
　　第三节　研学旅行的教学方法…………………………………105
　　第四节　中小学研学旅行常用的教学方法……………………107
　　第五节　基于 PBL 的研学实践…………………………………115

第五章　中小学红色主题研学旅行的新技术支持手段……………137
　　第一节　中小学红色主题研学旅行的新技术…………………137
　　第二节　中小学红色主题研学旅行的新技术成果及展望……141

第六章　研学旅行规范管理与安全保障……………………………144
　　第一节　研学旅行活动的规范管理……………………………144
　　第二节　研学旅行活动的安全保障……………………………151

第七章　红色主题研学课程案例……………………………………170
　　案例一　济南市红色文化研学旅行课程案例："决胜鲁中，保卫祖国"研学课程……………………………………………170
　　案例二　济南市红色文化研学旅行课程案例："热血永驻解放阁"研学课程………………………………………………174
　　案例三　青岛市红色文化研学旅行课程案例："红色基因代代传"研学课程………………………………………………178
　　案例四　青岛市红色文化研学旅行课程案例："海洋国防发展及影响"研学课程……………………………………………182
　　案例五　青岛市红色文化研学旅行课程案例："影响海洋国防发展的人物"研学课程…………………………………………187

案例六　淄博市红色文化研学旅行课程案例："和平使者"研学课程 …………………………………………………… 192

案例七　枣庄市红色文化研学旅行课程案例："壮气贯天地"研学课程 …………………………………………………… 208

案例八　枣庄市红色文化研学旅行课程案例："我是小小游击兵"研学课程 ………………………………………………… 213

案例九　枣庄市红色文化研学旅行课程案例："纪念抱犊崮"研学课程 …………………………………………………… 218

案例十　东营市红色文化研学旅行课程案例："文化传承，红色刘集"研学课程 ……………………………………………… 222

案例十一　烟台市红色文化研学旅行课程案例："聆听雷神庙的枪声"研学课程 ……………………………………………… 226

案例十二　潍坊市红色文化研学旅行课程案例："追溯抗战记忆，传递历史温度"研学课程 ………………………………… 231

案例十三　济宁市红色文化研学旅行课程案例："微山岛上忆英雄"研学课程 ………………………………………………… 235

案例十四　泰安市红色文化研学旅行课程案例："打响第一枪"研学课程 …………………………………………………… 239

案例十六　威海市红色文化研学旅行课程案例："海洋国防的'利刃'"研学课程 …………………………………………… 248

案例十七　日照市红色文化研学旅行课程案例："民俗文化我来传"研学课程 ………………………………………………… 253

案例十八　临沂市红色文化研学旅行课程案例："演绎浓浓红嫂情"研学课程 ………………………………………………… 258

案例十九　临沂市红色文化研学旅行课程案例："愚公移山，改造中国"研学课程 …………………………………………… 263

案例二十　临沂市红色文化研学旅行课程案例："沂蒙小调永流传"研学课程 ………………………………………………… 268

案例二十一　德州市红色文化研学旅行课程案例："初心不改，使命担当"研学课程 …………………………………………………… 272

案例二十二　聊城市红色文化研学旅行课程案例："人民公仆，大爱无疆"研学课程 …………………………………………………… 276

案例二十三　聊城市红色文化研学旅行课程案例："纪念孔繁森"研学课程 ………………………………………………………………… 280

案例二十四　滨州市红色文化研学旅行课程案例："沿先辈足迹，走进红色革命堡垒村"研学课程 ……………………………… 284

案例二十五　菏泽市红色文化研学旅行课程案例："红色情怀驻心间"研学课程 ………………………………………………………… 288

第一章　研学旅行

第一节　我国研学旅行的缘起

在我国古代就已经有了研学教育思想，研学教育源远流长，在人类文明发展中具有重要地位。2000多年前，孔子打破了"学在官府"的传统，杏坛设教，开启了体验式教学的新篇章；西汉时期，司马迁的足迹遍布华夏大地，长期的游学经历为《史记》的撰写打下了坚实的基础；豪情万丈的李白、忧国忧民的杜甫、含蓄恬淡的王维在跋山涉水中，一边体会地方情怀与智慧，一边以学会友，共同探讨真理和智慧；徐霞客基于游学经历写就的《徐霞客游记》更是中国古代游学著作的集大成者。清代钱泳在《履园丛话》中说道："'读万卷书，行万里路，'二者不可偏废。"读万卷书是知识学问的博览；行万里路是实践经验的积累。正所谓"物有甘苦，尝之者识；道有夷险，履之者知"。实践才是检验真理的唯一标准，以"知行合一"为显著特征的游学造就了一代又一代文人志士，创造了辉煌灿烂的自然和社会文明。近代中国修学始于为"救国存亡"而发起的教育旅游活动。1915年，蔡元培等人在法国创立"勤工俭学会"，以勤工俭学的方式吸引有志青年赴法留学，探索救国之路；抗战期间，在陶行知"生活即教育"理论指导下，中国首个少年儿童抗日团体——新安旅行团创立，该团体主张到"民族解放斗争的大课堂"里进行教、学、做，这些独特的修学旅行方式造就了大批人才，推动了社会制度的变革。

一、古代游学

（一）春秋战国：游学起源

"游学"一词最早出自《史记·春申君列传》，曰"游学博闻"。在中国，游学活动起源很早，但史学记载则始自孔子。公元前497年，孔子率众门生周游列国，历时十余年，行程数千里，传道授业，在游历中体悟人生，并将种种体悟传递给弟子，开坛讲学。自此，游学成为中国古代教育的一个传统。杏花纷飞处，那幕天席地的课堂，成为中华文化史上最富诗意的一幕。像孔子这样舟车劳顿，在游学中论道讲学、传播知识的先贤，在春秋战国时代并不在少数。正是在周游列国的路上，孔子一边讲学，一边践行自己的施政理想，和弟子们一起广泛地接触了各国权贵文士，考察了各地的政风民情，丰富了自身的阅历和思想。孔子与弟子们用14年时间来周游的这些列国，虽然在今天看来，它们之间的距离其实并不算特别遥远，但就是这番"国际"游历，不但对孔子自己来说，是人生精华的提炼，同时也给他的学生和后人留下了非常宝贵的精神财富。尤其是孔子出游列国时，是带着众多弟子一起出行的，在周游的路上践行理想、教导学生，这一带着浓厚教育色彩的独特出游方式，简直就是今天我们所提出的研学旅行的古代版。因此，我们可以说，孔子就是我国研学旅行的鼻祖。孔子周游列国在主观上是一场漫长的政治之旅，但在客观上却是带弟子在行旅中不断践行自己理想的过程。弟子们则在孔子的言传身教之下，一路也是在实践中学习做人、做学问，乃至治国理政的方法和道理。可以说，周游列国这一践行过程，既成全了孔子的伟大，也一样成就了其弟子们的人生功业，对于今天我们研学旅行的开展，有着深远的借鉴意义。

（二）汉代：游学之风盛行

两汉"游学增盛"之时，太学生多达3万余人，其游学者涉及地域之广，班固《两都赋》以"四海之内"加以形容。可以说，游学是汉代教育的一个重要组成部分，司马迁等名士大师大多有丰富的游学经历。

以游学成就史学的大家——司马迁，是我国伟大的史学家，他所撰写的我国第一部纪传体通史《史记》，以其"究天人之际，通古今之变，成一家之言"的史识，被公认为中国史书的典范。近代文学家鲁迅称《史记》是"史家之绝唱、无韵之离骚"。《史记》这部伟大史书的完成，与司马迁重视实地考察有着极为重要的联系。由于受父亲的影响，司马迁在少年时代就开始遍访河山，设法收集逸闻旧事，在实践中钻研历史真相。在他20岁那年，更是在父亲的鼓励下开始了他人生当中第一次有计划的游学考察。他从长安出发，经河南、湖北到湖南时，还特意去考察了屈原自沉的汨罗江。然后沿着长江，攀登了庐山，了解了大禹疏通九江的传说。再转到浙江绍兴，勘察大禹陵。接着北上苏州，过淮阴，到山东、江苏彭城等地，既探访了齐鲁大地上的孔学遗风，还探寻了楚汉相争的古战场，最后返回长安。这次考察历时两三年，行程达万余里，其间他不但亲身感受到了各地不同的风土人情，更是收集到了大量的一手资料。奉使西征巴蜀以南，则是司马迁青年时代的第二次重要游历。司马迁特意将这次奉使之游，拿来与自己20岁那年的壮游相比较，还很郑重地写进了《太史公自序》当中："于是迁仕为郎中。奉使西征巴、蜀以南，南略邛、笮、昆明，还报命。"此外，他还多次跟随汉武帝出游，都极大地丰富了自己的历史知识。

正是在史学家父亲的影响和建议之下，司马迁积极游学于沉淀着中华文明史迹的现场，亲身感受历史跳动在中华大地上的脉搏，以此催生了《史记》这部巨著，并且经由《史记》的流传，司马迁自己也成为华夏后人在精神上的指导师。他在2000多年前考察过的游学线路，至今都是研学课程设计中的重要参考。

（三）南北朝：开创中国游记文学

南北朝时期，郦道元是北魏的一位官员，同时他还是一位遍游山水的地理学家。他从小就博览群书，还跟随父亲不时出游，因此激发了他对于大好河山的热爱。他的足迹先后遍及如今的河南、安徽、江苏、山东、山西、河北、内蒙古等地，每到一个地方，他都会细心勘察河道沟渠、水流地势，并仔细搜集各地的风土人情和传说故事。正是在不断的游历过程中，他一方面认识到了当时地理史籍的诸多不足，另一方面还发现大量地理现象是随着时光流逝而经常变化的，古书的描述很多已经不符合实际情况。因此，他就以古书《水经》为基础，搜集数百种文献史料，结合自己多年亲身考察而积累的资料，写下了40卷《水经注》。《水经注》是中国古代最全面、最系统的综合性地理著作，记述了1200多条河流的发源地点、流经地域、支渠分布以及古河道变迁等情况，同时还大量记载了农田水利建设工程资料，以及城郭、风俗、土产等情况，为我国地质勘探的发展和研究提供了宝贵的历史资料。而且，它不但是一部内容丰富多彩的地理著作，还是一部优美的山水散文游记。郦道元以其饱满的热情、优美的文笔，成为详细描述中华大地历史人文、地质风貌的第一人,也成为中国游记文学的开创者,对后世游记散文的发展影响深远。郦道元以现实社会和山川自然为生动有趣的课堂,在旅途中考察学习,在学习中发现问题,在解决问题中成就自己,这种在实践中探索的精神,正是研学旅行指导师所应继承的珍贵遗产。

(四)唐朝:游学备受青睐

唐朝时期,中国社会经济、文化空前繁荣,为游学的开展创造了良好的社会条件。游学备受当时学者的青睐,产生了求学之游、求士之游、体验之游。在科举制度的推动下,唐代士人们往往自发前往京城达官贵人府邸穿梭游走,以结交名士为荣。李白年轻时游仙问道,漫游蜀中。为实现人生理想,他又"仗剑去国,辞亲远游",游学给了他创作灵感。漫游途中,李白认识了孟浩然、杜甫、高适等。玄奘,即三藏法师,俗称唐僧,唐佛教学者、旅行家,唯识宗创始人之一,与鸠摩罗什、真谛并称为中国佛教三大翻译家。唐贞观三年,即公元629年秋,为探究佛教各派学说的分歧,找到真正的佛教经典,玄奘出凉州玉门关,一路上历经种种艰难险阻,西行五万里奔赴天竺。前后历经17年,他游学天竺各地,遍学了当时大小乘各种佛门学说,直到公元645年,才返回大唐。

回国以后,玄奘将他西游的亲身经历,以口述的方式,编写成12卷《大唐西域记》。在这本书里记载了唐代西北边境至印度的山川疆域、物产风俗、大量佛教故事和史迹等内容,成为后人研究西域和印度古代政治、经济、宗教、文化等课题的重要文献。他还把印度的天文、历算、医学等传入大唐,丰富了我国的传统文化。《大唐西域记》就像一把火炬,照亮了尘封已久的印度历史。成书1300年之后,英国考古学者和印度学者一起,正是借助英译本的《大唐西域记》,在古老的印度大地上按图索骥,才陆续发掘出了鹿野苑、菩提伽耶、拘尸那迦和蓝毗尼园等佛教圣地和古迹。以致连印度本土的历史学家都这样评价道:"如果没有玄奘等人的著作,重建印度史是完全不可能的。"从19世纪开始,《大唐西域记》被译为英、法、德、日等多国文字,对世界文化发展产生了深远影响。而以其为原型创作的明代神话小说《西游记》,更是将他九死一生、舍身求法的精神,升华为华夏民族的一种集体记忆,激励着一代代人追求理想的脚步。正因如此,鲁迅先生盛赞玄奘为"中华民族的脊梁",近代国学大师梁启超则称玄奘是"千古第一人",在玄霞身上，我们看到的是他"不畏艰险、敢于求真"的精神。这种精神本身，就是我中华文明生生不息的真谛所在，也是作为研学旅行课程所要传承的优秀品质。

（五）明朝：游学成为必要历练

明朝时期，游学成为一般士子成长的必要历练。"游圣"徐霞客便是游学的典型代表人物之一，其旅行生涯前后长达35年之久。其足迹遍及今江苏、浙江、安徽、山东、河北、贵州、云南和江西等在内的共计21个省、直辖市、自治区，走遍了明朝的大部分统治区域。他的旅行将陶冶性情、开阔视野、探险考察三者融合在一起，使旅行成为一项综合性活动，具有非常明显的教育性和求知性，其以旅行经历为基础所著的60万字的世界地理名著——《徐霞客游记》，具有地理学、文学等多方面的价值。

二、近代海外修学旅游

游学发展到近代，和古代游学已有一定区别。人们更多使用"海外修学旅游"这一词，也就是所谓的"留学"。自鸦片战争以来，清政府割地赔款，中国逐步丧失独立自主的地位。清王朝被迫开放口岸，有识之士提出"师夷长技以自强"的口号，推动中国幼童赴美、日等地留学。更有一大批爱国知识分子和开明绅士开始放眼世界，学习西方科技文化，寻求救国之道。近代的留学热潮主要经历了四个阶段：赴美留学、留学日本、庚款留学、留法勤工俭学。

最早将游学引申为近代意义上的出国学习的，是清代洋务运动代表人物张之洞。正是由于张之洞本人及其创作的《劝学篇》在朝廷上下的巨大影响，游学作为出国学习交流的一种方式开始得到朝廷与世人的广泛认可。晚清期间兴起的留日热潮是"到此时为止的世界史上最大规模的学生出洋运动"，这种热潮改变了千年来"游学"的地域局限。同时，赴美、法的学生中也涌现了一批优秀人才：著名铁路工程师詹天佑、中华民国首任内阁总理唐绍仪、著名启蒙思想家严复、著名海军将领邓世昌等。游学活动从"向内"到"向外"的转变，是教育向现代化迈进的关键性一步，它在一定程度上影响了中国的近代化进程。

三、现代修学旅行

在我国教育发展史上，陶行知是具有相当大影响力和国际声望的教育家之一。作为幼儿教育的开拓者之一，他毕生奉献于中国教育事业，为探索符合中国国情的教育发展道路做出了不可磨灭的贡献。而由他所提倡的"生活即教育、社会即学校、教学做合一"这三大生活教育理论，至今对我们的教育实践仍有重要的指导意义。1929 年，陶行知在江苏淮安创办"私立新安学校"，成为该校的第一任校长。1933 年 10 月，为践行陶行知的教育理念，在陶行知的学生、时任新安小学校长汪达之的组织下，该校 7 名学生组成新安旅行团，前往镇江与上海，进行了为期两个月的修学旅行。陶行知亲自为新安旅行团安排了行程，并给予密切的关注。这次活动取得了空前的成功，也因此激发了两年后更大规模的修学旅行团的诞生。1935 年 10 月，在中华民族抗日救亡的大背景下，14 名新安小学的学生，在汪达之的带领下，开启了一次宣传抗日救亡的全国修学旅行。他们每人只有一身单衣、一双草鞋、一把雨伞及简单行装，全团仅有 50 块钱和一台由陶行知捐资购买的电影放映设备、几部黑白无声抗日影片等。一路上他们通过放映爱国救亡电影、进行抗日救国演讲、售卖进步书报等形式，自筹经费，足迹遍及全国十几个省市。学生们一边沿途考察风土人情，感受祖国山河之美，一边直接参与到抗日救国的运动中，增长了见识，学到了很多在教室里学不到的东西。而"新安旅行团"更是被誉为"中国少年儿童的一面旗帜"，事迹名扬海内外。

陶行知以其渊博的学识和先进的教育理念，在近现代的中国教育史上留下了光辉的形象，他正是今天我们研学旅行指导师的学习楷模。而他当年所倡导的新安旅行团，更是初步具备了今天研学旅行的基本要素，对今天的我们开展研学旅行教育，仍然有着相当重要的指导意义。也可以说，陶行知就是开创我国研学旅行的第一人。

第二节　研学旅行相关政策

中国旅游研究院发布的《中国研学旅行发展报告 2021》指出，国内成规模的研学旅行起步较晚，主要特点是国家政策的持续供给催生其迅猛快速发展。2013年,国务院办公厅发布《国民旅游休闲纲要(2013—2020年)》,首次在国家层面上提出推进研学旅行。此后一大批与研学旅行相关的重要文件相继出台,我国的研学旅行进入了快速发展时期。2016年被视为"研学旅行元年",标志是教育部等11部门印发《关于推进中小学生研学旅行的意见》,将研学旅行纳入中小学教育教学计划。

一、国家政策

1.《国民旅游休闲纲要(2013—2020年)》

发布部门:国务院办公厅

发布时间:2013年2月

《国民旅游休闲纲要(2013—2020年)》提出"改善国民旅游休闲环境。稳步推进公共博物馆、纪念馆和爱国主义教育示范基地免费开放。……逐步推行中小学生研学旅行"。这是"研学旅行"一词首次出现于国家级文件中,也是我国首次在相关政策文件中提出"研学旅行"的说法。此后,作为一项撬动素质教育改革的杠杆举措和一种探索旅游业转型发展的崭新方式,研学旅行逐渐走入国内教育界及旅游界的研究视野。

2.《中小学学生赴境外研学旅行活动指南(试行)》

发布部门:教育部

发布时间:2014年7月

该文件对举办者安排活动的教学主题、内容安排、合作机构选择、合同订立、行程安排、行前培训、安全保障等内容提出指导意见,特别是在操作性方面,规范了带队教师人数、教学内容占比、协议规定事项、行前培训等具体内容,为整个行业活动划定了基本标准和规则。

3.《关于促进旅游业改革发展的若干意见》

发布部门:国务院

发布时间:2014年8月

《关于促进旅游业改革发展的若干意见》中首次明确提出"研学旅行"要纳入中小学生日常教育范畴,对各个学段研学旅行的侧重点也提出建议,并提出建设研学旅行基地的设想。该文件第九条提出了积极开展研学旅行的要求:"按照全面实施素质教育的要求,将研学旅行、夏令营、冬令营等作为青少年爱国主义和革命传统教育、国情教育的重要载体，纳入中小学生日常德育、美育、体育教育范畴，增进学生对自然和社会的认识，培养其社会责任感和实践能力。按照教育为本、安全第一的原则，建立小学阶段以乡土乡情研学为主、初中阶段以县情市情研学为主、高中阶段以省情国情研学为主的研学旅行体系。支持各地依托自然和文化遗产资源、大型公共设施、知名院校、工矿企业、科研机构，建设一批研学旅行基地。鼓励对研学旅行给予价格优惠。"

4.《国务院办公厅关于进一步促进旅游投资和消费的若干意见》

发布部门：国务院办公厅

发布时间：2015年8月

《国务院办公厅关于进一步促进旅游投资和消费的若干意见》中提出要支持研学旅行发展，将其纳入学生综合素质范畴，培育新的旅游消费点。从此，研学旅行逐渐成为学生们的必修课。

5.《关于推进中小学生研学旅行的意见》

发布部门：教育部、国家发展改革委、公安部、财政部、交通运输部、文化部、食品药品监管总局、国家旅游局、保监会、共青团中央、中国铁路总公司

发布时间：2016年11月

《关于推进中小学生研学旅行的意见》首次对"研学旅行"的概念进行了官方界定："中小学生研学旅行是由教育部门和学校有计划地组织安排，通过集体旅行、集中食宿方式开展的研究性学习和旅行体验相结合的校外教育活动，是学校教育和校外教育衔接的创新形式，是教育教学的重要内容，是综合实践育人的有效途径。"文件明确要求"把研学旅行纳入中小学教育教学计划，与综合实践活动课程统筹考虑，促进研学旅行和学校课程有机融合"，确立了研学旅行作为中小学课程的教学地位。该文件还明确提出了研学旅行工作的目标要求和工作原则，并对研学旅行基地建设、组织管理、经费支持、课程评价、安全保障等各方面工作给出了具体规定。

6.《研学旅行服务规范》

发布部门：国家旅游局

发布时间：2016年12月

《研学旅行服务规范》是国家旅游局针对研学旅行实施做出的权威性的规范文件，文件中详细提出研学旅行的"安全性问题"，明确了研学旅行的各方责任、组织实施的标准，对"人员配置、产品分类、服务改进、安全管理"提出了明确的要求，开展研学旅行活动的旅行社和教育机构可以针对此文件查漏补缺，及时调整。这与2016年11月教育部、国家旅游局等11部门联合发布的《关于推进中小学生研学旅行的意见》一起，将研学旅行摆在更加重要的位置，让研学旅行有"规"可依，从而推动了研学旅行健康快速发展，为研学旅行的标准化建设创造了良好的客观环境。

7.《关于开展2017年中央专项彩票公益金支持中小学生研学实践教育项目推荐工作的通知》

发布部门：教育部办公厅

发布时间：2017年7月

为贯彻教育部等11部门《关于推进中小学生研学旅行的意见》精神，"十三五"期间，教育部利用中央专项彩票公益金支持开展中小学生研学实践教育项目，将在各地遴选命名一批"全国中小学生研学实践教育基地"和"全国中小学生研学实践教育营地"，广泛开展中小学生研学实践教育活动。

8.《中小学德育工作指南》

发布部门：教育部

发布时间：2017年8月

该文件明确提出学校要把研学旅行作为学校德育工作中活动育人的重要内容纳入学校教育教学计划，促进研学旅行与学校课程、德育体验、实践锻炼有机融合，利用好研学实践基地，有针对性地开展自然类、历史类、地理类、科技类、人文类、体验类等多种类型的研学旅行活动，要求"规范研学旅行组织管理，制定研学旅行工作规程，做到'活动有方案，行前有备案，应急有预案'，明确学校、家长、学生的责任和权利"。

9.《中小学综合实践活动课程指导纲要》

发布部门：教育部

发布时间：2017年9月

该文件明确提出将研学旅行纳入中小学综合活动课程，"综合实践活动是国家义务教育和普通高中课程方案规定的必修课程，与学科课程并列设置，是基础教育课程体系的重要组成部分",该文件将研学旅行纳入学校教育学分系统,进一步明确了研学旅行的课程地位。

10.《大中小学劳动教育指导纲要(试行)》

发布部门:教育部

发布时间:2020年7月

为落实中共中央、国务院《关于全面加强新时代大中小学劳动教育的意见》,加快构建德智体美劳全面培养的教育体系,教育部印发《大中小学劳动教育指导纲要(试行)》,强调劳动教育途径要注重课内外结合,在开设劳动教育必修课的同时,还要在课外校外活动中安排劳动实践,并对大中小学劳动教育的总体目标、主要内容、教育途径、评价要求等方面进行了系统要求。

11.《关于全面加强和改进新时代学校体育工作的意见》《关于全面加强和改进新时代学校美育工作的意见》

发布部门:中共中央办公厅、国务院办公厅

发布时间:2020年3月

2020年3月,中共中央办公厅、国务院办公厅印发了《关于全面加强和改进新时代学校体育工作的意见》和《关于全面加强和改进新时代学校美育工作的意见》。其中,《关于全面加强和改进新时代学校体育工作的意见》强调,学校体育教育是实现立德树人根本任务、提升学生综合素质的基础性工程,推动青少年文化学习和体育锻炼协调发展,帮助学生在体育锻炼中享受乐趣、增强体质、健全人格、锤炼意志,培养德智体美劳全面发展的社会主义建设者和接班人;《关于全面加强和改进新时代学校美育工作的意见》指出,以提高学生审美和人文素养为目标,弘扬中华美育精神,以美育人、以美化人、以美培元,把美育纳入各级各类学校人才培养全过程,贯穿学校教育各学段。此外,文件还强调将体育和美育教学进一步和考试升学挂钩,强调注重学生综合素质的培养。

12.《全国文化和旅游厅局长会议工作报告》

发布部门:文化和旅游部

发布时间:2021年1月

2021年1月,《全国文化和旅游厅局长会议工作报告》指出,2021年是中国共产党成立100周年,也是"十四五"开局之年,全面建设社会主义现代化国家新征程开启之年；要推进"旅游+""+旅游"；推进旅游与其他产业跨界融合、协同发展，催生新业态、延伸产业链、创造新价值。发展乡村旅游、工业旅游、体育旅游、研学旅游，拓展旅游新市场；实施好《粤港澳大湾区文化和旅游发展规划》，提升港澳台青少年游学交流和实习实践活动质量。

二、地方政策

截至2021年8月，已有25个省、市、自治区积极响应国家政策，出台了研学旅行相关的地方政策。密集的政策引导和需求牵引，迅速催生了一个庞大的市场，同时也推动研学旅行成为旅游发展的重要新业态之一。

以山东省研学旅行政策为例，山东省教育厅等12部门于2017年7月制定了《山东省推进中小学生研学旅行工作实施方案》，助推全省开展中小学生研学旅行工作。提出要结合域情、校情、生情，依托自然和文化遗产资源、红色教育资源和综合实践基地、大型公共设施、知名院校、工矿企业、科研机构等，设计开发富有山东特色的研学旅行课程体系，指导各地开发适合本地实际的研学旅行课程；建立研学旅行经费保障机制，采取多种形式、多种渠道筹措中小学生研学旅行经费，探索建立政府、学校、社会、家庭共同承担的多元化经费筹措机制；学校每学年安排集体研学旅行不少于2次，而且将对学生参加研学旅行的情况进行科学评价，并将评价逐步纳入学生学分管理和学生综合素质评价体系，研学旅行一般安排在小学四到六年级、初中一到二年级、高中一到二年级，尽量错开旅游高峰期；逐步建立小学阶段以乡土乡情为主、初中阶段以县情市情为主、高中阶段以省情国情为主的研学旅行活动课程体系。

2018年到2021年期间，山东省共评选了三批省级中小学生优秀研学课程和研学基地，其中研学基地一共188个，省级中小学生优秀研学课程92个。并且为进一步规范山东省省级中小学生研学基地管理，引导和推动基地建设，推进中小学生研学实践工作健康发展，山东省教育厅、省发展改革委、省文化和旅游厅于2020年10月研究制定了《山东省省级中小学生研学基地管理办法（试行）》，以优秀传统文化、革命传统、国情、国防科工和自然生态教育为主要内容，面向中小学生开展研学实践活动。

第三节 研学旅行概述

一、研学旅行的概念

"研学旅行"一词源于2013年国务院办公厅发布的《国民旅游休闲纲要（2013—2020年）》中提出的"逐步推行中小学生研学旅行"，但其实早在春秋战国时期就出现了研学旅行的萌芽。先有圣贤孔子带着弟子"游学"四方，后有《徐霞客游记》的撰写，这些都体现了我国"寓教于乐"和"读万卷书，不如行万里路"的思想[①]。与此同时，在其他国家也出现了类似"研学旅行"的现象。在16世纪的欧洲，上层阶级热衷于以学习为目的的"大旅行"（The grand tour）[②]，在19世纪的日本也出现了"修学旅行"[③]，美国也有类似的"营地教育"[④]。在国外，现代旅游的教育意义以"教育旅游"的形式被继承下来并得到发展[⑤]，在我国则是以"研学旅行"的方式得以延续。

（一）概念界定

研学旅行的概念有广义和狭义之分，关于研学旅行的定义目前尚未统一，普遍接受的观点如下：广义上的研学旅行是指以研究性、探究性学习为目的的专项旅行，是旅行者出于文化求知的需要展开的旅行活动[⑥]。狭义上的研学旅行，大部分的文章沿用了2016年教育部等11部门《关于推进中小学生研学旅行的意见》中的定义，认为研学旅行是指由教育部门和学校有计划地组织安排，通过集体旅行、集中食宿方式开展的研究性学习和旅行体验相结合

---

① 滕丽霞，陶友华.研学旅行初探［J］.价值工程，2015，34（35）：251-253.
② 付有强."大旅行"研究述评［J］.西华师范大学学报（哲学社会科学版），2010（4）：38-43.
③ 马亚琴.中日研学旅行对比浅析［J］.度假旅游，2018（8）：127-129.
④ 黄莉敏，王阔，陈锐凯，等.大学生研学旅行的学理基础与地学科普使命［J］.地理教学，2019（5）：24-28.
⑤ 朴松爱.教育旅游、旅游教育与可持续旅游发展［J］.旅游科学，2001（4）：40-43.
⑥ 白长虹，王红玉.以优势行动价值看待研学旅游［J］.南开学报（哲学社会科学版），2017（1）：151-159.

的校外教育活动①，参与群体主要是中小学生。也有较多的学者认为研学旅行是一门综合实践课程②。有学者认为，研学旅行是指人们出于文化求知、实践体验和研究探索的目的，短期离开自己生活的惯常环境，前往异地展开的旅行和逗留访问活动③。广义的研学旅行既包括夏令营、冬令营、中小学春游秋游和大学生专业认知实习、暑期调研等校外实践教育活动，也包括其他年龄阶段人群以研究、学习或实践为目的而进行的旅游活动。

（二）概念辨析

研学旅行又被称为研学旅游、修学旅行、教育旅游、游学、研学实践等。在现实生活中，由于研学旅行涉及教育和旅游两大领域，教育部门往往使用"研学旅行"一词表示狭义上的研学旅行，为了与之区分，旅游部门往往使用"研学旅游"一词指代广义上的研学旅行。但是实际上研学旅行与研学旅游相比范围更广，因为就"旅游"和"旅行"的概念而言，"旅行"包括了"旅游"，"旅行"除了"旅游"的意思外，还有"步行、行进、移动"等多种含义，而旅游则是以游览为目的的旅行④。研学旅行相对于修学旅行、教育旅游而言，增加了"自主性"的特点。因为在研学旅行过程中，人们往往不是被动地接受知识，而是主动地在现实生活中，去探索、研究和考证知识。研学实践更加强调"实践性"，而研学旅行更注重"游"与"学"的平衡，具有"趣味性"和"异地性"。研学旅行不同于留学。留学是指长期离开自己的惯常环境，前往外国进行学习的活动，时间通常在一年及以上，超出了"旅行"定义中的时间范围，所以不属于研学旅行的范畴。而研学旅行包含了游学，因为现代意义上的游学是指短期前往国外学习的逗留访问活动，时间通常在一年以下。研学旅行不等同于实习。研学旅行只包括了实习中以学习为目的的短期异地旅游或逗留访问活动，如大学生专业认知实习、生产实习等，不包含以就业为目的的员工实习。研学旅行不完全等同于社会实践。进行了旅游活动的社会实践才属于研学旅行的范畴，如大学生暑期调研、下乡支教等

---

① 教育部等11部门.教育部等11部门关于推进中小学生研学旅行的意见［EB/OL］.［2016-12-02］. http://www.moe.gov.cn/srcsite/A06/s3325/201612/t20161219_292354.html.
② 丁运超.研学旅行：一门新的综合实践活动课程［J］.中国德育，2014（9）：12-14.
③ 李天元.旅游学概论［M］.7版.天津：南开大学出版社，2014：39-43.
④ 徐菊凤.关于旅游学科基本概念的共识性问题［J］.旅游学刊，2011，26（10）：21-30.

活动就属于研学旅行①。

二、研学旅行的性质

研学旅行作为中小学阶段学校教育与校外教育相结合的重要组成部分，是对课堂教育的一种有效补充，是全面推进中小学素质教育的重要途径，它不同于一般的"旅游"，也不同于一般的校内课堂教学，有其自身特性。

（一）课程性

研学旅行与一般的"旅游"最大的区别在于它是学校的一门课程，是国家规定必须纳入学校教学计划而开设的必修课程，本质上属于综合实践活动课程的范畴。研学旅行课程与学校传统学科课程形态相比，有其独特的教育功能的课程形态，并与传统学科课程形成互补，是学校基础教育课程体系中的有机组成部分。作为一门课程，研学旅行要根据学生年龄段特点、不同学段素质教育的需求，制定具体的研学旅行课程大纲，明确课程目标、课程计划、课程评价等课程内容，做到课程教学的系统性、科学性、标准化。

（二）综合性

研学旅行是中小学学校教学计划中的综合实践必修课程。与学校常规开设的专业学科课程如语文、数学、物理、化学、生物、历史等相比，研学旅行课程是一门多学科交叉的综合实践活动课程，它没有明确的学科之分，可以涵盖历史、人文、地理、科学技术、艺术文化等各学科领域的内容，强调多种主题、多种任务模式、多种研究方法的综合运用，体现个人与社会、自然的内在整合，培养学生认识、分析和解决现实问题的综合实践能力，全面发展学生的综合思维、创新精神，提升学生核心素养，以适应未来社会生活和个人发展的现实需要。

（三）体验性

"纸上得来终觉浅，绝知此事要躬行。"研学旅行与传统课堂教学相比更大的魅力是体验性，整个研学旅行就是学生体验的过程，学生通过一路的吃住行和课程项目的开展来亲身体验。通过研学旅行，结合感官刺激，可以更深刻地体验到认识提高、道德向上、探索创造、参与合作等带来的快乐和充

---

① 周志宏，禹文婷.研学旅行概念辨析及研究进展[J].中南林业科技大学学报（社会科学版），2020，14（2）：104-109.

实感，实现认知过程和情感体验过程的有机结合，从形象的感知达到抽象的理性思考。因此研学旅行的课程设计应注重营造良好的体验氛围，设定多主题场景组成的研学体验场所，并可贯穿整个研学旅行过程，努力提高学生的体验感，从而提高整个研学旅行课程的品质。

（四）研究性

研究性学习是综合实践课程的一项基本内容，也是研学旅行活动开展的基本要求。研学旅行的研究性学习是一种深层次学习形式，要求老师研究性"教"与学生研究性"学"相结合，具体指学生在研学指导师的指导下，根据研学课程要求确定研究主题，在研学活动中通过主动学习和创造性学习来获取知识和实践经验，提高发现问题、分析问题和解决问题的能力。研学旅行的研究性学习重点是除了让学生学习理解书面知识外，更强调身体力行，通过实践活动来体悟、搜寻和探究，其本质在于让学生亲历知识产生与形成的过程，真正实现知行合一，培育创新精神和实践能力，这也是研究性学习所要达到和追求的教育目标。

（五）公益性

研学旅行是全面推进中小学素质教育的重要途径，《关于推进中小学生研学旅行的意见》明确规定，研学旅行要遵循公益性原则，不得开展以营利为目的的经营性创收，对贫困家庭学生要减免费用。文件还明确提出要求：政府行政部门划拨研学旅行专项款目，减少学生的经济负担；各旅游景区、旅游交通、文博等相关部门拟定措施为研学旅行保驾护航、予以方便；交通部门对中小学生研学旅行的公路和水路出行严格执行儿童票价优惠政策；文化、旅游等部门要对中小学生研学旅行实施减免场馆、景区、景点门票政策；鼓励保险企业开发有针对性的产品，对投保费用实施优惠措施；鼓励通过社会捐赠、公益性活动等形式支持开展研学旅行。

三、研学旅行的特征

研学旅行强调"读万卷书，行万里路""游中学、学中游"。研学旅行活动中，学习是目的，旅行是手段，实施者通过旅行中开展的各种教育活动和学生的亲身体验，来实现综合实践育人的目标。其具有如下基本特征：

（一）校外活动

研学旅行强调的是学生走出校门，走进自然和社会去学习，接受一种完全不同于学校教育的学习方式。学生在校内开展的一些兴趣小组实验、俱乐部活动、体育活动、校园文化活动等都不属于研学旅行的范畴。

（二）主体固定

研学旅行的主体是青少年学生，青少年学生是开展研学旅行的核心要素。在进行研学旅行前期设计、课程开发、服务机构与研学营地基地选择时，都要结合青少年学生的兴趣爱好和身心特点，对研学内容、时间安排、活动距离、线路规划等进行充分考虑。

（三）目的明确

研学旅行围绕特色鲜明的主题来开发课程和组织研学旅行线路，具有明确的主题特征和目的性，是学校教育与校外教育衔接的创新形式，要根据中小学生群体的年龄和受教育程度的不同，分别设计不同层次的研学旅行产品和课程，小学生研学旅行活动内容主要以乡土乡情与城市文化为主，初、高中学生研学旅行活动内容以省情国情为主，从而达到综合实践育人的效果和目的。

（四）学校组织

研学旅行主要是由学校组织的集体研学活动，不同于家长自发组织或其他社会团体组织的群体活动，研学旅行是以年级或班级为单位，或以学校为单位进行的集体活动，是学生在研学旅行指导师的带领下一起"游中学、学中游"，从而实现共同体验、相互研讨的一种教学方式。

（五）产品多样

随着研学旅行不断完善和深入，研学旅行产品越来越多元化，除了以知识科普、自然观赏、体验考察、励志拓展、文化康乐为主的研学旅行产品频频出现外，以现代动漫、影视、体育、科技、文学、历史、生物、探秘等为特色的研学旅行正成为热点。

（六）互动体验

研学旅行在学习过程中强调学生必须要有体验和互动，不是停留在看一看、玩一玩的"走马观花"形式上，而是要有动手制作、动脑思考、动口表达互动的机会。由此，研学旅行活动的开展应该让学生全程真正参与其中，寓教于乐，寓乐于教。

（七）多方支持

开展研学旅行是一项系统教育工程，需要国家宏观层面的政策支持、中观层面的学校与行业的支持、微观层面的专业服务机构与企业的支持，形成政府统筹协调、社会多方支持、各行各业联动的良性机制，这样才能整体推进中小学生研学旅行的全面实施。

四、研学旅行的原则

教育部等11部门《关于推进中小学生研学旅行的意见》中指出，研学旅行要坚持教育性原则、实践性原则、安全性原则、公益性原则。

（一）教育性原则

研学旅行要结合学生身心特点、接受能力和实际需要，通过学习研究和旅行体验的有机结合，寓教育性、知识性、科学性、趣味性于研学旅行活动中，以生动直观、形象有趣、现场操作、亲身体验的方式实现教育目标。在活动内容上，要注重联系社会发展，联系学生生活实际，联系各学科教学内容，推动中小学生自主、多样、可持续发展。

（二）实践性原则

研学旅行要纳入学生综合实践课的重要内容，因地制宜，呈现地域特色，引导学生走出校园，在与日常生活不同的环境中拓展视野、丰富知识、了解社会、亲近自然、参与体验。北京市教委印发的关于《北京初中开放性科学实践活动管理办法（试行）》中提到，每次活动时长不少于2/3的时间用于学生动手实践和科学探究。活动要重体验、重实践、少说教。

（三）安全性原则

研学旅行要坚持安全第一，建立安全保障机制，明确安全保障责任，落实安全保障措施，完善预案制度，确保学生安全。安全是1，其他是0，没有1，再多0也没有意义。无论哪个国家、哪个民族，只要关系到学生的相关活动，安全永远是第一位的。在教育部等11部门发布的《关于推进中小学生研学旅行的意见》里，"安全"一词出现次数最多，达23次，这是教育主管部门关心、校长担心、家长揪心的核心。在研学旅行中要做到"活动有方案，行前有备案，应急有预案"，确保安全是开展研学旅行活动的基本前提。

（四）公益性原则

研学旅行不得开展以营利为目的的经营性创收，对贫困家庭学生要减免费用。在研学旅行中，要关照那些家庭贫困的学生，鼓励免费接待贫困家庭和建档立卡学生。内蒙古自治区要求各研学基地免费项目的数量不少于总项目数量的50%；山东省还将建立研学旅行经费保障机制，采取多种形式、多种渠道筹措中小学生研学旅行经费，探索建立政府、学校、社会、家庭共同承担的多元化经费筹措机制。实现公益性的办法是，政府拨一点、学校贴一点、承办机构减免一点、社会赞助一点、家庭支付一点。

第二章 红色主题研学旅行

第一节 红色文化

一、红色文化的概念

国内对红色文化的定义有不同的说法,通过查阅相关资料,本书将红色文化归结为以下几种范畴:

一是边界范畴上,广义的红色文化是指世界社会主义历史运动进程中人们的物质和精神力量所形成的文明总和;狭义的红色文化是指在中国共产党的带领下,中国人民在实现民族的解放、建设社会主义现代化中国的历史实践过程中凝结而成的观念意识形态。

二是时间范畴上,有一部分学者把红色文化出现的时期归纳为新民主主义革命时期,也有一部分学者将红色文化出现的时期归纳为革命、改革和建设时期。

三是形式形态范畴上,广义的红色文化包含物质文明、精神文明、政治文明、社会文明、生态文明等各种文明形态;狭义的红色文化则突出其精神文明形态,尤其是红色文化中蕴含的革命精神,如长征精神、延安精神、西柏坡精神等[①]。

四是组成范畴上,将红色文化总结为革命时代的"人、物、事、魂",其中,"人"指的是革命战争年代为国家和民族做出突出贡献的革命领袖或革命先烈;"物"指的是革命人物在工作和生活中所使用过或与其相关的物品以

---

① 陈俊.论网络时代红色文化意义拓展的本质与方法[J].中国管理信息化,2013,16(19):112-113.

及革命战争旧址;"事"指的是革命时期所发生的重大历史事件和革命故事;"魂"指的是爱国主义精神、革命精神等红色精神[①]。

综合学术界不同的观点,可以总结出:广义上的红色文化是社会主义历史进程中所形成的有利于社会进步、发展的精神文明和物质文明,如中国特色社会主义先进文化中的信仰、理想、奋斗、奉献、道德等都属于红色文化的范畴;狭义的红色文化是人民群众在中国共产党的带领下,寻求自由与解放,艰苦创业、建设国家、创造美好生活过程中形成的先进文化形态。

二、红色文化的特征

纵览红色文化的百年光辉历史,并结合时代的特点和未来发展进行总结和概括,红色文化有以下几个方面的显著特征[②]:

(一)继承性

任何时代的文化都是在已有文化成果的基础上继承并加以创新的,红色文化吸收和继承了中华民族传统文化的精髓和马克思主义的优秀成果,具有历史继承性的特征。

第一,红色文化批判性地继承了中国传统文化。红色文化根植于中国传统文化的土壤,既继承和弘扬了中华民族优秀传统文化,又抵制和批判了封建主义腐朽思想的侵蚀。第二,红色文化吸收和继承了马克思主义的优秀成果。红色文化吸收了马克思主义的优秀成果,并在马克思主义中国化的过程中将其作为理论指导得以继承和发展。

(二)先进性

中国共产党的先进性表现在创造性地把马克思主义理论与中国革命和建设实际有机结合起来,开辟了农村包围城市、武装夺取政权的新型革命道路,形成了中国化的马克思主义,为红色文化的生成提供了思想源泉和理论指导。红色文化的先进性体现于"与时俱进、开拓创新"的精神,这是红色文化常葆生命力的重要原因。红色文化的创造主体中国共产党是中国先进文化前进

---

① 张玉. 台儿庄红色文化创意产品设计研究[D]. 青岛大学,2020.DOI:10.27262/d.cnki.gqdau.2020.002100.

② 刘咪. 新时代陕北红色文化的传承与创新研究[D]. 西安科技大学,2020.DOI:10.27397/d.cnki.gxaku.2020.000523.

方向的代表。红色文化是中国共产党领导下以开放的心态博采兼容人类一切文明成果的文化创造。红色文化是中国共产党在继承本民族文化的基础上，兼容并蓄、博采众长，将马克思主义和中国文化结合创新的文化形态[①]。

（三）开放性

红色文化既是"不忘本来"的文化，又是善于"吸收外来"的文化，同时还是"面向未来"的文化。

第一，红色文化的"不忘本来"，体现在它善于回首过去，积极传承和弘扬中华优秀传统文化精华。众所周知，忠诚、爱国、崇公、贵民、求实、奉献等，都是中国传统伦理学说的精华，它们同时也是红色精神中的核心要义。社会主义核心价值观的12个基本范畴无一例外地都可以从中华优秀传统文化中找到思想源头。

第二，红色文化的"吸收外来"，体现在它善于开眼看世界，积极借鉴和汲取人类社会的一切文明成果。一个典型例证便是十月革命胜利后，俄国人民创造性地建立起了苏维埃政权，中国共产党人汲取了十月革命的胜利经验和成果，在各革命根据地建立起了苏维埃革命政权。

第三，红色文化的"面向未来"，体现在它善于高瞻远瞩，准确判断中国社会的发展趋势和光明前景，描绘宏伟蓝图并带领人民为之不懈奋斗。党的十九大党章强调："在新世纪新时代，经济和社会发展的战略目标是，到建党一百周年时，全面建成小康社会；到新中国成立一百周年时，全面建成社会主义现代化强国。"这一表述是红色文化"面向未来"的生动例证。

（四）创新性

红色文化的百年发展史是与时俱进、不断创新从而始终焕发青春与活力、反映和引领时代风潮的历史。红色文化的创新性特征既体现在它的表现形式上，也体现在它的精神内涵上。

（五）大众性

首先，红色文化的出发点和归宿在于为了人民群众，依靠和团结的力量是人民群众。红色文化自诞生之日起，就自觉地站在以人民群众为主体和为了人民群众而奋斗的立场上，这彰显出了与其他文化迥然不同的独特个性。

---

① 徐光寿.先进性：红色文化的本质特征［J］.国外社会科学前沿，2019（05）：12-14.

其次，广大人民群众是红色文化的接受者、创造者和传承者。五四运动之后，是广大人民群众选择和接受了红色文化的指导思想——马克思主义，同时人民群众在党的领导下在探求救国真理和中华民族复兴道路的实践中创造出了马克思主义中国化的先进文化——红色文化。在社会主义文化建设时期，广大群众弘扬和传承着红色文化的精神，在国家建设和发展中贡献着自己的力量，为实现中华民族伟大复兴的中国梦而共同奋斗。

（六）时代性和地域性

红色文化的产生和发展既离不开一定的时代条件，同时也有赖于具体的地域环境，因此，时代性和地域性同样是红色文化的显著特征。

第一，红色文化在不同的历史时期，基于不同的目标和任务而有着不同的表现形式和具体内涵，从而呈现出前后有别的时代特征。第二，有着百年历史的红色文化在不同的地理环境中也以其各不相同的文化内容而形成了各自的特色，从而呈现出自身区别于其他地域的独特特征。例如对于山东来说，沂蒙精神是其独具的红色文化资源和优势；对于上海来说，"党的诞生地"是其独具的红色文化资源和优势；对于江西来说，革命摇篮井冈山、红色故都瑞金是其独具的红色文化资源和优势；对于陕西来说，长征会师、西安事变、革命圣地是其独具的红色文化资源和优势。

第二节　红色主题研学旅行概述

一、红色主题研学旅行概述

红色研学旅行是研学旅行的一个主题，特别是我国进入中国特色社会主义新时代，红色研学旅行已经成为传承红色基因和加强爱国主义教育的重要载体，是新时代培育社会主义核心价值观的有效形式，被视为提升国民文化自信的重要举措。红色研学旅行是以红色旅游资源为载体的研学旅行，其目的是加强青少年的爱国主义教育，通过游览观光、互动体验、研学课程和研究探讨等多角度、全过程的形式提高学生的综合素养。它除了有研学旅行的一般特征之外，还要突出红色内涵，集学习历史、陶冶情操和观光旅游于一体，要和学生的成长结合起来，要和当地的文化深度融合。中小学生通过红色研学旅行，可以深刻感受时代脉搏和社会巨变，领悟人类社会发展的历史规律，认识和把握中国走社会主义道路的历史必然选择，坚定为共产主义远大理想和中国特色社会主义共同理想而奋斗的信念，激励学生自觉地把个人的理想和追求融入国家和民族的事业中来[①]。

目前，红色研学旅行已经引起全国中小学生和家长的高度关注，各地掀起了红色研学旅行的热潮，红色研学旅行要想更好地实现立德树人的教育价值，需要做到两个结合：一是和学生的成长需要紧密结合。"行是知之始，知是行之成。"陶行知先生强调："教育是要在儿童自身的基础上，过滤并运用环境的影响，以培养加强发挥创造力，使他长得更有力量，以贡献于民族与人类。""养大德者方可成大业。"红色研学旅行是从学生发展需求出发的一种特殊课程形态，是一种新的学习形式，是课堂的延伸和拓展。作为一种特殊的课程形态，红色研学旅行要密切结合学生的身心特点、接受能力和实际需要，一切从学生发展出发，注重系统性、知识性、科学性和趣味性，为学生全面发展提供优质的成长空间。二是和当地文化资源的深度融合。红色研学旅行既要和当地的文化紧密结合，又要借助于当地的文化资源，体现地域特点。红色研学旅行只有体现鲜明的地域特点，才能有自己的思想灵魂。习近平总书记在临沂视察时指出："沂蒙精神与延安精神、井冈山精神、西柏坡精神一样，是党和国家的宝贵精神财富，要不断结合新的时代条件发扬光大。"

中小学生群体是未来国家的建设者，红色文化注入研学旅行有利于培养孩子们艰苦奋斗、自强不息的精神和爱国主义情怀，构建正确的世界观、人生观、价值观，引领学生的健康成长，红色研学旅行是国内研学旅行不可缺少的重要组成部分。红色研学旅行，作为一种新的德育模式，必须改变过去那种呆板的育人模式，在潜移默化中让学生触摸、体会、认识红色精神的实质内涵。

二、红色主题研学旅行政策支持

（一）国家层面

面对新的教育形势、新的教育情况，各级教育部门精准地选择教育改革的切入点。教育部等 11 部门联合印发的《关于推进中小学生研学旅行的意

---

① 吴涛.红色研学旅行中的社会主义核心价值观教育研究［J］.湖北理工学院学报（人文社会科学版），2017（02）：32-34.

见》提倡把研学旅行纳入中小学教育教学计划。文化和旅游部委托相关院校开展中小学语文教材有关红色主题研学旅行的资源整理与开发研究，全面梳理教材中红色革命文化篇目，形成了红色旅游研学项目设计报告，为中小学生开展红色研学提供依托和指导。这一切都为开展红色研学提供了契机。

《2011—2015年全国红色旅游发展规划纲要》明确要求"各类红色旅游景区（点）要对大中小学生免费开放"。《2016—2020年全国红色旅游发展规划纲要》提出，要推动大中小学生社会实践活动与红色旅游相结合，依托红色旅游景区组织参观活动、研学旅行，开展爱国主义教育和革命传统教育，深化青少年社会主义核心价值观教育。作为新形势下的一种新的教育形态，红色研学旅行以立德树人为根本目的，倡导把学习与红色研学实践相结合，强调学思结合，突出知行合一，让学生通过实践体验逐步形成高尚品格和社会主义核心价值观，实现身体和心灵的共同成长。红色研学旅行带动了红色文化传播，中国旅游研究院院长戴斌指出："要用年轻人听得懂也愿意听的语言，在新时期讲述好红色故事，通过细致、真实、鲜活的言行去打动人心，强化历史文化的认同，让广大青少年有获得感，形成民众价值共识和情感认同。"

2019年，在庆祝新中国成立70周年之际，中共中央、国务院于2019年11月印发实施《新时代爱国主义教育实施纲要》，其中明确提出要加强爱国主义教育基地建设，广泛开展爱国主义教育实践活动，强调坚持全员全过程全方位育人，在广大青少年中开展深入、持久、生动的爱国主义教育，让爱国主义精神牢牢扎根。全党上下深入开展"不忘初心、牢记使命"主题教育，提醒全国人民"我们的今天来之不易"，要求我们要回顾曾经走过的路，从革命先辈们的奋斗历程中吸取精神力量。新时代里，提倡爱国主义教育、加强爱国主义教育，对于整个社会、民族乃至于国家来说，都具有重大而深远的意义。而研学旅行恰恰是进行爱国主义教育的一种重要方式，可以培养学生的砥砺强国之志、实践报国之行，达到立德树人的教育目的。同年，文化和旅游部在各地主题线路的基础上，开展了全国百条红色旅游学习体验线路遴选工作，积极推动学生社会实践活动与红色教育相结合，深入践行学以致用，使得青少年素质得到提升并达到传承红色精神的目的。2019年，研学旅行中的红色元素明显增强，与红色旅游自身深入发展同频共振，未来几年，在国情教育、红色教育、素质教育等多重因素的作用下，红色研学产品将"再上层楼",在"寓教于乐""知行合一"中更好地发展。

2020年11月,教育部充分利用中央专项彩票公益金支持建设中小学生研学旅行实践教育基地(营地),先后组织遴选了622个全国中小学生研学实践教育基(营)地,其中包括中国人民革命军事博物馆、全国青少年井冈山革命传统教育基地、中国人民抗日战争纪念馆等一大批涉及爱国主义的研学实践教育基地,为继承和弘扬爱国主义精神提供了有力保障,也推动了各个省市红色研学旅行的发展。

在未来,党和政府将进一步推动各级各类文化馆、纪念馆、博物馆等场所发挥爱国主义教育功能,指导各地因地制宜开展研学旅行,强化实践育人。深入挖掘红色旅游景区所蕴含的红色文化内涵,让广大中小学生通过切身体验,感受祖国大好河山,感受革命光荣历史,激发学生对党、对国家、对人民的热爱之情。

(二)山东省红色研学旅行政策

2018年,山东省旅游发展委员会印发《山东省红色文化研学旅游实施方案》(以下简称《方案》)。按照《方案》,山东各地要做好以下几方面工作:一是打造"新时代山水圣人"红色文化旅游目的地,深挖沂蒙精神、抗战精神、政德教育和爱国主义教育内涵,打造具有山东特色的红色文化研学目的地体系;二是构建红色文化研学旅游产品体系,坚持市场导向,细分红色旅游客源市场,打造具有山东特色的系列红色研学旅游精品线路;三是开展丰富多彩的红色旅游活动,借助建党、建军、建国等重大纪念活动及其他重要节假日,组织开展红色研学系列活动;四是培育红色旅游项目,结合全省十大文化旅游目的地品牌经典项目打造工程,重点培育内涵丰富、各具特色的红色旅游尖端项目,释放红色旅游潜能;五是加强红色研学旅游营销推广,围绕打造"新时代山水圣人"红色文化研学旅游线路,做好红色旅游线路产品的策划设计与营销推广,利用中央、省、市等多级宣传平台,开办系列红色文化研学旅游精品栏目;六是推动红色研学旅游融合发展,紧紧抓住全域旅游发展和新旧动能转换重大机遇,以红色旅游景区和党性教育基地为载体,延伸红色旅游产品链条,推动红色研学旅游与乡村旅游、生态旅游、传统文化游、历史古迹游、爱国主义教育游等有机结合,串联相关线路产品,发挥"葡萄串"和"珍珠项链"的辐射效应。

2020年10月，为了加强红色文化的保护和传承，充分运用红色资源、发扬红色传统、传承红色基因，培育和践行社会主义核心价值观，激发实现中华民族伟大复兴的中国梦的强大精神力量，结合山东省实际情况，山东省人大常委会组织起草了《山东省红色文化保护传承条例（草案）》（以下简称《条例（草案）》）。《条例（草案）》中对"红色文化"的定义是指五四运动以来，中国共产党把马克思主义基本原理同中国具体实际相结合，领导团结中国各族人民在革命、建设、改革过程中形成的具有历史价值、教育意义、纪念意义的物质财富和精神财富的总和。《条例（草案）》中指出"红色文化遗存"包括重要机构、重要会议、重要事件、重大战役、重要战斗的遗址、遗迹、旧址和代表性实物；重要人物的故居、旧居、活动地、墓地、殉难地和遗物；烈士陵园、纪念堂馆、纪念碑亭、纪念塔祠、纪念塑像、烈士骨灰堂、烈士墓等纪念设施；重要的著作、手稿、文电、报刊、影像等文献资料；其他重要的遗址、实物和纪念设施。《条例（草案）》中还规定每年7月为本省的红色文化主题月，各级人民政府应当集中组织开展红色文化宣传、教育活动，讲好"山东红色故事"。《条例（草案）》还指出，山东省红色文化旅游发展方向为：因地制宜发展红色旅游，完善道路交通、信息通信等基础设施和公共服务设施，打造具有地方特色的红色文化旅游品牌；探索智慧旅游等红色旅游新模式，培育红色旅游景区，打造红色旅游线路，研发红色文化创意产品。

第三节　中小学红色主题研学旅行发展现状

一、中小学红色主题研学旅行的特征

红色研学旅行是以红色旅游为载体的研学旅行，是把素质教育融入教学全过程，通过游览观光、参观体验、研学教育和学习探讨等多种形式提高学生的综合素质的校外教育活动。它除了具有研学旅行的一般特征之外，也有其自身特征，主要有突出红色内涵、地域性、体验性和研究性四个特征。

（一）突出红色内涵

红色研学旅行与一般研学旅行的最大区别在其红色内涵，突出红色基因。它把红色旅游与党性教育、社会主义核心价值观建设、青少年思想道德

建设、爱国主义、革命传统教育等相结合，充分展现红色文化内涵，集学习历史、陶冶情操和观光旅游于一体，既要求学生"读万卷书"，又引导学生"行万里路"。通过研学旅行，让学生亲身感受时代发展和社会变化，认识和把握人类社会发展的历史必然性，认识和把握中国特色社会主义的历史必然性，坚定为共产主义远大理想和中国特色社会主义共同理想而奋斗的信念，激励学生自觉地把个人的理想追求融入国家和民族的事业中来。

（二）地域性

红色研学旅行的目的地在我国分布广泛，大部分都具有较为鲜明的地域文化特征。例如以井冈山为代表的自然生态与红色文化交相辉映的旅游风景区；以沂蒙革命老区为代表的体现军民一家亲、鱼水相融的民俗风情区，还有嘉兴南湖的中国共产党诞生地的红船精神，延安人民至上的延安精神等。而南昌每年举行"军乐节"，用军乐来纪念这座城市的光辉历史，用军乐艺术的形式创新红色教育，同样具有鲜明的地方特色。这些红色研学旅行目的地，都有其独特的红色文化作支撑，具有地域性特点。

（三）体验性

"纸上得来终觉浅，绝知此事要躬行"，红色研学旅行与传统课堂相比更大的魅力在于体验性，整个研学旅行就是学生体验的过程，学生通过一路的吃住行和课程项目的开展来亲身体验[①]。研学旅行过程要注重学生的身心体验，坚持"寓教于乐、润物无声"的原则，充分利用"听、观、触、演、感"全方位立体化、多元化模式进行爱国主义教育。如"听"，包含听研学指导师讲演、报告，与导师一起研讨，听本地人讲述；"观"，参观红色遗存（故居、遗址、遗物）、场景情景再现等；"触"，重走红色路线，重寻红色足迹；"演"，模拟红色情景，演绎红色故事等；"感"，写感想、谈感受，感悟红色历史，畅言理想抱负。总之，通过红色研学旅行，充分调动学生参与的积极性和热情，努力提高学生的体验感。

（四）研究性

研究性学习是综合实践课程的一项基本内容，也是研学旅行活动开展的基本要求。研学旅行的研究性学习是一种深层次学习形式，要求老师研究性

---

① 李先跃.研学旅行发展与服务体系研究［M］.武汉：华中科技大学出版社，2020.

"教"与学生研究性"学"相结合,具体指学生在研学指导师的指导下,根据研学课程要求确定研究主题,在研学活动中通过主动学习和创造性学习来获取知识和实践经验,提高发现问题、分析问题和解决问题的能力。研学旅行的研究性学习重点是除了让学生书面学习理解外,更强调身体力行,通过实践活动来体悟、搜寻和探究,其本质在于让学生亲历知识产生与形成的过程,真正实现知行合一,培育创新精神和实践能力,这也是研究性学习所要达到和追求的教育目标。

二、中小学生红色主题研学的组织原则

(一)教育性原则

研学旅行要结合学生的身心特点、接受能力和实际需要,注重系统性、知识性、科学性和趣味性,为学生全面发展提供良好成长空间。旅游行业的工作者,习惯于从旅游产业的角度把研学旅行称为"研学旅游",但旅行与旅游有着本质上的区别,旅行侧重带着任务、目的去考察,旅游侧重游玩,研学旅行的最终目的是帮助学生成长,其归宿是教育,教育体现在研学旅行过程中的一事一物、时时处处[①]。红色研学旅行亦是如此,红色研学旅行并不是简单地观光旅游,而是把学习与红色教育相结合,突出知行合一,真正让学生领悟到爱国主义的教育内容,并自觉践行爱国主义。具体操作中,需要通过挖掘红色研学资源,充分利用和整合红色教育资源,传承红色基因,让学生走进红色教育基地,了解革命先烈们的英雄事迹,在革命传统教育中了解那段可歌可泣的历史,从而培养学生的爱国主义精神、民族自豪感和历史使命感,在教学理论和研学实践之间搭起桥梁,引导学生通过实践形成高尚道德品质和社会主义核心价值观,真正提高其核心素养。

(二)实践性原则

研学旅行是将教育性与体验性相结合的实践教育活动。研学旅行要因地制宜,呈现地域特色,引导学生走出校园,在与日常生活不同的环境中拓展视野、丰富知识、了解社会、亲近自然、参与体验。研学旅行要重体验,重实践,少说教。红色研学旅行主要采用寓教于游的参与式教育方法,重点强

---

① 魏巴德,邓青. 研学旅行实操手册[M],北京:教育科学出版社,2020.

调参与者的体验，突出互动性、体验性和参与性。与以往"填鸭式""被动接受式""灌输式"等教育模式相比，红色研学旅行这种将旅游与教育相结合的活动形式可以取得较好的教育效果。"纸上得来终觉浅，绝知此事要躬行"，红色研学旅行需要依托红色资源开发研学课程，积极开展革命遗址现场实践教学，让学生走出教室，走进红色文化资源第二课堂，参观红色基地，体验红色生活，接受红色教育，把红色传统、红色记忆、红色基因深深种在每个学生的心田。红色研学旅行在实践中开展，使红色教育有了真实可信的素材，生动活泼的案例，让学生对于红色主题有更深刻的体会、更深入的了解，可以真正帮学生们认识到，爱国是本分，也是职责，是心之所系、情之所归。同时，红色研学旅行可以让中小学生在研学旅行中感受祖国大好河山，感受中华优秀传统文化，感受革命光荣历史，感受改革开放伟大成就，同时学会动手动脑，学会生存生活，学会做人做事。

（三）安全性原则

研学旅行要坚持安全第一，建立安全保障机制，明确安全保障责任，落实安全保障措施，完善预案制度，确保学生安全。安全是1，其他是0，没有1，再多0也没有意义。无论哪个国家、哪个民族，只要关系到学生的相关活动，安全永远是第一位的。在教育部等11部门发布的《关于推进中小学生研学旅行的意见》里，"安全"一词出现次数最多，达23次，这是教育主管部门关心、校长担心、家长揪心的核心。在研学旅行中，要制订科学有效的中小学生研学旅行安全保障方案，建立行之有效的安全责任落实、事故处理机制，要做到"活动有方案，行前有备案，应急有预案"，确保安全是开展研学旅行活动的基本前提。

（四）公益性原则

研学旅行不得开展以营利为目的的经营性创收，对贫困家庭学生要减免费用。在研学旅行中，要关照那些家庭贫困的学生，鼓励免费接待贫困家庭和建档立卡学生。例如，内蒙古自治区要求各研学基地免费项目的数量不少于总项目数量的50%；山东还将建立研学旅行经费保障机制，采取多种形式、多种渠道筹措中小学生研学旅行经费，探索建立政府、学校、社会、家庭共同承担的多元化经费筹措机制。实现公益性的办法是，政府拨一点、学校贴一点、承办机构减免一点、社会赞助一点、家庭支付一点。在具体的实施环节，教育主管部门要制定有效的研学帮扶政策，减免或补助家庭困难学生的研学费用；学校应该做好困难学生的认定和保密工作；社会研学组织应当适当让利，充分考虑到不同家庭的经济情况，并提供一些免费名额。因此，教育主管部门、学校和社会研学组织应该合力构建研学公益体系，切实解决困难学生的研学难问题。

三、开展中小学生红色主题研学旅行的意义

红色文化是中华优秀传统文化的重要内容。党的十九大提出："推动中华优秀传统文化创造性转化、创新性发展，继承革命文化，发展社会主义先进文化，不忘本来、吸收外来、面向未来。"传承革命文化的方式有很多种，开展红色文化研学旅行是较为直接、有效的途径[①]。依托红色文化资源，开展将研究性学习和体验性旅行相结合的红色文化研学旅行，是教育教学活动的创新，是综合实践育人方式的新途径。

（一）培养社会主义核心价值观的重要载体[②]

红色研学旅行通过寓教于游的形式，达到游中学、学中游的教育效果，相较于传统的教育方式，这种将旅游与教育相结合的活动形式在帮助学生树立社会主义核心价值观方面发挥着特殊的作用。

首先，红色研学旅行发展了社会主义核心价值观的表达形式。社会主义核心价值观是社会主义核心价值体系的高度凝练和集中表达，其内涵丰富、意义深远。要使抽象的价值观被中小学生理解并接受，亟须创新与发展其表达形式。红色研学旅行，作为一种刚刚兴起的实践活动形式，可以加深中小学生对社会主义核心价值观的理解，也受到了中小学生的欢迎。

其次，红色研学旅行丰富了社会主义核心价值观的传播渠道。红色研学旅行是集观光赏景、学习历史、陶冶情操、提高修养于一体的过程，它主要针对中小学生的心理和生理特征，通过中小学生的亲身体验和感知达到潜移默化的教育效果。我国有十分丰富的红色文化资源，以革命纪念地、纪念物

---

① 宣永华，张永华.渤海老区红色文化研学旅游现状调查及创新发展路径探析[J].人文天下，2020（19）：38-43.
② 吴涛.红色研学旅行中的社会主义核心价值观教育研究[J].湖北理工学院学报（人文社会科学版），2017（02）：69.

为表现的红色文化层面，主要包含领袖故居、伟人旧居、纪念物、会议遗址、革命遗迹、革命遗物，如：毛泽东故居、遵义会议旧址、中国人民抗日战争纪念馆等；以革命精神传承为表现的红色文化层面，主要包含有"井冈山精神""长征精神""延安精神""沂蒙精神""西柏坡精神"等。伴随着社会的进步，在中国大地上还形成了独具中国特色的红色文化，如：家喻户晓的"雷锋精神""铁人精神""焦裕禄精神"等。这些红色文化蕴含着十分丰富的历史内涵，承载着几代中国人的崇高理想，展现出极强的教育意义，也是中国社会主义核心价值观的重要表现载体[①]。红色研学旅行通过红色文化资源与旅游的巧妙结合，达到了使中小学生在旅游中接受理想信念、爱国主义和社会主义核心价值观教育的效果。

最后，红色研学旅行拓宽了社会主义核心价值观的培育途径。红色研学旅行主要采用寓教于游的参与式教育方法，重点表现在中小学生的体验上，突出互动性、体验性和参与性。与以往"填鸭式""被动接受式""灌输式"等教育模式相比，红色研学旅行突出了教育与自我教育、管理与自我管理的结合，可以取得较好的教育效果。这是一种教育客体的主动作用与教育主体的主导作用相结合的互动式管理模式，顺应了社会主义核心价值观培育方式创新与发展的总趋势。

（二）推动全面实施素质教育的重要途径

通过红色研学旅行，中小学生既可以观光赏景，也可以了解革命历史，增长革命斗争知识，学习革命斗争精神，培育新的时代精神。开展红色文化研学旅行活动，通过寓教于乐的方式，让广大中小学生在实践参与过程中领悟红色文化内涵，引导学生在参与中学习、在实践中领悟，推动全面实施素质教育。因地制宜地开展研学旅行，让广大中小学生在研学旅行中领略祖国大好河山，学习中华优秀文化，感知革命光荣历史，了解改革开放伟大成就，增强对坚定"四个自信"的理解与认同；同时学会动手动脑，学会生存生活，学会做人做事，促进身心健康、体魄强健、意志坚强，促进形成正确的世界观、人生观、价值观，成为德智体美劳全面发展的社会主义建设者和接班人。

通过一系列研学旅行活动，培养学生的人格智力、道德意识，以及社会

---

① 韩禄. 社会主义核心价值体系在红色文化旅游中的实现途径[J]. 福建省社会主义学院学报，2015（5）：47-49.

责任感等素养，是红色研学的核心价值追求。红色研学旅行扎根中国大地，找准学生的缺失部分，精准发力，给学生输入正能量。红色研学旅行创造了具有中国特色的教育，培养有中国灵魂的世界人，让学生走进中国大地，走向人民群众，触摸时代脉搏。在实操过程中，红色研学旅行通过开展生动、活泼、有意义的活动，提高学生自主学习、自我完善的能力，培养他们自主、自信、自强的人格品质，同时也让学生的心理品质和人格教育得到培养，使他们成为具有健康心理和健全人格的"四有"新人。

（三）丰富中华优秀传统文化内涵的重要举措

习近平总书记指出："红色旅游是红色文化传承的生动课堂。一次内涵丰富的美好的红色旅游，就是一次心灵之旅、思想之旅、精神之旅，也是一次接受文明熏陶、参与文明创建的生动过程。"开展红色研学旅行是落实这一指示的重要举措。红色文化是中华优秀传统文化的重要内容，红色文化研学旅行的开展，能够使学生领悟到中华优秀传统文化的博大精深。红色文化既涵盖了鸦片战争以来大批仁人志士为国家昌盛和民族复兴的艰难求索，也包含了中国共产党成立以来，在革命、建设、改革等各个历史时期的成就，是极其宝贵的精神财富。红色文化研学旅行活动的开展，能够深入挖掘红色文化，丰富中华优秀传统文化内涵。

红色文化具有十分丰富的精神内涵，其中包括爱国主义、艰苦奋斗、无私奉献、勇于进取等精神，此外，还包括我们中华民族顽强不息的战斗精神。因此，依托红色文化资源，开展红色文化主题研学活动，让广大中小学生了解革命先烈们的英雄事迹，在革命传统教育中了解那段可歌可泣的历史，给每位学生的灵魂安上一个"红色芯"，从而将红色文化发扬光大，也是丰富中华优秀传统文化内涵的重要渠道。

（四）学校教育与校外教育相结合的重要组成部分

当前，我国中小学教育存在这样的问题：接受学习盛行，死记硬背、机械训练大行其道，学服从教，教服从考，学生的兴趣被压抑，学生的主动性、独立性、创造性被限制。然而，时代拒绝"书呆子"。新的课程改革提出要构建崭新的学习方式，即"倡导学生主动参与，乐于探究，勤于动手，培养学生搜集和处理信息的能力、获取知识的能力、分析和解决问题的能力以及交流与合作的能力"。这就要求学生改变学习方式，从被动接受变成主动探究，从只是单纯的知识学习变为手脑并用、学思结合、知行合一的学习[①]。对于中小学生而言，在狭小的教室里待太久，无论是思想还是视野都会被局限，正如网上流传的一句话："要么旅行，要么读书，身体和灵魂，必须有一个在路上。"研学旅行正是学校教育和校外教育衔接的创新形式，是综合实践育人的有效途径。

研学旅行是以旅行体验为形式、以研究性学习为目的的校外教育活动，通过提供自由的活动空间，激发学生的想象力，通过提供丰富的真实情境刺激学生的多种感官，更能引发探究欲望。开展红色旅游研学旅行，能让学生走出书本世界，走进大自然和社会。在自然和社会中学习，对学生的学习方式和理解能力有着积极的影响。学生在研学旅行过程中，能对各种自然现象、社会现象、生活现象进行积极的思考，培养协调观、综合思维、实践能力等，把理论知识通过实践内化为行为和理念；同时，研学旅行也有利于文化素养、团队意识、责任担当意识的培养。

把研学旅行与红色教育结合起来，引导学生通过耳闻目睹红色文化、深入领会红色精神的实质内涵，感受中华民族以爱国主义为核心，勤劳勇敢、自强不息、爱好和平的伟大民族精神，落实立德树人的根本任务，提升学生的社会责任感和历史使命感；同时，还可以通过研学活动引导学生真正走入生活、走入社会，以身心结合的方式，拓宽视野、丰富知识、提升自理能力、培养创新精神和实践能力，使知识变得更加真实、有温度，也能自然而然地激发学生对家乡故土的热爱之情。

四、红色主题研学旅行发展中的问题

开展红色研学旅行活动的初衷是让学生走出校园，自由地体验社会和大自然，达到知行合一的目的。但红色研学活动开展过程中也存在一些问题[②]。

（一）现行红色主题研学旅行未能触及青少年内心

当前我国青少年红色教育效果不佳、教育手段单一、教育资源不丰富、教育工作集中于校内、教育内容资源整合性较差等问题较为明显，都在一定

---

① 孙月飞，朱嘉奇，杨卫晶. 解码研学旅行[M]. 湖南：湖南教育出版社，2018.
② 吴芳，杨业祥，江红霞，王英. 红色研学旅行的实践与思考[J]. 新课程研究，2019（29）：133-134.

程度上削弱了红色教育的有效性。学校、家长、学生普遍认为参与的爱国主义活动大多流于形式、内容枯燥、浅尝辄止。尤其对青少年来说，这些活动在活动前缺乏吸引力，活动中缺乏参与性，活动后缺乏主观思考，真正能提升青少年爱国主义认知和爱国认同感的教育活动少之又少。

（二）现有研学旅行对提升红色教育效果针对性不强

党中央高度重视青少年红色教育工作，国家层面出台相关政策文件多达12个，地方文件100余个。各级政府、教育参与主体也采取多项举措提升青少年红色教育效果。健全的政策出台、大量的经费投入、专业的智库参与、海量的舆论宣传，这些对策在改善基础设施、营造全民参与红色教育、提升从业人员素质方面取得了重大的成效。但是对于红色教育的"接收终端"青少年来讲，始终还存在着"最后一公里"问题，即红色资源点是一座"富矿"，而青少年却缺乏从中获取能量的主动性、积极性，最终出现守着"富矿"却未汲取、吸收澎湃动力的结果。

（三）红色资源缺乏体验式开发

目前山东省红色资源的展示方法单一，吸引力弱，红色教育以单调地进行静态陈列为主，缺乏体验性。大部分学生反映对红色文化资源不感兴趣，与红色文化之间存在很大的距离感，无法与红色故事产生共鸣。在传统的红色教育方式下，面广效弱，红色文化的亲和力不甚理想。青少年红色教育是一项政治工程、系统工程，我们应围绕为何教、在哪教、怎么教，来着力构建青少年红色教育体系。没有发掘好、运用好山东红色资源，并对其进行体验式、沉浸式开发，就无法拉近青少年与红色文化的距离，导致红色文化的亲和力无法提高。

（四）文化内涵挖掘不够

青少年对于红色文化的了解程度普遍不高，这就表明各地对红色资源的文化内涵挖掘还不够，有些地方仅局限于表面走马观花，红色文化的内涵没有得到凸显，红色文化对于青少年的吸引力、传播力不强，影响力不够。未能将英雄人物背后的故事作为红色教育的生动素材加以应用，缺乏互动式、启发式、交流式的沉浸式学习的设计，不能有效地帮助青少年在真学真懂之上增强对红色文化的感知。

(五) 资源主体单一

红色资源不及其他旅游业态的关注度及热度，其功能也仅局限在内部游览和科普功能上，仅能做到入眼，而不能入心。多种资源整合力度不够，内部缺少联动发展，串联度与整合度不高，没有真正做到区域相似资源的联动发展。无法充分发挥红色文化资源的重要作用，红色文化传播力不强，传播主体及影响力得不到有效的传播。在一定范围内缺乏切实可行的实施范式和教材课程，中小学开展红色教育的热情逐步减弱，不能有效提升红色文化的影响力与传播效果。

(六) 与中小学生校内课程结合不紧密

我国的中小学生校内课程中其实设置了红色教育课程，但部分学校为迎合国家政策，存在严重的形式主义，缺乏对红色教育价值的准确认识，对教育意义、目标、主题缺乏系统思考。中小学红色研学推进机制并不健全，研学课程和校内课程结合不紧密，无法引起学生共鸣，无法真正达到红色教育的效果。红色教育不是一时之策，而是千秋大计。现有的红色研学与中小学生校内课程联系不紧密，无法丰富校园红色文化，红色文化元素难以融入中小学思想品德课和实践活动课的教学内容中，使本土红色文化不能更好地进校园、进教材、进课堂、进学生头脑。

第四节　红色文化研学旅行资源

一、红色文化资源

目前关于红色文化资源的概念，学术界尚无统一的定义，迄今为止，各学者基于各自的理解分别从不同角度对红色文化资源进行了概括、定义，不同的观点交流碰撞，擦出了智慧的火花，推进了红色文化资源的相关研究，丰富发展了红色文化资源理论[1]。

有的专家认为，红色文化资源有狭义与广义的区别。其中狭义的定义是指在近代以来，中国共产党领导全中国人民奋起反抗，先后经历了辛亥革命、

---

[1] 姚丹丹.红色文化资源在高校思想政治教育中的作用研究[D].河北大学, 2020.DOI: 10.27103/d.cnki.ghebu.2020.000315.

五四运动、抗日战争和解放战争,在这个伟大历程中形成的伟大精神及其物质载体;而在广义上来说,红色文化资源就是"中华民族各民族人民为了追求自己的独立、中国的解放、人民的富强,而进行抗争,在此过程中形成的相关精神以及物质载体的总和"①。

也有一些专家认为:"狭义的红色资源的内涵是指由中国共产党领导的中国人民在与日本侵略者的抗争和与国民党的斗争中所留下的红色思想以及精神瑰宝。"②还有一些专家认为:"所谓的红色资源主要是说,在中国共产党的带领下,人民进行抗争过程中所留下的丰功伟绩,以及因此而形成的众多场所标识以及历史遗留物和相关书籍。"③在传承历史的过程中,应该将红色文化发扬光大,这其中既包括有形的物质,又包括无形的思想。

曾担任井冈山大学校长、党委副书记的张泰诚教授提出:"红色文化资源主要是中国共产党领导中国人民进行的革命活动及其结果,红色文化资源就是这种活动和结果的表现形式。"④江西师范大学博士后、宜春学院马克思主义学院副教授李霞认为:"红色文化资源是马克思主义中国化、时代化的产物,其产生于新民主主义革命时期,但却并未止于革命时期,而是随着实践的发展而不断地发展着、丰富着,不同时期形成的红色文化资源与其时代使命是紧密联系在一起的。"⑤肖发生认为:"红色文化资源是在新民主主义革命和社会主义现代化建设时期,中国共产党在领导各族人民进行革命斗争和现代化建设实践中所形成的,能够为我们今天所开发并具有重要价值意义的各种精神及其物质载体的总和。"⑥

由此看来,能够归入红色文化资源类型的东西非常多,是在中国共产党的领导下,以马克思主义理论为指导核心,形成于新民主主义革命时期,丰富发展于社会主义改造和建设时期,以及改革开放和社会主义现代化建设新时期的一种人文资源,是红色文化的具体载体,这种载体不仅仅局限在某些

---

① 熊辉,仰义方.红色资源在高校学生党建工作中的功能与运用[J].井冈山大学学报(社会科学版),2011,(1).
② 谭东发,吴小斌."红色资源"与扶贫开发[J].老区建设,2002(7).
③ 徐艳萍.利用红色资源加强青少年革命传统教育[J].当代青年研究,2008(5).
④ 张泰城.论红色文化资源[J].红色文化资源研究,2015,1(01):1-11.
⑤ 李霞.红色文化资源也应发展和创新[N].光明日报.2014-11-22.
⑥ 肖发生.定位与提升:"红色资源"的再认识[J].井冈山学院学报,2009,30(01):19-23+27.

语言或者物品上，而是应该将其范围扩大至任何具有红色文化属性的载体上，如革命战争遗物、战争遗址及爱国主义教育基地和红色旅游景区、红色文化作品、红色歌曲等，红色文化资源是集红色革命道路、红色精神、革命文化、英雄模范、红色文艺作品、红色革命遗址等具有代表性、价值导向性的"六位一体"红色体系，并随着社会发展在保持传统精神文化的基础上为我们提供多元化的物质、精神和文化载体的总和[1]。

二、红色文化旅游资源和研学旅行资源

红色旅游资源是集政治、经济和社会功能为一体的主题性历史文化资源[2]，具有无形性、伴生性、连贯性和教育性的特征[3]。红色旅游资源是我国精神文明中的宝贵遗产，也是开展中小学生红色教育的重要载体[4]。从资源属性出发，红色旅游资源具有政治、经济和社会三大属性[5]；从资源实体出发，红色旅游资源可分为革命活动遗址、名人居住地与旧址、陵园和纪念馆[6]。

作为旅游吸引物，红色旅游资源是发展红色旅游的载体和依托[7]，可以从广义和狭义两个角度进行解释：广义方面是指能够顺应时代发展趋势，直接或间接地弘扬爱国主义和民族团结精神，凝结在一切革命和建设活动过程中的人文景观和积极健康向上的精神。狭义方面是指形成于1921—1949年间，在一定地域空间客观存在的，能集中反映革命历史、革命事迹和革命精神，并因其所具有的多重价值而对旅游者产生吸引力的革命历史遗存及社会文化

---

[1] 邢雯.黑龙江省红色文化资源融入大学生思想政治教育价值研究[D].沈阳农业大学,2020.DOI: 10.27327/d.cnki.gshnu.2020.000368.

[2] 翁钢民，王常红. 基于AHP的红色旅游资源综合评价方法及其开发对策[J]. 工业技术经济，2006，25（2）：112-114.

[3] 黄细嘉，宋丽娟.红色旅游资源构成要素与开发因素分析[J]. 南昌大学学报（人文社会科学版），2013（09）：53-59.

[4] 金鹏，卢东，曾小乔. 中国红色旅游研究评述[J]. 资源开发与市场，2017（06）：764-768.

[5] 张彬彬. 都市地区的"红色旅游"开发——以上海为例[J]. 旅游论坛，2004，15（2）：35-37.

[6] 余凤龙，陆林. 红色旅游开发的问题诊断及对策——兼论井冈山红色旅游开发的启示[J]. 旅游学刊，2005，20（4）：56-61.

[7] 唐黎，李明峰. 基于层次分析法的红色旅游资源模糊综合评价研究——以兴安县为例[J]. 兰州商学院学报，2007，23（1）：48-54.

现象，是中国民族民主革命的产物①-②。作为旅游活动的载体，红色旅游资源随着时间推移也在不断地扩展其时空内涵。

"革命传统资源是党的宝贵精神财富，每一个红色旅游景点都是一个常学常新的生动课堂，蕴含着丰富的政治智慧和道德营养，要把这些革命传统资源作为开展爱国主义和党性教育的生动教材。"红色旅游景点作为爱国主义的生动教材，应该紧扣传承红色基因这一目标任务，开展红色研学旅行，让广大中小学生在研学旅行中感知革命光荣历史，感受革命者为理想不畏艰难、英勇战斗取得胜利的伟大精神，从而激励中小学生形成为理想奋斗、不畏艰难险阻、克服一切困难的品质；同时还能让学生认识到我们今天的繁荣昌盛是由无数先烈前仆后继、英勇牺牲得来的，我们更应继承先烈遗志，努力奋斗，建设祖国。

红色文化研学旅行资源属于红色旅游资源，是开展红色研学活动的重要载体和主要内容形式③，是以红色旅游资源为基础筛选出来的具有重大教育意义和鲜明时代特征的适宜开展红色研学活动的物质和文化资源。红色研学资源可分为物质形态和非物质形态，物质形态如革命遗迹、旧址、纪念建筑、名人故居等，非物质形态如红色歌谣、红色标语等，内涵极其丰富④。

三、红色主题研学旅行资源分类

目前，红色文化资源主要分为两个不同的层面，即物质层面和精神层面。红色文化资源中的物质层面是蕴含红色文化精神的物质载体，主要是指革命时期的遗址遗迹，以及后人为纪念先辈而兴建的博物馆、纪念馆、展览馆、烈士公墓等⑤；精神层面则是指在马克思主义理论的指导下，中国共产党带领中国人民在革命实践中产生的非物质文化资源，包括理论、制度、精神、文学艺术作品等，红色文化精神是红色文化的灵魂，这种精神诞生并贯穿于整

---

① 唐丽萍，冯淑华.红色旅游资源的文化遗产价值及其评价——以南昌八一起义纪念馆为例［J］.旅游研究，2011，3（2）：11-16.

② 孙茜.基于顾客满意度的红色研学旅游基地可持续发展研究［J］.湖北理工学院学报（人文社会科学版），2017（03）：27-31.

③ 秦潇潇.大别山地区红色研学旅行初探［J］.吕梁学院学报，2019（06）：63-67.

④ 党红星.山东红色旅游资源开发研究［D］.山东大学，2006（05）.

⑤ 庞小云.红色文化资源的分类及价值实现［J］.广西教育学院学报，2020（01）：75.

个革命历程，是中国共产党人的理想信念和价值观念的体现，并以不同的形态、特征存在于不同的历史时期。红色文化资源的形态类型多种多样，可以进一步划分为红色旧居旧址、红色器物、红色文献、红色文学艺术、红色纪念建筑、红色意识形态六大类型[①]。本书采用的红色文化研学旅行的资源可分类为：物质形态表现形式如革命遗迹、革命旧址、纪念建筑、名人故居等，非物质形态表现形式如红色故事、红色歌谣等[②]。

四、红色文化研学旅行资源功能

首先，导向功能，对人的思想行为的形成与发展具有指引作用。红色文化符合我国社会主义主流价值的走向，运用红色文化资源育人，能够抵制腐朽文化的影响和侵蚀。

其次，文化创新功能，红色文化资源的内容随着国家的发展不断充实。新中国成立后，这一时期的红色文化主要体现了艰苦奋斗、自力更生的价值取向；改革开放新时期，国家和社会各项事业的发展取得了很大的进步，红色文化资源的内涵更加丰富充盈。

最后，红色文化资源具有较强的感染力。红色文化资源的形式多样，有许多红色经典影视作品，也有不少反映革命事迹的文学书籍，在全国各地甚至是各个国家，也有风格迥异的红色旅游胜地。这些红色文化资源以不同的形式呈现在人们面前，用群众喜闻乐见的方式吸引人、感化人，让人们在不知不觉中感受到红色文化的熏陶。

第五节　山东省红色主题研学旅行资源

一、山东省红色主题研学旅行资源的整体情况

发掘红色主题研学资源的地域文化内涵，是增强研学旅行红色教育效果的有效途径。山东省有效保护和开发红色旅游资源，不断延伸红色文化产业链条，提升红色文化衍生项目的质量，拓展红色旅游发展空间，将红色旅游

---

① 张泰城.论红色文化资源[J].红色文化资源研究，2015，1（01）：1-11.
② 党红星.山东红色旅游资源开发研究[D].山东大学，2006.

培育成为传承红色基因、弘扬沂蒙精神的重要载体。山东省红色文化资源丰富，截至2022年，山东省建成红色旅游景区140余个，其中A级景区49个（5A级景区3个、4A级景区11个）、全国红色旅游经典景区24个，全国爱国主义教育示范基地18个、省级爱国主义教育示范基地34个；"革命战争或重大事件发生地"与"革命烈士陵园"所占比例较大，分别为31.99%和22.03%，"中国共产党各级重要机构曾经的所在地旧址"占16.74%，"为纪念与中国共产党有关的事件建立的各类综合性或专题性纪念馆、博物馆、展览馆"占12.71%，"在中国共产党领导下建设的具有特定时代背景的标志性的建筑工程"占10.17%[①]。

山东省革命文物数量众多，呈现集中连片分布的特点，已经形成了沂蒙、胶东、渤海、鲁西4个保护利用片区。山东省红色文化资源主要以遗址遗迹、纪念馆、博物馆、革命家故居的形式呈现。山东省也将建设鲁中、滨海、胶东、渤海、鲁南和冀鲁豫边区（山东）等重点革命旧址示范区，围绕沂蒙精神、胶东红色文化、台儿庄大战等历史文化策划实施一批项目，打造文化展览、红色研学线路以及一系列红色旅游活动。作为齐鲁文化的发源地，山东省突出"好客山东"品牌引领作用，打造山东省旅游品牌体系。山东省有13处景区被列入《全国红色旅游经典景区名录》（见表2-1）。

表2-1 山东省入选《全国红色旅游经典景区名录》景区名单

景区名称	位置
济南市红色旅游系列景区（济南革命烈士陵园，济南战役纪念馆，济南市解放阁）	济南市
枣庄市、济宁市铁道游击队红色旅游景区，枣庄市八路军抱犊崮抗日根据地遗址	枣庄市、济宁市
枣庄市台儿庄大战遗址	枣庄市
临沂市红色旅游系列景区（华东革命烈士陵园，蒙阴县、沂南县沂蒙山孟良崮战役遗址，莒南县八路军一一五师司令部，河东区新四军军部旧址，沂南县红嫂家乡常山庄村）	临沂市
莱芜市莱芜战役纪念馆	莱芜市
青岛市中国人民解放军海军博物馆	青岛市

---

① 中华人民共和国文化和旅游部.山东省各地积极打造提升红色旅游景区［EB/OL］.https://www.mct.gov.cn/whzx/qgwhxxlb/sd/201908/t20190806_845547.htm，2019-08-06.

续表

景区名称	位置
威海市环翠区刘公岛甲午海战纪念地	威海市
鲁西南战役纪念系列景区（菏泽市郓城鲁西南战役指挥部旧址，冀鲁豫边区革命纪念馆；济宁市金乡县鲁西南战役纪念馆）	菏泽市、济宁市
聊城市孔繁森同志纪念馆	聊城市
烟台市海阳地雷战遗址	烟台市
烟台市红色旅游系列景区（胶东革命烈士陵园，杨子荣纪念馆，海阳市地雷战纪念馆）	烟台市
德州市冀鲁边区革命纪念园	德州市
滨州市渤海革命老区纪念园	滨州市

在中华人民共和国成立70周年之际，山东省积极推广红色旅游精品线路。通过资源整合、区域联动，积极宣传推广"踏革命热土，访红嫂故里"——沂蒙红色之旅、山东红色经典战役之旅、铁道游击队红色旅游、"山水圣人"红色旅游专线、鲁南红色旅游专线等20多条红色主题旅游线路，积极策划推广庆祝新中国成立70周年山东全省红色旅游精品线路。同时，推进省际联合发展模式，联合江苏、安徽两省成立了鲁苏皖红色旅游区域联合体，与连云港、徐州、淮阴等淮海协作区红色旅游重点城市联合，建立了互访和联谊机制，共同研究开发"老滨海地区访红游""南征北战旧地游""淮海战役前后方游"等跨区精品红色旅游线路。在省内，则指导山东临沂市与泰安、济宁、枣庄、日照形成红色旅游联盟。强化红色旅游宣传营销，打造原创大型民族歌剧《沂蒙山》，深刻地诠释了"水乳交融、生死与共"的沂蒙精神，在山东省内外巡演50多场，引起强烈反响。

与此同时，2021年山东省文化和旅游厅发布100条山东红色旅游线路。这100条山东红色旅游线路精选了山东16市的红色旅游景区、革命类博物馆、纪念馆、陈列馆、革命遗址、爱国主义教育示范基地、红色体验项目、红色纪念品等，覆盖了多类文旅要素，以红色旅游为主线，串联山东省丰富的自然生态、历史文化、乡村田园、都市风情等资源。

100条山东红色旅游线路分8个大类——"齐风鲁韵 红色热土"红色+文化体验线路15条、"革命圣地 不忘初心"红色+党建教育线路15条、"心

有所向　醉美乡村"红色＋乡村振兴线路 13 条、"红色足迹　素履以往"红色＋自驾休闲线路 12 条、"红耀齐鲁　颐养身心"红色＋康养健身线路 13 条、"绿水青山　红色印记"红色＋生态自然线路 6 条、"传承精神　弘扬传统"红色＋民俗非遗线路 12 条、"革命礼赞　博览齐鲁"红色＋文博都市线路 14 条，注重把山东旅游资源和红色旅游资源有机地组合。在红色＋文化体验类别里，"学传统礼仪，探水浒遗风，寻红色印记"线路把三孔、孟府孟庙等经典儒家文化资源、梁山等水浒文化旅游资源和鲁西南战役纪念馆、王杰纪念馆等红色旅游资源进行组合，既有传统文化精华滋养，又有革命精神的熏陶和启迪；红色＋自驾休闲类别里，"走进革命老区，唱响红色歌谣"线路以《跟着共产党走》《沂蒙山小调》《谁不说俺家乡好》等红色歌曲串联沂蒙山、孟良崮战役纪念馆、铁道游击队纪念馆等红色旅游景点，让游客唱着红歌自驾游老区，致敬先烈。为顺应旅游市场新形势，山东还用自驾游的方式推进红色旅游资源活化，围绕庆祝中国共产党成立 100 周年主题，开展周周红色自驾、红色自驾加油活动等五大行动。

2021 年 6 月，山东省文化和旅游厅在全省开展"100 家研学基地红色游"系列活动，引导广大青少年加强红色文化保护和传承，赓续红色基因，弘扬革命精神。评选出的 100 家红色研学基地，涉及山东省的 16 个城市，按照革命遗址、革命旧址、纪念建筑、名人故居分类，详见表 2-2 所示。

表 2-2　山东省"红色研学基地"名单

类别	景区名称
革命遗址 （23 处）	济南战役纪念馆（济南市）、莱芜战役纪念馆（济南市）、平度市大泽山抗日战争纪念馆（青岛市）、台儿庄大战纪念馆（枣庄市）、山亭区八路军抱犊崮抗日纪念园（枣庄市）、渤海垦区革命纪念馆（东营市）、海阳市地雷战纪念馆（烟台市）、昌邑市龙池镇渤海走廊革命斗争陈列馆（潍坊市）、红高粱抗战纪念馆（潍坊市）、泰安徂徕山抗日武装起义博物馆（泰安市）、刘公岛研学基地（威海市）、荣成市龙山革命纪念馆（威海市）、日照市抗日战争纪念馆（日照市）、蒙阴岱崮红色研学基地（临沂市）、蒙阴县孟良崮红色研学基地（临沂市）、沂水县沂蒙红色根据地（临沂市）、乐陵市冀鲁边区革命纪念园（德州市）、禹城市革命纪念馆（德州市）、宁津县崔杨抗日战争纪念馆（德州市）、阳谷县刘邓大军强渡黄河战役纪念园（聊城市）、渤海革命老区纪念园（滨州市）、冀鲁豫边区革命纪念馆（菏泽市）、曹县红三村抗日联防遗址（菏泽市）

续表

类别	景区名称
革命旧址（22处）	中共山东省委秘书处旧址（济南市）、济南市市委重建旧址（济南市）、济南（大峰山）党性教育基地（济南市）、胶州市艾山红色记忆馆（青岛市）、莱西市萌山红色研学基地（青岛市）、平度市东北山红色旅游区（青岛市）、铁道游击队纪念园（枣庄市）、东营区史口镇三里庄红色研学基地（东营市）、广饶县红色刘集教育基地（东营市）、栖霞市胶东抗大精神教育基地（烟台市）、龙口市下丁家艰苦奋斗精神党性教育基地（烟台市）、寿光市三元朱村红色研学基地（潍坊市）、中共临朐县委旧址（潍坊市）、微山岛铁道游击队纪念园（济宁市）、山东省政府和八路军115师司令部旧址（临沂市）、华东野战军纪念馆暨新四军军部旧址纪念馆（临沂市）、费县大青山胜利突围纪念馆（临沂市）、莘县中共冀鲁豫（平原）分局旧址（聊城市）、莘县中共冀南区党委旧址（聊城市）、中共冠县鲁西北地委旧址（聊城市）、单县湖西小延安张寨红色旅游基地（菏泽市）、鲁西南战役指挥部旧址纪念馆（菏泽市）
纪念建筑（41处）	胶济铁路博物馆（济南市）、济南二机床博物馆（济南市）、章丘区三涧溪村乡村振兴展览馆（济南市）、章丘区第一支抗日武装纪念馆（济南市）、中共青岛党史纪念馆（青岛市）、青岛纺织博物馆（青岛市）、青岛市博物馆（青岛市）、青岛古镇口国防教育基地（青岛市）、西海岸新区杨家山里红色研学基地（青岛市）、莱西市河崖红色文化研学基地（青岛市）、沂源县618战备电台研学基地（淄博市）、东营区红色刘营记忆馆（东营市）、利津县"英雄北张"红色爱国主义教育基地（东营市）、黄河口知青小镇（东营市）、渤海区抗战烈士祠（东营市）、胶东红色文化陈列馆（烟台市）、磁山爱国主义教育展览馆（烟台市）、乐道院·潍县集中营博物馆（潍坊市）、寿光市巨淀湖红色研学基地（潍坊市）、临朐县淌水崖水库纪念馆（潍坊市）、潍坊滨海经济技术开发区大家洼红色革命研学基地（潍坊市）、青州市益都赤涧支部粮站纪念馆（潍坊市）、邹城市城前镇（尼山）红色研学基地（济宁市）、新泰市龙廷红色研学基地（泰安市）、肥城市陆房红色研学基地（泰安市）、乳山市马石山红色研学基地（威海市）、文登区天福山起义纪念馆（威海市）、平邑县九间棚红色研学基地（临沂市）、沂蒙红色影视基地（临沂市）、临沂支前红嫂文化博物馆（临沂市）、沂南县党性教育基地（临沂市）、临沭县朱村红色文化旅游区（临沂市）、兰陵县代村红色研学基地（临沂市）、德州普利森机床博物馆（德州市）、阳谷县鲁西第一个党支部纪念馆（聊城市）、莘县山东省委重建纪念馆（聊城市）、邹平市大马峪红色研学基地（滨州市）、邹平市焦桥邹长中心县委成立纪念馆（滨州市）、博兴县高家渡革命历史纪念馆（滨州市）、单县新时代文明实践中心红色湖西教育基地（菏泽市）、郓城传递红色文化博物馆（菏泽市）
名人故居（14处）	平度市刘谦初红色文化园（青岛市）、博山区焦裕禄纪念馆（淄博市）、牟平区杨子荣纪念馆（烟台市）、海阳市许世友胶东纪念馆（烟台市）、诸城市王尽美党性教育基地（潍坊市）、寿光市陈少敏纪念馆（潍坊市）、金乡县王杰纪念馆（羊山古镇军事旅游区）（济宁市）、郭永怀事迹陈列馆和故居（威海市）、谷牧旧居（威海市）、沂蒙红嫂祖秀莲纪念馆（临沂市）、齐河县时传祥纪念馆（德州市）、孔繁森同志纪念馆（聊城市）、东昌府区范筑先烈士纪念馆（聊城市）、鄄城县董口镇军屯马本斋纪念馆（菏泽市）

二、各地市红色研学旅行资源情况

山东省红色研学旅行资源丰富，各地市结合自身地域特色，推动"红色+旅游+研学"相融合，因地制宜发展红色研学旅行活动，打造彰显山东特色的红色文化研学旅行品牌，构建全方位、多层次的红色研学旅行体系。深挖沂蒙精神、抗战精神、中国传统文化和爱国主义教育内涵，充分整合各地红色旅游文化和资源，构建彰显山东特色的红色文化研学旅行目的地体系，全面推动红色主题研学旅行发展。

济南市围绕"爱国主义教育"主题，依托济南战役纪念馆、英雄山革命烈士纪念碑、解放阁、五三惨案纪念堂、蔡公时纪念馆、大峰山革命根据地等红色资源，大力开发以爱国主义教育基地为主的红色旅游路线，开展革命传统教育活动，讲好济南红色旅游故事。

淄博市围绕"艰苦奋斗教育"主题，依托焦裕禄纪念馆、原山艰苦奋斗纪念馆、马鞍山烈士纪念馆、马鞍山红色旅游景区、黑铁山抗日武装起义纪念馆、朱彦夫教育基地、沂源县618战备电台旧址等资源，进一步传承具有时代特色的"生命不息，战斗不止"的艰苦奋斗精神。

枣庄市围绕"抗战精神国防教育"主题，依托鲁南铁道大队抗战纪念馆、台儿庄大战纪念馆、八路军抱犊崮抗日战争纪念园，深挖中国共产党领导的敌后战场和国民党领导的正面战场，提炼升华世界反法西斯战争东方战场的山东光辉史实，形成立足山东、面向全国、辐射全世界的反法西斯抗战文化主题教育基地，彰显具有时代特征的山东精神、山东气质、山东力量。

烟台市充分发挥胶东革命根据地优势，挖掘完善烟台山、昆嵛山、地雷战纪念馆等现有景区的红色文化内容；抢救《胶东日报社》旧址、日军侵华碉堡、抗日兵工厂等一批革命历史建筑；推出一批集乡村旅游与红色旅游文化于一体的栖霞国路夼、莱阳万第镇、龙口下丁家、海阳郭城等乡村红色文化研学旅游地点；开发培育红色主题研学旅游线路。

济宁市围绕"中华传统文化教育"主题，依托济宁干部政德教育基地，开发中华优秀传统文化，特别是以儒家思想文化为内涵的研学旅行产品和课程，进一步彰显儒家文化的魅力。推动铁道游击队抗日革命根据地微山湖红色旅游经典景区、邹城城前尼山区红色教育基地、金乡羊山战役纪念地羊山古镇军事旅游区提质升级，建设王杰精神传承红色研学基地，弘扬鲁西南战役英雄精神和王杰精神，打造研学旅行精品品牌。

泰安市围绕"打响山东省抗日战争的第一枪"主题，依托徂徕山爱国主义教育基地、国家级抗战纪念设施——陆房突围胜利战斗遗址和万里故居（东平县工委纪念馆）等红色旅游资源，深入挖掘红色旅游所蕴含的时代精神、民族精神，打造一批既体现社会主义核心价值体系，又适应市场需求的红色文化旅游产品，使红色主题旅游成为开展爱国主义、集体主义、社会主义教育的有力抓手和重要载体。

威海市围绕"爱国主义教育"主题，依托胶东（威海）党性教育基地，充分利用好基地资源，开展好红色研学活动，使红色旅游景区成为开展爱国主义教育的生动课堂。

莱芜市围绕"山水莱芜、红色热土"主题，依托莱芜战役纪念馆、莱芜战役指挥所、汪洋台、云台山、"红色记忆"系列展馆等红色旅游资源，开展红色研学活动，加快建设"不忘初心、牢记使命"主题教育基地。

临沂市、潍坊市围绕"沂蒙精神革命教育"主题，依托沂蒙党性教育基地，大力弘扬沂蒙精神，传承红色基因。充分整合临沂红色旅游资源和党员党性教育基地，以"亲情沂蒙 红色临沂"品牌为支撑，突出产品特色，打造不同主题的红色主题研学旅行产品。细分红色教育客源市场，开发不同类别的研学线路、研学课程，重点推出能满足青少年教育实践的红色主题研学产品体系，使红色主题旅游成为开展党性教育、爱国主义教育和革命传统教育的重要载体。

聊城市以孔繁森同志纪念馆、鲁西北地委旧址、刘邓大军渡河指挥部旧址、张自忠将军纪念馆、鲁西北革命烈士陵园等为重点，加大建设力度，提高接待能力和水平。通过恢复历史遗迹、博物馆展示、虚拟重现当年革命故事以及舞台化的演绎等方式，打造红色主题研学旅行精品线路。

菏泽市充分发挥鲁西南革命根据地优势，利用冀鲁豫边区革命纪念馆、郓城鲁西南战役指挥部旧址入选全国红色旅游经典景区名录的契机，深入挖掘完善冀鲁豫边区革命纪念馆、湖西烈士陵园等现有景区红色文化内容；保护开发王厂战斗遗址、红三村抗日联防遗址、刘邓大军渡黄河旧址、爱国自卫战争诸烈士纪念碑、鄄南战役无名烈士墓群、湖西红色教育基地、平原省湖西革命历史纪念馆等红色旅游资源，开发培育红色主题研学旅行线路。

第三章　研学旅行课程设计

第一节　研学旅行课程设计理念

一、研学旅行课程

（一）什么是课程

在我国，"课程"一词最早出现在唐宋年间。宋朝朱熹在《朱子全书·论学》中曾多次提到"课程"一词，如"宽着期限，紧着课程""小立课程，大作工夫"等，这里所使用的"课程"意指功课及其进程。在西方国家，"课程"（curriculum）一词源于拉丁文词根"currrer"，最早见于英国教育家斯宾塞《什么知识最有价值》一文中，意为"跑道"。根据这一词源，西方对"课程"最早的解释是"学习的进程"。关于课程的概念可谓众说纷纭，概括起来，可以归为以下三类。

一是课程作为学科，这是使用最普遍也是最常识化的课程定义。如《中国大百科全书·教育》中对于课程的定义是"广义的课程是指所有学科（教学科目）的总和，或学生在教师的指导下各种活动的总和；狭义的课程则是指一门学科或一类活动"。这种课程定义片面地强调内容，而且把课程内容仅限于源自文化遗产的学科知识，将课程内容与课程过程割裂开来，对学习者的经验重视不够。

二是课程作为目标或计划，这种课程定义把课程视为教学过程要达到的目标、教学的预期结果或教学的预先计划。这种课程定义将课程视为教学过程之前或教育情境之外的东西，把课程目标、计划与课程过程、手段割裂开来，并片面地强调前者，其缺陷是忽视了学习者的现实经验。

三是课程作为学习者的经验或体验,这种课程定义把课程视为学生在教师的指导下获得的或学生自发获得的经验或体验。这种课程定义的突出特点是把学生的直接经验置于课程的中心位置,消除了课程中"见物不见人"的倾向,消除了内容与过程、目标与手段的二元对立,其缺陷是忽视了系统知识在儿童成长过程中的意义。

20世纪60年代以后,课程的含义被扩展。研究者认为学校生活中的非学科经验对于学生的态度、动机、价值观的形成和发展也有明显的作用,以学科为中心的课程观受到了挑战,当代课程观注重学习者在学校环境中的全部经验。另外,将课程主要看作教程的静态课程观也受到了挑战,课程不再被看作单向的传递过程,而是双向的流动实践过程。

基于以上观点,我们认为课程是一种通过教师、方案、学生三者之间的互动,以实现教育意义的专业实践。在这一过程中,教师根据一定的目的,用"课"的方式,规范、引导学生学习的过"程",即教师通过专业化的设计以及安排学习机会,促进学生的学习。

(二)课程的基本类型

1. 学科课程和综合课程

按照课程的教学形态进行划分,可以分为学科课程和综合课程。

学科课程是指根据培养目标,分门别类地从各门科学中选择适合学生年龄特征与发展水平的知识所组成的教学科目,也称分科课程。它强调不同学科门类的相对独立性,强调一门学科的逻辑体系的完整性。学科课程的优点在于能够突出教学的逻辑性和系统性,易于学生在较短的时间内掌握人类长期积累起来的科学文化基础知识和基本技能;其弱点也很明确,一是由于分科课程的"分科"是人为的,因而缺乏内在整合性,忽视不同学科之间知识的联系性,从而也割裂了学生的理解力;二是忽视了学生的学习动机、现实兴趣和生活经验,使学生处于被动、消极的学习之中。

综合课程与学科课程相对立,它打破了学科逻辑系统的界限,以学生的兴趣、经验、需要和能力等为基础,强调不同学科的相互整合,通过引导学生进行有目的的活动促进学生发展。综合课程的优点在于重视学生的经验、兴趣、需要、能力等,注重引导学生在做中学,有利于培养学生的创新能力和实践精神;其缺点在于对系统的科学文化知识的重视程度不够,过于重视学习过程的灵活性而导致缺乏规范性，以及对于教师的素质要求过高，不易于实施与落实。教育部印发的《基础教育课程改革纲要（试行）》中明确指出小学阶段以综合课程为主，初中阶段设置分科与综合课程相结合的课程，高中以分科课程为主。①

2. 必修课程和选修课程

按照课程的教学要求进行划分，可以分为必修课程和选修课程。

必修课程是指为保证所有学生的基本学力，由政府或学校规定的学生必须修习的课程，所占比例较大。我国规定，从小学至高中设置综合实践活动并作为必修课程，其内容主要包括：信息技术教育、研究性学习、社区服务与社会实践以及劳动与技术教育。②综合实践活动的具体内容可由地方和学校根据教育部的有关要求自主开发或选用。③

选修课程是指为使学生在普遍达到基本要求的前提下实现有个性的发展而开设的培养学生生存能力、实践能力和创造能力的课程。我国鼓励学校努力创造条件开设丰富多样的选修课程，以利于学生获得更多的选择和发展的机会。

3. 国家课程、地方课程和校本课程

按照课程的管理权限进行划分，可以分为国家课程、地方课程和校本课程。为保障和促进不同地区、学校、学生对课程的适应性，我国实行国家、地方和学校三级课程管理。

国家课程是指国家教育行政部门规定的统一课程，它体现着国家意志，是专门为公民未来所要达到的共同素质而开发的课程。教育部总体规划基础教育课程，制定基础教育课程管理政策，确定国家课程的门类和课时。

地方课程是指在国家规定的各个教育阶段的课程计划内，由省级教育行政部门依据当地的政治、经济、文化等发展实际和需要而开发的课程。省级教育行政部门依据国家课程管理政策和本地区实际，制订本省（自治区、直

---

① 教育部.关于印发《基础教育课程改革纲要（试行）》的通知［EB/OL］.http://www.moe.gov.cn/srcsite/A26/jcj_kcjcgh/200106/t20010608_167343.html.

② 教育部.关于印发《基础教育课程改革纲要（试行）》的通知［EB/OL］.http://www.moe.gov.cn/srcsite/A26/jcj_kcjcgh/200106/t20010608_167343.html.

③ 教育部.关于印发《义务教育课程设置实验方案》的通知［EB/OL］.http://www.moe.gov.cn/srcsite/A26/s7054/200111/t20011119_88602.html.

辖市）实施国家课程的计划，规划地方课程，报教育部备案并组织实施。

校本课程是指以学校教师为主体，在实施国家课程和地方课程的前提下，充分利用当地和学校的课程资源所开发的多样性的、可供学生选择的课程。学校在执行国家课程和地方课程的同时，应视当地社会、经济发展的具体情况，结合本校的传统和优势、学生的兴趣和需要，开发或选用适合本校的课程，学校有权利和责任向上级反映在实施国家课程和地方课程中所遇到的问题。①

4. 显性课程和隐性课程

按照课程的呈现方式划分，可以分为显性课程和隐性课程。

显性课程是指一个教育系统内用正式文件颁布而提供给学生学习，学生通过考核后可以获取特定教育学历或资格证书的课程，表现为课程方案中明确列出和有专门要求的课程。显性课程是有明确目标要求的、公开性的，且能够被所有课程主体所意识到。

隐性课程是指以内隐的、间接的方式呈现的课程。它是学生在显性课程以外所获得的所有学校教育的经验，并不作为获得特定教育学历或资格证书的必备条件。隐性课程有多种表现形式，包括隐藏于显性课程之中的意识形态、学校的校风和学风、教师的教育理念、学校的管理体制、学校的建筑和教室的布置等。

显性课程和隐性课程不是二元对立的，两者互动互补、相互作用，在一定条件下，两者可以相互转化。

（三）如何定义研学旅行课程

教育部等11部门印发的《关于推进中小学生研学旅行的意见》（以下简称《意见》）中对于中小学生研学旅行作出如下定义：中小学生研学旅行是由教育部门和学校有计划地组织安排，通过集体旅行、集中食宿方式开展的研究性学习和旅行体验相结合的校外教育活动。

《意见》中提出，各中小学要结合当地实际，把研学旅行纳入学校教育教学计划，与综合实践活动课程统筹考虑，促进研学旅行和学校课程有机融合，要精心设计研学旅行活动课程，做到立意高远、目的明确、活动生动、学习

---

① 教育部.关于印发《基础教育课程改革纲要（试行）》的通知［EB/OL］.http://www.moe.gov.cn/srcsite/A26/jcj_kcjcgh/200106/t20010608_167343.html.

有效，避免"只旅不学"或"只学不旅"的现象。这些要求鲜明地提出了学校推进研学旅行活动的基本要领，即在研学旅行课程设计与实施过程中，应当构建一种实践活动形态的综合性课程，这类课程不仅是跨学科的，而且应该促进学生德、智、体、美、劳的全面发展。

同时，《意见》中还明确要求学校根据学段特点和地域特色，逐步建立小学阶段以乡土乡情为主、初中阶段以县情市情为主、高中阶段以省情国情为主的研学旅行活动课程体系。也就是说，在研学旅行课程开发过程中，需要结合乡土乡情、县情市情、省情国情和学生的研学需求，在研学内容设计中既要兼顾学生的生活情境，又能引导学生关注人类社会和自然界的问题，为学生开展实践学习提供一整套的体验活动和专题研究的指导方案。

二、研学旅行课程定位

（一）校内外教育相结合的重要组成部分

综合实践活动课程与学科课程并列设置、相互补充，是中小学课程结构不可或缺的组成部分。研学旅行是中小学综合实践活动的重要方式，因而是各个学段课程方案中的必修课程。研学旅行课程是学科课程内容的延伸、综合、重组与提升，既是学科课程基础知识、基本原理的应用，也是对学生各学科核心素养养成的实践检验、对各学科领域学习成果的拓展和加深。研学旅行的开展有利于推进中小学研究性学习，培养学生良好的学习习惯。

（二）拓展地方课程和校本课程的重要载体

研学旅行课程的开发需要综合考量学校的育人需求和地方的研学资源特色，基于此，研学旅行课程的开展能够进一步推进中小学地方课程、校本课程的建设和实施，使地方课程、校本课程突破地域资源限制，拓展地方课程、校本课程的视野，提升地方课程、校本课程的品位和实效。

（三）培育学生发展核心素养的重要路径

研学旅行对于全面培育人文底蕴、科学精神、学会学习、健康生活、责任担当、实践创新等学生发展核心素养，落实立德树人根本任务以及培养德智体美劳全面发展的社会主义建设者和接班人意义重大。随着高校和高中招生考试的改革，综合素质评价成为招生录取的重要参考，研学旅行作为综合实践活动的有效方式，对高考和中考的影响也日益凸显。

三、研学旅行课程的特点

研学旅行不是泛泛的游学,而是纳入教育部门和学校教育教学计划的重要教育教学活动,是参与学生一个也不能少的集体教育活动。我们谈论的研学旅行课程一般具有以下特征:

(一)教育性

研学旅行虽然只是一种校外教育活动,但并非一般意义上的旅行活动,而是学校组织的,有目的、有计划的集体旅行式的教育活动,并且是在真实情境下以研究性学习的方式来完成的旅行体验,基于学生的真实生活,以研究性学习为主导方式,注重体验和探究,是让教育回归到"知行合一"的本质上来。

(二)实践性

研学旅行是学校理论教育与校外实践教育相结合的教育教学方式,面对自然界与社会的真实情境,让学生在"做""考察""探究""旅行""反思""体验"等一系列实践活动中发现和解决现实问题、体验和感受真实生活。

(三)跨学科性

研学旅行是跨学科的综合教育教学课程,它整合教育教学内容和方式,鼓励学生综合运用各学科知识和方法,思考、认知、解决综合性问题,要求学生综合考虑与自然、与他人、与社会、与自我的关系。

(四)生成性

学生在研学旅行课程实际开展的过程中,会产生新的想法,并在实践活动中不断地进行修正与改进,直至找到新的解决问题的方式。研学旅行强调教师和学生在活动中共同创新的过程,体现着强烈的生成性特征。

(五)开放性

研学旅行将课堂延伸至校外,学习情境是开放的,学生探究的问题没有唯一的答案,有利于发散思维。研学活动是开放的,学生面向真实的世界,与开放的社会互动。

(六)趣味性

研学旅行离开学生的常住地,旅行经历、异地景观和研学实践容易引发学生的探究兴趣,提高学生的生活品位、审美情趣和创新意识,因而研学旅行往往也更加丰富、有趣。

（七）持续性

从实践操作的视角看，相较于一般的学校课程而言，研学旅行课程持续的时间普遍较长，一般为半天、一天、两天、三天，甚至一周时间。

四、研学旅行课程设计基本理念

（一）落实立德树人的根本任务

2014年，教育部印发的《教育部关于全面深化课程改革落实立德树人根本任务的意见》中指出，立德树人是发展中国特色社会主义教育事业的核心所在，深化课程改革、落实立德树人根本任务具有重大意义。因此，研学旅行课程应坚持全面落实以学生为本的教育理念，充分发挥跨学科主题活动的综合育人功能，提高学生综合分析问题、解决问题的能力。

（二）培育中国学生发展核心素养

2016年9月，中国学生发展核心素养研究成果新闻发布会召开，公布了《中国学生发展核心素养总体框架》。学生发展核心素养，主要是指学生应具备的，能够适应终身发展和社会发展需要的必备品格和关键能力。核心素养是关于学生知识、技能、情感、态度、价值观等多方面要求的综合表现；是每一名学生获得成功生活、适应个人终身发展和社会发展都需要的、不可或缺的共同素养；其发展是一个持续终身的过程，可教可学，最初在家庭和学校中培养，随后在一生中不断完善。因此，研学旅行课程应该更加注重学生"能够干什么"和"具有怎样的行为表现"，强调从"表达输出"的角度刻画学习者所应具有的行为表现。

（三）注重寓教于乐的教学形式

研学旅行应以"寓教于乐、润物无声"为原则，充分利用"听、看、讲、触、演、感"的全方位、立体化、多模式的教学方式对学生进行引导，激发学生的学习动力，关注学生的身心体验，提升学生的学习参与感。

（四）关注知行合一的体现

"知行合一"是将课堂所学知识内化到主体的认知结构中，并产生相应的思维活动，最终将其付诸实践的过程。研学旅行课程将教学内容与课外真实情境相连接，因而学生在研学旅行过程中能够将所学知识内化于心，形成自身的认知结构,并在研学主题相关活动中进行理论与现实的对照,发现理论的不足,利用现实的感受和经验去补充并完善所学理论。此外,学生在自然中探索、在社会中实践、在活动中学习,在运用所学知识的同时获得了知识课堂所缺失的真实情境体验,升华所学学科知识内容,进而达到对课堂知识的反思、巩固、运用与超越。

五、研学旅行课程设计的基本原则

(一) 教育性原则

研学旅行是研究性学习和旅行体验相结合的校外教育活动,因而研学旅行课程的开展是实现综合育人目的的途径之一。研学旅行课程的教育属性,决定了研学旅行课程首先需要彰显其育人功能。换言之,研学旅行课程设计应该以学生为本,遵循教育教学规律,增加学生与自然和社会互动的机会,丰富活动形式和环境,强化学生的实践体验,为学生研学提供更加丰富的情境。

(二) 实践性原则

研学旅行需要注意防止应试教育的浸染,避免变成课堂搬家式的学习,造成学生兴趣的缺失。作为一种人才培养模式的创新,研学旅行活动课程的设计要特别注重学生的实践性学习,让学生通过亲自参与和亲身实践激活书本知识,在实际情境中让学生认识与体验客观世界,亲近自然、了解社会、认识自我,并在学习过程中提高发现问题、分析和解决问题的实践能力,实现从知识到素养的获得。

(三) 开放性原则

研学旅行课程的优势就在于超越了学校、课堂和教材的局限,在活动时空上向自然环境、学生的生活领域和社会活动领域延伸。研学旅行活动超越了封闭的课堂教学时空局限和单一的学科知识体系,面向学生的实际生活,场景的开放性决定了知识内容的开放性,因而教师在设计研学旅行活动时,应在学生知识水平的基础上,考虑学生的最近发展需要,适当提升与深化。并且,教师应根据学生的表现,灵活调整研学内容与活动,适当增减,展现个人的能动性。在选择研学旅行评价方式与总结方式时,也要根据班级与小组的情况,灵活变通。

(四) 系统性原则

研学旅行课程设计的系统性原则体现在两个方面。一方面，研学旅行的方案结构要具有系统性。研学旅行方案是集研学主题、课程目标、研学内容、研学评价等要素于一身的有机整体，各要素之间相互渗透、共同支撑起研学旅行方案的结构框架。这些结构部分并不是随意排列构成的，而是有合理的先后顺序。另一方面，研学旅行中的阶段设计也要遵循系统性原则。研学旅行活动主要由活动前的准备阶段、活动中的实施阶段、活动后的总结阶段三个阶段构成系统化的整体。因此，研学旅行方案的阶段性设计也是有系统和顺序的。

(五) 安全性原则

研学旅行的过程需要学校、家庭和社会的参与，涉及教育行政部门、研学基地、旅行社等多方利益。研学旅行的顺利进行需要各个部门通力合作做好研学旅行的安全、经费、制度和组织保障，安全保障是开展研学旅行课程的前提。无论是对学校、研学企业或是教育基地，人员的安全保障问题始终是工作的第一要务。

第二节 研学旅行课程设计的理论基础

一、自然主义教育理论

(一) 自然主义教育的内涵

自然主义教育思想代表的是一种遵从儿童天性、遵循自然秩序的教育观。教育应当遵循儿童身心发展的自然规律，顺应儿童的天性。

(二) 自然主义教育的发展脉络

一般认为，自然主义教育发端于古希腊，代表人物可追溯至亚里士多德，经夸美纽斯和卢梭的正式确立，再到裴斯泰洛齐、杜威等学者的不断继承与发展，形成至今颇具影响力的教育流派。

亚里士多德在对当时教育现状的思考与柏拉图教育理念的总结基础上，提出"教育效法自然"的主张，认为教育应当遵循人自然发展的阶梯顺序：首先，是以体格教育为主的婴幼儿教育，重点关注于身体健康与发育等生理方面的需求，使其有一个健康的体魄；其次，是以德育为主的儿童教育，重点留意于情欲与习惯的发展变化，养成其良好的行为习惯；最后，才是以智育为主的青少年教育，注重思辨能力的培养与系统知识的学习，发展其理性。亚里士多德的教育思想成为西方自然主义教育思想的理论源泉，影响着世界范围内的教育思想走向。

捷克教育家夸美纽斯是西方自然主义教育思想的集大成者，他在《大教学论》一书中系统地阐释了他的自然主义教育思想，并提出"教育适应自然"的原则。这里具体涵盖了两方面的含义：一是指教育要适应自然界中普遍存在的"法则"或"规律"，即夸美纽斯所说的"秩序"，秩序体现着自然的法则。二是指教育要适应儿童本性的自然发展。教育教学工作要尊重儿童身心的发展规律，遵守自然的秩序。正如夸美纽斯所言，"自然不强迫任何事物去进行非它自己的成熟的力量所策进的事"，学生的成长也会犹如生物的"体格"长大、植物结果实、鸟儿学飞翔一般，他们会随着学习与年龄自然地实现这些事情，但也只能慢慢地前进。夸美纽斯强调了教育适应自然、遵从自然秩序的不可抗性与重要意义。

18世纪法国杰出的教育家卢梭进一步发展了自然主义教育思想，提出"教育要服从自然"的永恒法则。在其代表作《爱弥儿》一书中，自然主义教育思想贯穿始终，向人们讲述了其虚构的学生爱弥儿从出生到成为一个"自然人"的整个历程。卢梭倡导教育应回归自然，符合儿童发展的天性。正如卢梭在《爱弥儿》开篇中谈到："出自造物主之手的东西，都是好的，而一到了人的手里，就全变坏了。"为了寻求善的本性，我们需要回归自然，充分尊重儿童自然发展的天性，做好自然的教育、人的教育、事物的教育三者相互配合，让儿童获得良好的教育。此外，人的身心发展具有一定的规律性，教育应遵循儿童身心发展规律，不同时期实施不同的教育，把握好不同阶段发展的关键期。自然主义教育的最终目标是培养"自然人"。这里的"自然人"并非指回归原始生活、脱离现实社会的人，而是有自身价值、体脑发达、身心健康的独立个体，是完全为自己而活的人。毋庸置疑，万事万物的运行有其法则所在，自然的法则摸不着却时时都存在着。卢梭的自然主义教育思想在当时启迪了一个教育新时代，时至今日依旧是教育思想史上的一颗璀璨明珠。

（三）教育启示

儿童身心健康发展有其自身的内在规律，一方面来自其内在天性不受压制的张扬，另一方面则来自儿童本能地向自然的融入。为此，教育必须顺应儿童的天性，让儿童在新奇的环境中产生好奇感，引导儿童围绕好奇感思考、追问；耐心宽容地倾听儿童的倾诉，鼓励儿童述说与书写自己的内心世界。这样，儿童的感受力、思考力、表达力、创造力都会随之提高。

二、生活教育理论

（一）生活教育理论的内涵

生活教育是指以生活为教育中心的教育，培养人适应社会和改造社会的能力，真正做到学以致用。生活教育是针对传统教育而言的，生活是教育内容的来源，教育是为了更好的生活。

（二）生活教育理论的发展脉络

生活教育是瑞士教育学家裴斯泰洛奇在19世纪提出的教育学说，他在《天鹅之歌》这部著作中提出了"生活具有教育的作用"的箴言。19世纪末，杜威继承了这个学说，并提出了"学校即社会、教育即生活"的主张。作为杜威的学生，陶行知根据中国的实际，提出了"生活即教育，社会即学校，教学做合一"的生活教育主张。

陶行知先生提倡的生活教育理论包括三方面内容：一是生活即教育。这首先表明生活与教育是一致的关系，生活的范围与教育的范围相同。陶行知先生说："生活与教育是一个东西，不是两个东西。"有什么样的生活就应该有什么样的教育与之相对应，生活伴随着人的一生，教育与生活一致，意味着教育也伴随人的一生，人要活到老，学到老。其次，教育对生活具有依赖性，教育是为生活服务的，为人类的生存和发展服务的，生活是什么样的，教育就应该什么样，生活决定教育。二是社会即学校。这一观点主张打破学校的围墙，认为社会生活就是学习的内容，社会的一切场所就是学习的地方，只有与社会生活充分接触，才是活教育，真教育。三是教学做合一。陶行知反对教师"教死书、死教书、教书死"，学生"读死书、死读书、读书死"的陈腐的传统教学方式，在反对传统教学中创造性地创立了"教学做合一"的生活教育教学法。"教学做合一"将"书本中心"转向了"实践中心"。

（三）教育启示

学习的目的是为了实践，为了创造更好的生活，书本只是工具，不是学习的目的。因此，在教育教学过程中，教师要多带学生接触大自然和社会，参与社会实践，帮助学生学会把知识用在生活实践中，提高学生动手的能力。同时，教师要根据学生的"学"来教，引导学生积极主动地探究问题，勤于动手，乐于学习，从而提高学生搜集问题、处理问题的能力，获取新知识的能力，分析和解决问题的能力以及交流与合作的能力。

三、具身认知理论

（一）具身认知理论的内涵

具身认知是指个体的心智形成和认知发展以身体为基础，身体及其所在的环境提供认知的内容，身体的生理结构、感官感受、情感体验、行为活动以及与环境的相互作用等塑造个体的认知方式和认知结构。心智嵌于大脑，大脑嵌于身体，身体嵌于环境，心智、身体和环境层层嵌套，形成一个动态平衡的统一的整体。

（二）具身认知理论的发展脉络

具身认知理论最初起源于对传统的身心二元论的批判。西方对于身心关系的探讨，最早可以追溯至古希腊时期。在柏拉图的哲学中，世界包含理念世界和感性世界，而且理念世界在本质上高于感性世界。灵魂和肉体分别作为理念世界和感性世界的代表，被割裂为相互分离的两部分，身体的地位居于心灵之下。在这种身心对立的关系中，心智逐渐成为身体的主宰，代表非理性和本能欲望的肉身则处于从属地位，长期以来受到人们的忽略。

17世纪，为进一步弘扬理性精神，笛卡儿提出"我思故我在"的格言，对身体与灵魂、物质与精神的分离进行了进一步论证。笛卡儿将人二分为心灵和身体，主张精神和肉体二者之间是完全对立的关系，经由身体经验得到的认识是不可靠的，而将知识和真理置于无躯体的心灵之中。

梅洛·庞蒂从知觉现象学的角度出发，剖析了身体在认知过程中的作用和价值。他对身体和心灵的关系进行了重新思考，指出"灵魂和身体的结合每时每刻在存在的运动中实现，我们通过第一入口——生理学入口——进入身体时在身体中发现的就是存在"。根据梅洛·庞蒂的观点，人通过"体认"

的方式与世界打交道，在身体与世界的互动中产生知觉并进而认识整个世界。身体不仅仅是认知发生的场所，更是认知的主体。

（三）教育启示

具身认知视角下的学习是身体参与并与环境动态交互、生成的过程，身体与环境在互动的过程中形成了心智，而心智、身体以及环境是一体化的。因此，在进行学习设计的时候，应充分调动身体活动，使身体参与到学习的过程中，在身体与环境的互动过程中建构知识。除此之外，环境对于认知的发生起到关键作用，学习设计应当注重学习情境的设计，尽可能地将逼真性、交互性、多感官体验等因素考虑进去，使身体在与多元环境的交互中获得丰富的感知经验，促进认知活动的形成与发展。

四、体验学习理论

（一）体验学习理论的内涵

体验学习指学习者在不断的体验中汲取知识并验证知识，强调持续性体验对学生习得知识的正面影响。体验学习鼓励学生积极主动地参与到学习的过程之中，通过真实、丰富的体验充分调动学生的各种感知与学习的积极性，建立与学生大脑中已有认知的联结，帮助学生达到更好的学习效果。

（二）体验学习理论的发展脉络

20世纪，实用主义教育家杜威（John Dewey）针对美国当时的教育现状，从经验论的角度，提出"教育即生活""教育即经验""从做中学"的著名教育理论。杜威认为，教育的本质是经验的不断改造和重组。杜威抨击了当时以教师、知识与讲授为中心，却忽视学生的主体性与能动性的传统教学模式。他认为，被动地接受知识的教学方式是无法满足学生成长的真正需求的，在这种教学方式下，学生只是短暂性地接受一些文字知识而已，学生真正吸收内化、能灵活运用的知识则少之又少。因此，杜威指出，持续性的体验才是学习的核心所在，应积极引导学生主动地参与到教学过程中，通过持续性的感官体验，调动学生学习的主动性与积极性，获得有意义的经验。

美国著名的心理学家罗杰斯（Rogers）指出，学习应该是有意义的、体验式的学习，它是人的身心参与到学习活动之中，可以影响到学习者的行为、态度甚至人格的学习。在这种学习中，学习者清楚地知道学习的内容与方式是否符合自己的需要与兴趣，能否解答心中的疑惑。罗杰斯认为，"体验是最高的权威""我相信唯一能影响个人行为的知识，是他自己发现和化为己有的知识""这种由个人发现的知识，这种在一次经验的过程中个人的化为己有和消化了的真理，是不可能直接地交流给另一个人的"。因此，教育应当从学习者的个人需求出发，尊重学生在学习中的主体地位，鼓励学生个体在学习中主动探索、在体验中获得经验的学习，而不是简单地进行灌输式教学，开展没有意义的学习。

美国教育家大卫·库伯（Dvaid Kolb）教授是体验学习理论的集大成者，他在吸收哲学、心理学及生理学等方面研究成果的基础上，提出了一整套体验学习理论。库伯教授认为，学习是一种精心设计的感官体验，学生的知识源于感官的经验，没有体验的学习如同无源之水、无本之木。他从以下几个方面阐释了体验学习的特性：第一，体验学习强调的是学习的过程性变化，而非最后的结果；第二，体验学习强调知识不断地转化并重新创造的过程，而非机械式的文字知识的传递；第三，体验学习是身心与环境持续交互作用的过程。

（三）教育启示

体验教育是一种"以人为本"的教育，是一种将学习者的知、情、意、行统一整合的教育，强调学习者在学习上的自觉自愿，反对传统的灌输式学习方式。因此，在体验教育中应倡导自主学习、合作学习、探究学习等学习方式，加强课程设计与学习者学习体验的结合。

第三节　研学旅行课程需求调研

研学需求是学校开展研学课程的出发点和落脚点，因此在进行研学课程设计前，有必要对研学需求进行全面、深入的调研。研学需求的调研工作主要分为以下几个方面。

一、明确研学需求的调研对象及内容

（一）学校主管领导

通过对学校组织开展研学课程的主管领导进行需求调研，可以了解到学

校的育人目标、特色课程等基本情况，以及学校开展研学旅行课程的背景、基本原则、具体要求和对研学课程设计的期待。

（二）教师

通过对参与研学课程的教师进行需求调研，可以进一步了解学生的学科知识掌握情况、认知特点、能力水平以及学习风格等信息，有助于实现研学课程与校内课程知识内容的有效衔接，更好地发挥研学课程对于校内教学的补充作用。

（三）学生

通过对参与研学课程的学生进行需求调研，能够最直接地了解学生的身心发展特点、学习兴趣、对研学课程的理解和期待等信息，从而帮助课程设计者制定出学生真正感兴趣的研学课程方案。

二、选择研学需求的调研方式

（一）专题会议

组织开展研学旅行课程专题会议时，可以尽可能地邀请学校相关领导和教师参与进来。召开专题会议的优点是能够在学校相关人员的发言和交流中得到较为全面的信息，可以比较快速地把握学校对于研学课程的要求和期待。总体而言，召开专题会议是最容易达成共识和明确工作方向的一种方式。

（二）访谈

通过访谈进行需求调研时，可以采用面对面访谈、电话访谈、集体访谈等形式。访谈的优点在于能够直接了解到受访对象的情绪体验、主观感受、心理状况和价值观念等不易被直接观察到的、更深层次的内容。

（三）问卷调查

通过问卷调查的方式了解研学需求，可以采用在线问卷调查或现场问卷调查的方式。问卷调查的优点是简单易操作，能够有效地节省人力、物力、财力，调研对象的覆盖面较广，收集到的信息量大。

三、分析研学需求调研的结果

对研学旅行课程学习需求调研的结果进行分析，旨在实现以下目标：一是确定研学旅行课程的主题，制定主题明确、易于操作的课程目标；二是准确把握研学者的身心发展水平和认知特点，设计符合研学者学习期待的活动方案；三是明确研学课程的方向，勾勒研学旅行课程的内容轮廓。

拓展案例

7—8年级研学需求调查方案

调研对象	主要调研方式	调研问题
学校主管领导	访谈/专题会议	学校的育人目标是什么？学校的特色课程有哪些？学校开展研学旅行课程的原因有哪些？学校对于本次研学课程有何期待……
教师	访谈/专题会议/问卷调查	7—8年级学生的身心发展特征有何特点？学生的各科知识掌握程度如何？学生喜欢哪些教学风格……
7—8年级学生	问卷调查/专题会议/访谈	如何理解研学旅行课程？喜欢何种类型的研学旅行课程？喜欢何种教学风格……

四、进行学情分析

（一）什么是学情分析

研学课程设计主张"为学习设计教学"，强调任何研学活动都要以满足研学者的学习需要为出发点和落脚点，为研学者服务，以教学引导、促进研学者学习。研学课程设计必须把研学和研学者作为焦点，帮助每一个学生进行有效的学习。

学情涉及的内容非常广，学习者的各方面情况都有可能影响学习效果。研学者现有的知识结构、研学者的兴趣点、研学者的思维情况、研学者的认知状态和发展规律，研学者的身心发展特点、学习动机、学习兴趣、学习方式等都是进行学情分析的切入点。

（二）学情分析的依据有哪些

1. 学习者的身心发展特点

研学者在身心发展和成长过程中，其情绪、情感、思维、意志、能力及性格还极不稳定和成熟,具有很大的可塑性和易变性。通过分析学习者生理、心理与学习内容的匹配程度,充分预见可能存在的问题,将对教学工作具有较强的指导意义。

2. 已有的认知基础和学习经验

开展研学活动前,需要了解学习者是否已具备学习新知识所要求的知识、技能、方法、能力等,以确定新课程的起点,做好承上启下、新旧知识有机衔接的工作,并据此设计研学课程任务的深度、难度和广度。

3. 学习者的学习风格

不同学习者和学习群体的学习风格各有差异。由于遗传因素、社会环境、家庭条件和生活经历的不同,学习者个体间存在着较大差异,学习风格也各不相同。同时,研学活动往往以班级为单位展开,所以有必要对班级学习风格进行分析,教师应该结合教学经验和课堂观察,敏锐地捕捉相关信息,针对不同学习群体采取不同的教育方式。

4. 研学过程中可能遇到的困难

学习者在研学过程中遇到的问题和阻力往往会成为他们实现研学目标的障碍,教师如果能及时发现这些困难与障碍,并且及时帮助研学者克服这些困难,有利于研学者获得真实的进步。因此,还需要关注和发现研学者在研学过程中可能存在的困难和障碍,在具体分析这些困难和障碍产生的原因后,思考针对性的教学策略。

第四节 研学旅行课程的主题设计

一、研学旅行课程主题的概念

中小学研学旅行以主题活动为主要实施方式,研学旅行的实施和开展围绕主题而展开。主题引导着研学旅行课程实施的方向,决定着研学旅行课程开展的方式与重点。研学旅行课程开展的效果及对学生的发展价值,很大程度上取决于对研学旅行活动主题的选择、设计与规划,这对研学旅行课程开发和主题设计能力提出了较高的要求。

二、研学旅行课程主题设计遵循的原则

（一）多学科性原则

研学旅行因受经费、时间、次数、安全等多方面的限制，不能成为日常教学手段实时开展，所以每次研学旅行课程都应尽可能多地覆盖不同的学科，同一个研学资源点承载的研学课程尽可能多地覆盖不同的学段、课程。研学主题的选择和内容的呈现是整合、多元化、多学科的，既要注重同一期研学课程主题的关联度，还要注意前后序列研学课程主题的关联性和差异性。学生对研学课程主题的探究也应该是多层次的，融合体现对各类知识、生活经历和社会经验的反应，充分体现着知识的积累、生活经验的积累和社会经验的积累。

（二）教育性原则

研学旅行课程是教育部门主导、其他社会团体参与为辅的社会实践课程，需在设计中始终把握教育性这一原则，在设计的过程中应根据整个教育体系及目标体系来进行展开，不将日常教学和研学旅行体验孤立开来，各类研学旅行主题更要避免游而不学的思维方式。研学旅行主题的教育性应贯穿在研学旅行主题设计、研学旅行资源点选择、研学旅行实施、研学旅行评价等各个环节，适当增加学习内容的比例，将立德树人作为终极研学目标；充分挖掘、梳理、优化各类研学旅行资源，突出其将教育性转化为研学旅行课程的主要内容。

（三）实践性原则

研学旅行课程突出教育性，不代表仅仅是转换学习的场所开展学习，更不是依然以灌输知识、说教为主。研学旅行课程应突出实践性、真实性、体验性，重视激起学生求知欲望的实践活动，在研学活动中帮助学生更好地进行社会化实践活动，将"行"和"知"达到完美结合，为学生的学习注入活力。

（四）落地性原则

研学旅行课程的主题设计应当以各地区不同的情况为基础，遵循因地制宜的原则，确保每项设计的落地性。应紧紧围绕各地乡情、县情、市情、省情，设计各类接地气、易落地、可操作的研学旅行课程，尤其是要具体问题

具体分析，无须生搬硬套其他地区的经验和方法。

总之，研学旅行课程主题的选择要综合考虑时代导向、学科课程、教学重点、地域特色、学校特色等因素，从多角度选取主题，规划研学旅行课程的内容，找准合适的切入点，进而设计精准的适合学生开展的研学问题，凸显"打破教室的围墙"的必要性和可行性。

三、研学旅行主题的设计类型

（一）研学旅行主题的专题设计

研学旅行课程以某个单一的主题作为学习的核心目标或内容展开活动，这种展开的设计为专题设计。这个专题可以针对某方面的特定内容，如红色主题研学旅行。无论是对烈士陵园、红色革命遗址、名人故居、纪念性展馆等进行参观，还是聆听红色故事、传唱红色歌谣，都是围绕"红色主题研学""爱国主义"这个明确的主题开展的研学。

红色主题研学是青少年爱国主义教育中的一项重要内容。"把爱我中华的种子埋入每个孩子的心灵深处"是研学旅行课程的一项重要目的。这就需要将爱国主义教育和革命传统教育转化为学生感兴趣的研学旅行主题，让学生通过亲身体验、感悟实践、沉浸思考等方式，接受德育教育，广大青少年通过聆听老一辈革命先驱事迹、瞻仰先烈、传颂故事等有效途径，不断地树立正确的人生观和价值观。截至2019年9月，全国爱国主义教育示范基地总数达到473个，基本覆盖了从中国共产党成立到新中国成立各个历史时期的重大历史事件、重要人物和重要革命纪念地，是发扬红色传统、传承红色基因、培育和践行社会主义核心价值观的生动课堂。

专题设计的特点是主题突出，内容明确，目的性强，研究性学习的实践操作性强，也可以运用某种考察探究的方法进行，比如说运用抽样调查法调查研究某一革命老区的发展现状。但其缺点在于，由于研学旅行的内容或考察探究方式比较明确，学生在研学旅行的过程中研究问题的确定和调整也相对缺乏自主选择性。专题研学旅行比较适合短期研学。

（二）研学旅行主题的交叉合作设计

本书重点探讨的红色主题通常与文化、历史、体验、自然等多种其他类型交叉设计，不同类别的红色主题研学旅行需要运用的学科知识和能力不同。

例如，历史文化类主题的红色主题研学旅行，需要学生亲临爱国主义教育基地，了解红色文化，体会革命先烈在战争年代经历的艰难困苦和峥嵘岁月，提升民族自信和爱国热情。在这样的主题中，主要涉及学生的历史知识、地理知识、文学知识等，通过参观展览、实地观察、交流心得等学习形式完成活动。

1. 红色主题 + 历史类

历史类研学课程是指依托人类社会发展历史过程中留存（或仿造）的活动遗迹、遗址、遗物及遗风等古迹，以及博物馆等历史类研学旅行资源，结合历史、政治等课内外知识，所开展的研学课程。此类研学课程的设计着重体现学生通过参观考察，重温历史，梳理历史，感悟历史，发现历史。从时间、地点、背景、过程、结果、影响等方面对历史事件、文物、任务进行分析和挖掘。红色主题与历史主题相结合是最常见的结合方式之一，这类研学旅行是对校内历史教育的有效补充。

2. 红色主题 + 文化类

广义的文化类研学旅行课程可以依托大部分人文类旅游资源，因本书对研学旅行资源和课程进行了更加细致的分类，所以这里的文化类研学旅行课程更多的是指依托物质文化遗迹、遗产，非物质文化遗产，当代文创项目等开展的研学旅行课程。此类研学旅行课程设计应兼收并蓄，立足教育性，突出融合性，兼顾趣味性，学习内容基于历史、语文、政治等学科知识，结合研学目的地的文化特色，深度挖掘红色资源地区独特的文化价值与传统特色，在设计过程中应突出体验性、美学欣赏性和文化传承性。由于需要一定的文化知识积累，所以大多数红色 + 文化类研学旅行课程围绕中高年级学生更容易开展实施，呈现方式更加丰富，如针对低年级学生设计文化类研学旅行课程，可以增加更多的实操性、体验性环节，选择易于理解、易于学习的项目作为载体。

3. 红色主题 + 科技类

科技类研学旅行课程旨在培养青少年的探索精神、热爱科学精神，提升其创新实践能力，由于需要一定的不同学科的知识基础，在研学旅行实施前最好安排科普知识短视频、科研方法小讲座、创新思维训练等；针对中高年级的学生，还需在研学旅行课程结束后完成一定的科研课题作业。科技类研学旅行课程按照内容，还可以细分为航天科技、海洋科技、生物科技、地学科技、天文科技等类别。科技类与红色主题类相结合，主要体现在革命智慧、战争技术等方面，如地道战、先进技术在战争中的应用等。

4. 红色主题＋自然类

自然类研学旅行课程以丰富的地形地貌为依托，围绕地质、水文、气候、气象、动植物等资源，开展自然科考和探究考察活动，旨在帮助青少年了解资源所在地的户外环境，掌握户外考察方法，在真实环境中学习地理、生物等知识，将课内外所学的内容相互联系、相互验证，有助于加深学生的理解和认识，促进学生的思考。通过研究性学习，探究有意义的自然地理类小课题，有助于学生深入思考问题、研究问题，还可以帮助学生树立敬畏自然、热爱自然的思想观念，增强环保意识。红色主题研学旅行主要集中在人文社科研究领域，通过在红色资源聚集地同步开展自然博物研学，可以对研学课程进行有效的补充和丰富。

5. 红色主题＋艺术类

2020年中共中央办公厅、国务院办公厅印发《关于全面加强和改进新时代学校美育工作的意见》，同年在全国教育工作会议上也指出"五育并举"，要求对准美育发力，推动教体相融合、划出美育硬杠杠。艺术类研学课程关注各类艺术品鉴赏、自然风光描绘、建筑美学和园林赏析等。与红色主题相结合，涵盖赏析、体验实践两大类型，如建筑的红色故事绘画、摄影等技术学习等。青少年通过参与制作，在体悟红色文化的同时，激发对各类工艺的热爱，提高艺术鉴赏能力。

6. 红色主题＋体育类

2020年中共中央办公厅、国务院办公厅印发《关于全面加强和改进新时代学校体育工作的意见》，要求坚持健康第一的教育理念，推动青少年文化学习和体育锻炼协调发展，帮助学生在体育锻炼中享受乐趣、增强体质、健全人格、锤炼意志，培养德智体美劳全面发展的社会主义建设者和接班人。通常与红色主题课程整合设计，可以在持续数日的营地研学实践中，加入体育健康类活动内容，实现营地研学课程的综合教育目的，通过野外生存训练、营地军事训练以及学校入学教育的军训等，弥补城市学生生活空间不足的问题，让他们在广阔的大自然和集体活动中陶冶情操、锻炼意志。

7. 红色主题 + 劳动教育类

2020 年，教育部印发《大中小学劳动教育指导纲要（试行）》，文件要求准确把握社会主义建设者和接班人的劳动精神面貌、劳动价值取向和劳动技能水平的培养要求，全面提高学生劳动素养，使学生树立正确的劳动观念、具有必备的劳动能力、培育积极的劳动精神、养成良好的劳动习惯和品质。具体的劳动形式只是抓手，劳动教育的核心目标是价值观的塑造。

自力更生、艰苦奋斗是无产阶级的政治本色，是中国共产党在长期革命斗争中形成和发展起来的优良传统，是中国共产党战胜困难、求得胜利的一件重要法宝。红色主题与劳动教育相结合，要考虑脑力劳动与体力劳动、服务性劳动与生产性劳动、复合性劳动生产之间的结合与比例控制，坚持价值性、审美性、建构性相结合的原则。

8. 红色主题 + 职业体验类

随着课程改革的深化，职业生涯规划教育也正在逐步走进各个学校，大多数中学已经配有专职或兼职的学习指导师和职业生涯规划指导师。当前的中高考科目设置，让考生有了更多的选择性，而做选择的依据是学生自己的体验，因此学生需要更多的职业体验类的课程。研学旅行兼具研究性、体验性和实践性，恰恰是一个非常好的载体，通过红色主题与职业体验的结合，积极宣传参军入伍，报考军校、警校，投身军事科技研究，报效祖国。

（三）研学旅行主题的综合设计

研学旅行课程的综合设计是多个专题的融合。研学旅行的学科边界非常模糊，因为是在真实的环境下，在自然社会中进行研学考察，所以课程的综合性非常突出。一般情况下，会依托地域特色设置研学综合主题，如在山东省开展研学旅行，五岳之尊泰山，可以作为自然类、历史类、文化类、体育类、体验类的探究学习地；山东作为儒家的发源地，有深厚的儒家学说，可以作为哲学、文学的资源地；多彩的年画、鲁绣、风筝、草编，可以作为艺术赏析的资源；山东省会济南市坐拥天下第一泉，有泉城之称，拥有丰富的地理科考资源。这种没有明确区分主次的，多维度、多内容的主题设计研学就是研学旅行主题的综合设计。

综合设计出来的研学旅行主题分为两个设计层面：第一类内容是并列的、彼此独立的，不存在逻辑和顺序先后的关系，可以根据开展活动的时间长短进行内容上的添加和删减，并不会影响整体研学旅行活动的开展。第二类是更高层次的综合主题设计，是可以实现逻辑递进、前后内容衔接关联的，如主题是按照层次设计的，主题的层次越高，包含的范围越大，内容就越丰富。有时研学旅行主题在前期并没有明显的层次划分，但在大主题被确定后，需要引导学生不断地将主题范围缩小，逐步确定学生真正具体学习和研究的内容。可以说，研学旅行课程是通过体验性活动，让学生在研学旅行的主题下，不断地缩小关注点，最终确立自己的研究小课题，获得知识、提升能力、增强体验。

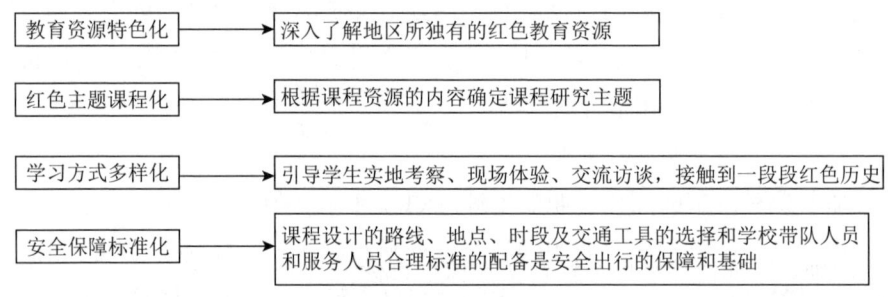

图 3-1　研学设计

第五节　研学旅行课程目标与教学目标设计

一、研学旅行的课程目标

（一）概念

研学旅行的课程目标是课程建设和实施的出发点和最终归宿，也是课程内容选择、课程组织实施、课程评价的重要依据。课程目标是课程观、课程哲学和课程价值追求的反映，引导着课程开发和实施的方向。

《关于推进中小学生研学旅行的意见》指出中小学研学旅行的课程目标在于培养学生"四个自信三个学会"，增进对生活世界的理解和认识，促进中小学生形成正确的人生观和价值观，成为德智体美劳全面发展的社会主义建设者和接班人。

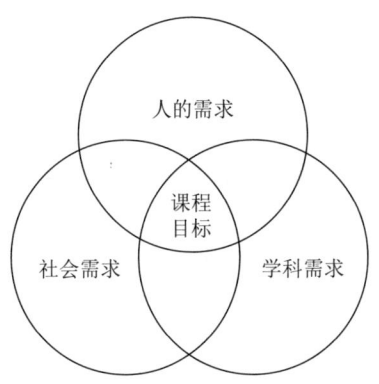

图 3-2　课程目标的定位

（二）功能

研学旅行的课程目标主要包括以下功能：一是为课程内容选择提供依据，即规定"什么知识最有价值"；二是为课程组织提供依据，即明确"如何编织丰富的课程元素，以使课程各部分紧密联系起来"；三是为课程实施提供依据，即确定"如何能够创造性地实现课程目标"；四是为课程评价提供依据，即判断"是否已达到课程目标的要求"。

（三）依据

1. 学习者身心发展特点

学生是研学旅行课程实施的主体，也是研学旅行活动实践的主体，因此研学旅行课程目标的制定必须要考虑学生的身心发展需求。在研学旅行课程目标制定的过程中，要从学生素养和能力发展现状寻找课程目标设计的逻辑起点，致力于学生核心素养和能力的发展、创新能力以及探究能力的发展，尊重学生的兴趣和需要。

2. 国家的育人要求

（1）《中小学德育工作指南》

《中小学德育工作指南》是指导中小学德育工作的规范性文件。文件指出，各地要加强组织实施，将其作为学校开展德育工作的基本遵循以及校长和教师培训的重要内容，并将其作为教育行政部门对中小学德育工作进行督导评价的重要依据，进一步提高中小学德育工作水平。

拓展知识

几个重要概念

社会主义核心价值观教育：牢牢把握作为国家层面价值目标的富强、民主、文明、和谐，深刻理解作为社会层面价值取向的自由、平等、公正、法治，自觉遵守作为公民层面价值准则的爱国、敬业、诚信、友善，将社会主义核心价值观内化于心、外化于行。

中华优秀传统文化教育：了解中华优秀传统文化的历史渊源、发展脉络、精神内涵，增强文化自觉和文化自信。

生态文明教育：了解祖国的大好河山和地理地貌，开展节粮节水节电教育活动，推动实行垃圾分类，倡导绿色消费；树立尊重自然、顺应自然、保护自然的发展理念，养成勤俭节约、低碳环保、自觉劳动的生活习惯，形成健康文明的生活方式。

（2）中国学生发展核心素养

2013年9月，中国学生发展核心素养研究成果正式发布。中国学生发展核心素养以培养"全面发展的人"为核心，分为文化基础、自主发展、社会参与三个方面，综合表现为人文底蕴、科学精神、学会学习、健康生活、责任担当、实践创新等六大素养，具体细化为国家认同等18个基本要点。各核心素养之间相互联系、互相补充、相互促进，在不同情境中整体发挥作用。

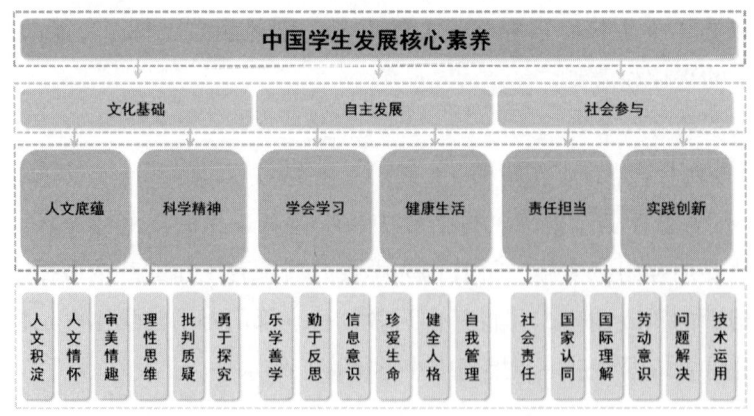

图3-3 中国学生发展核心素养

2018年3月，北京师范大学中国教育创新研究学院对外发布了《21世纪核心素养5C模型研究报告》，该研究报告反映了21世纪人才必备的核心素养——"5C模型"。在五个素养中，每个素养各有侧重：文化理解与传承素养是核心，该素养所包含的价值取向对学生的所有行为都具有导向作用；审辨思维素养与创新素养侧重于认知维度，审辨思维强调理性、有条理、符合逻辑，创新素养强调突破边界、打破常规；沟通素养与合作素养侧重于非认知维度，沟通强调尊重、理解、共情，合作强调在实现共同目标的前提下做必要的坚持与妥协。同时，每个素养之间又相互关联：文化理解与传承是核心，创新离不开审辨思维，沟通是合作的基础，良好的审辨思维能够提升沟通与合作的效率，有效的沟通与合作有助于实现更高质量的创新。①

表3-1 "5C模型"的结构框架与内涵描述

素养	素养要素	内涵
文化理解与传承素养	文化理解	对文化的基本内涵、特征及其历史渊源和发展脉络、不同文化的共性与差异及其相互影响的体验、认知和反思
	文化认同	一个社会共同体的成员对特定文化环境中的审美取向、思维方式、道德伦理、行为或风俗习惯等的认可和接纳
	文化践行	一个社会共同体的成员对于其所选择和认同的生活方式、文化观念和价值原则等在现实生活中主动加以实践、传承和改造、创新
审辨思维	质疑批判	既包括不轻易接受结论的态度，也包括追根究底的品格
	分析论证	强调基于证据的理性思考，能进行多角度、有序的分析与论证
	综合生成	是指在分析的基础上进行系统整合与重构，形成观点、策略、产品或其他新成果的过程
	反思评估	是指基于一定标准对思维过程、思维成果以及行动进行监控、反思、评估和改进，促进自我导向、自我约束、自我监控和自我修正
创新素养	创新人格	具有好奇心、具有开放心态、勇于挑战和冒险、独立自信等特质
	创新思维	通常包括对开展创新活动有帮助的发散思维、辐合思维、重组思维等
	创新实践	参与并投入旨在产生新颖且有价值的成果的实践活动

---

① 魏锐，刘坚，白新文，等."21世纪核心素养5C模型"研究设计[J].华东师范大学学报（教育科学版），2020，38（154）：20-28.

续表

素养	素养要素	内涵
沟通素养	同理心	一种能够了解、预测他人行为和感受的社会洞察能力
沟通素养	深度理解	能够正确理解沟通对象以语言、文字及其他多种形式传递的信息,隐含的意图、情绪情感、态度和价值观等以及对内容进行反思与评价的能力
沟通素养	有效表达	在不同的情境下,运用语言或非语言等多种形式,清楚地传达信息、表达思想和观点,以达到沟通的目的
合作素养	愿景认同	通过讨论、分析、反思等方式,实现对小组或团队目标、使命以及核心价值取向的认同,并使之内化为自己完成任务的目标和信念
合作素养	责任分担	结合自身角色制订计划和目标,积极主动承担分内职责,并充分发挥个人能动性,以较强的责任意识和担当精神,完成本职任务或工作
合作素养	协商共进	运用沟通技能,本着互尊互助、平等协商、共同进步的原则,与小组或团队成员展开对话,并适时、灵活地做出必要的妥协或让步,有效推进团队进程,实现共同目标,促进共同发展

（3）《中小学综合实践活动课程指导纲要》

《中小学综合实践活动课程指导纲要》于2017年9月发布,旨在全面贯彻党的教育方针,坚持教育与生产劳动、社会实践相结合,引导学生深入理解和践行社会主义核心价值观,充分发挥中小学综合实践活动课程在立德树人中的重要作用。

（4）《关于全面加强新时代大中小学劳动教育的意见》

2020年3月20日,中共中央、国务院印发《关于全面加强新时代大中小学劳动教育的意见》,为构建德智体美劳全面培养的教育体系,对加强新时代大中小学劳动教育提出了相关意见。文件中指出,劳动教育是中国特色社会主义教育制度的重要内容,直接决定社会主义建设者和接班人的劳动精神面貌、劳动价值取向和劳动技能水平,应充分认识到新时代培养社会主义建设者和接班人对加强劳动教育的新要求。长期以来,各地区和学校坚持教育与生产劳动相结合,在实践育人方面的确取得了一定的成效。但与此同时,近年来一些青少年出现了不珍惜劳动成果、不想劳动、不会劳动的现象,这反映出劳动的独特育人价值在一定程度上被忽视,劳动教育正被淡化、弱化。对此,必须高度重视劳动教育,并采取有效措施切实加强劳动教育的推进。

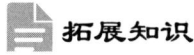拓展知识

不同学段的劳动教育内容

小学低年级：学习日常生活自理，感知劳动乐趣，知道人人都要劳动。

小学中高年级：围绕卫生、劳动习惯养成，让学生做好个人清洁卫生，主动分担家务，适当参加校内外公益劳动，学会与他人合作劳动，体会到劳动光荣。

初中：围绕增加劳动知识、技能，加强家政学习，开展社区服务，适当参加生产劳动，使学生初步养成认真负责、吃苦耐劳的品质和职业意识。

普通高中：熟练掌握一定劳动技能，理解劳动创造价值，具有劳动自立意识和主动服务他人、服务社会的情怀。

中等职业学校：增强职业荣誉感，提高职业技能水平，培育精益求精的工匠精神和爱岗敬业的劳动态度。

高等学校：创造性地解决实际问题，使学生增强诚实劳动意识，积累职业经验，提升就业创业能力，树立正确择业观，具有到艰苦地区和行业工作的奋斗精神，懂得空谈误国、实干兴邦的深刻道理；注重培育公共服务意识，具有面对重大疫情、灾害等危机主动作为的奉献精神。

（四）撰写课程目标

研学旅行课程目标的设计要紧紧围绕主题，突出重点内容。首先，应根据研学主题确定研学旅行课程的总目标。研学旅行课程的总目标即学生能从个体生活、社会生活及与大自然的接触中获得丰富的实践经验，形成并逐步提高对自然、社会和自我的内在联系的整体认识，具有价值体认、责任担当、问题解决、创意物化等方面的意识和能力。它主要围绕以下几个方面展开：学生通过在大自然、社会中进行参观游览，了解祖国各地的风土人情、文化历史，领略祖国的大好河山，增强对家乡、对祖国的认同感，提升爱国爱党的热情；感受集体的学习生活，在学习生活中与不同的人进行交流，在集体中发挥自己的特长，培养学生的独立生活能力和团队合作意识，增强语言表达能力；观察自然现象和社会现象，能够提出问题并进行探究考察，增强信息收集能力和解决问题的能力，加深对自然科学的热爱，提升社会责任感，

形成积极正确的价值观念等。随后，应当继续对总目标进行分解，结合学生身心发展特点、研学资源点情况等内容，形成各个课程单元模块的目标。

其次，研学旅行课程目标设计应注重目标的明确性、可测性、可实现性、相关性和时限性。确保学生在参加一系列研学活动后，能够进行目标描述，追求可达成、可操作和可评估。

最后，在撰写课程目标时，需要注意主语应为学生，而非教师。例如，常见的错误句式有"使学生／让学生／帮助学生理解××知识"，应改为"学生能够理解××知识"。

拓展知识

撰写课程目标

学生能从个体生活、社会生活及与大自然的接触中获得丰富的实践经验，形成并逐步提高对自然、社会和自我之内在联系的整体认识，具有价值体认、责任担当、问题解决、创意物化等方面的意识和能力。

（一）学段目标

1. 小学阶段具体目标

（1）价值体认：通过亲历、参与少先队活动、场馆活动和主题教育活动，参观爱国主义教育基地等，获得有积极意义的价值体验。理解并遵守公共空间的基本行为规范，初步形成集体思想、组织观念，培养对中国共产党的朴素感情，为自己是中国人感到自豪。

（2）责任担当：围绕日常生活开展服务活动，能完成生活中的基本事务，初步养成自理能力、自立精神、热爱生活的态度，有积极参与学校和社区活动的意愿。

（3）问题解决：能在教师的引导下，结合学校、家庭生活的实践，发现并提出自己感兴趣的问题。能将问题转化为研究小课题，体验课题研究的过程与方法，提出自己的想法，形成对问题的初步解释。

（4）创意物化：通过动手实践，初步掌握手工设计与制作的基本技能；学会运用信息技术，设计并制作有一定创意的数字作品。运用常见、简单的信息技术解决实际问题，服务于学习和生活。

2. 初中阶段具体目标

（1）价值体认：积极参加团队活动、场馆体验、红色之旅等，亲历社会实践，加深有积极意义的价值体验。能主动分享体验和感受，与老师、同伴交流思想认识，形成国家认同感，热爱中国共产党。通过职业体验活动，发展兴趣专长，形成积极的劳动观念和态度，具有初步的职业生涯规划意识和能力。

（2）责任担当：观察周围的生活环境，围绕家庭、学校、社区的需要开展服务活动，增强服务意识，养成独立生活的习惯；愿意参与学校的服务活动，增强服务意识；初步形成探究社区问题的意识，愿意参与社区服务，初步形成对自我、学校、社区负责任的态度和社会公德意识，初步具备法治观念。

（3）问题解决：能关注自然、社会、生活中的各种现象，深入思考并提出有价值的问题，将问题转化为有价值的研究课题，学会运用科学方法开展研究。能主动运用所学的知识理解与解决问题，并做出基于证据的解释，形成基本符合规范的研究报告或其他形式的研究成果。

（4）创意物化：运用一定的技能解决生活中遇到的问题，将一定的想法或创意付诸实践，通过设计、制作或装配等，制作和不断改进较为复杂的制品或用品，培养实践创新意识和审美意识，提高创意实现能力。通过信息技术的学习实践，提高利用信息技术进行分析问题和解决问题的能力以及数字化产品的设计与制作能力。

3. 高中阶段具体目标

（1）价值体认：通过自觉参加团队活动、走访模范人物、研学旅行、职业体验活动，组织社团活动，深化社会规则体验、国家认同、文化自信，初步体悟个人成长与职业规划、社会进步、国家发展和人类命运共同体的关系，增强根据自身兴趣专长进行职业生涯规划和职业选择的能力，强化对中国共产党的认识和感情，具有中国特色社会主义共同理想和国际视野。

（2）责任担当：关心他人、社区和社会发展，能持续地参加社区服务与社会实践活动，关注社区及社会存在的主要问题，热心参与志愿者活动和公益活动，增强社会责任感和法治观念，形成主动服务他人、服务社会的情怀，理解并践行社会公德，提高社会服务能力。

（3）问题解决：能对个人感兴趣的领域开展广泛的实践探索，提出具有一定新意和深度的问题，综合运用所学的知识分析问题，用科学方法开展研究，增强解决实际问题的能力。能及时对研究过程及研究结果进行审视、反思并优化调整，建构基于证据的、具有说服力的解释，形成比较规范的研究报告或其他形式的研究成果。

（4）创意物化：积极参与动手实践，熟练掌握多种操作技能，综合运用技能解决生活中的复杂问题。增强创意设计、动手操作、技术应用和物化能力。形成在实践中学习的意识，提高综合解决问题的能力。

二、研学旅行的教学目标

（一）概念

研学旅行的教学目标是站在学习者的角度，对课程目标的进一步分解和细化。设计合理、明确可行的教学目标，是构建有效课堂的第一要务和先决条件。例如，课程目标中提到的"了解""识别"等词汇都是一些专业、抽象的表述，学生在学习过程中可能并不清楚其具体含义。因此，教师在设计教学目标时应具体阐明"了解"到什么水平，"识别"到什么程度。也就是说，教师设计的教学目标应是可观察的、可评价的，也是即时可操作的。如此一来，教学目标就成为学习者在学习过程中自我要求、自我激励、自我调控和自我评估的明确标准。

（二）依据

1. 把握学习目标的行为主体

学习目标是学生在学习过程中要达成的学习结果，是通过学生的行为来反映的，所以学习目标的行为主体一定是学生，学习目标的行为动词自然应该是学生所发出的动作，学习目标的内容应该是明确指向学生行为的。

2. 规范学习目标的内容指向

如果从最终习得的结果来分解"学生学会了什么"，那么可以有三种结果——成果、过程、创造。与之相对应，学习目标可以分为三种：一是成果性目标，即明确告诉学生通过学习获得的成果是什么。二是过程性目标，即学习经历就是所需要的学习结果，其"成果"可能是不必要的或不重要的，也有可能是无法测量与评价的,而"过程"才是所需要的。三是创造性目标,即涵盖学习经历与学习结果的目标,其过程往往是可预设的,其结果是重要的,但是开放的、难以预设成果的。

如果从教师教学实践的角度来看"学生学会了什么",可以将目标分成三维,即"知识与技能"目标、"过程与方法"目标和"情感态度价值观"目标(也称为"三维目标",见图3-4)。

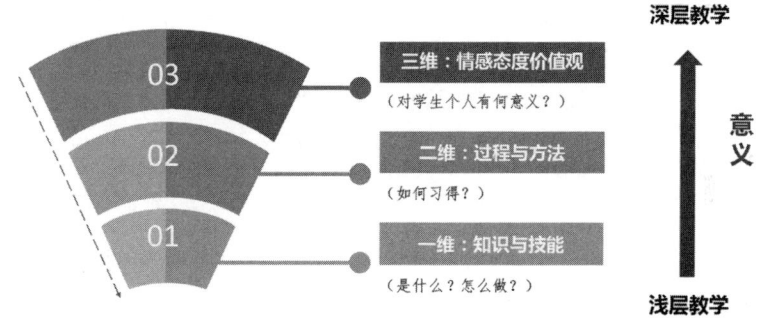

图3-4　三维目标

(三)撰写教学目标

教师在撰写教学目标时,需要注意不能将三维目标分割开来,这是因为在教学时,既没有离开"情感态度与价值观"与"过程与方法"的"知识与技能"学习,也没有离开"知识与技能"的"过程与方法"和"情感态度与价值观"的学习。一个目标的三个维度之间不是割裂的,而是彼此相关的。例如,"在小组讨论中,倾听别人的不同观点,体会对话的意义",这一目标的陈述,兼顾了"过程与方法"目标、"知识与技能"目标与"情感态度价值观"目标三个维度;再如,"结合课本及相关史料的学习,简述'五四运动'对中国近代发展的历史意义",这一陈述兼顾了"过程与方法"目标与"知识与技能"目标两个维度。[1]

根据阿姆斯特朗和塞维吉提出的ABCD教学目标陈述法,能为教学提供可操作依据、为评价提供可测评依据的完整目标应包括四个核心要素:一是行为主体(Audience),指学习者;二是行为动词(Behavior),指选用适当的动词描述学习后的行为变化;三是行为条件(Condition),指产生上述行

---

[1] 崔允漷. 追问"学生学会了什么"——兼论三维目标[J]. 教育研究,2013(07):98-104.

为变化的特定条件;四是行为程度(Degree),指上述行为变化的程度。简言之,学习目标的撰写需要说明谁来学、学什么、在什么条件下学以及学到什么程度。

表3-2 学习目标核心要素说明表

核心要素	内容说明
行为主体(Audience)	学习者(学生),可以省略
行为动词(Behavior)	可观察、测量的具体行为
行为条件(Condition)	影响学习结果的限制、范围等,主要包括辅助手段或工具、提供信息或提示、时间的限制、完成行为的情境等,有时也可指学习的过程与方法
行为程度(Degree)	参照教学目标,学生所达到的最低表现水准,用来评测学习结果所达到的程度

拓展知识

教学目标常用术语

一、知识目标常见的表示方式

(一)了解水平

1.定义:包括再认或回忆知识;识别、辨认事实或证据;举出例子;描述对象的基本特征等。

2.常用动词:说出、背诵、辨认、回忆、选出、举例、列举、复述、描述、识别、再认等。

3.案例:

(1)说出一个中心两个基本点的内容;

(2)列举造成挫折的因素。

(二)理解水平

1.定义:包括把握内在逻辑关系,与已有知识建立联系,进行解释、推断、区分、扩展,提供证据,收集、整理信息等。

2.常用动词:解释、阐明、比较、分类、归纳、概述、概括、判断、区别、提供、猜测、预测、估计、推断、检索、收集、整理等。

3.案例:

（1）分析给你造成挫折的是哪一类因素；

（2）观察喜、怒、哀、惧情绪表现并能加以区别。

二、技能目标常见的表示方式

（一）模仿水平

1. 定义：包括在原型示范和具体指导下完成的操作，对所提供的对象进行模拟、修改等。

2. 常用动词：模拟、重复、再现、例证、临摹、扩展、缩写等。

3. 案例：

（1）能模仿省政府新闻发言人就环保问题发表观点；

（2）观看视频、电影，并能模拟表演某个片段。

（二）独立操作水平

1. 定义：包括独立完成操作，进行调整与改进，尝试与已有技能建立联系等。

2. 常用动词：完成、表现、制定、解决、拟订、安装、绘制、测量、尝试、试验等。

3. 案例：

（1）完成给出的测试题，准确率达100%；

（2）调查班级同学的兴趣爱好，制订购买图书的详细计划。

（三）迁移水平

1. 定义：包括在新的情境下运用已有技能，理解同一技能在不同情境中的适用性等。

2. 常用动词：联系、转换、灵活运用、举一反三、触类旁通等。

3. 案例：

（1）能把图片提示的信息转化为文字；

（2）能够用联系的观点分析材料中的问题，并能举一反三。

三、过程与方法、情感与态度目标常见的表示方式

（一）经历、感受水平

1. 定义：包括独立从事或合作参与的相关活动，建立感性认识等。

2. 常用动词：经历、感受、参加、参与、尝试、寻找、讨论、交流、合作、分享、参观、访问、考察、体验等。

3. 案例:

(1) 参与小组讨论,就"社会主义经济制度特征"发表自己的观点;

(2) 先独立思考,然后在小组交流合作学习中讨论一个中心两个基本点之间的关系。

(二) 反应、认同水平

1. 定义:包括在个人经历的基础上表达感受、态度和价值判断,做出相应的反应等。

2. 常用动词:遵守、拒绝、认可、认同、承认、接受、同意、反对、愿意、欣赏、称赞、喜欢、讨厌、感兴趣、关心、关注、重视、采用、采纳、支持、尊重、爱护、珍惜、藐视、怀疑、摈弃、抵制、克服、拥护、帮助等。

3. 案例:

(1) 遵守班级的规章制度,关心班集体(行为样例:不迟到,不早退;积极参加校运动会);

(2) 尊重他人,愿意欣赏同学的优点(行为样例:与同学和睦相处)。

(三) 领悟、内化水平

1. 定义:包括具有相对稳定的情绪,表现出持续的行为,具有个性化的价值观念等。

2. 常用动词:形成、养成、具有、热爱、树立、建立、坚持、保持、确立、追求等。

3. 案例:

(1) 在学习……的过程中,养成……习惯;

(2) 通过讨论主人公的行为动机,培养助人为乐的意识。

第六节 研学旅行课程资源的设计

一、研学旅行课程资源

研学旅行课程资源的广义界定是指有利于实现课程目标的各种因素。从课程编制的角度探讨课程资源的内涵时,可将其定义为"课程设计、实施和评价等整个课程编制过程中可利用的一切人力、物力以及自然资源和社会资源的总和"。基于此,课程资源不仅是指教材等文本材料,还包括各类教学设施、实践基地、文博场馆,以及丰富的信息化教学资源。

研学旅行是没有围墙的课堂,所以从广义上讲,万物均可以视为研学旅行的课程资源。但是,万物有良莠之分,有适宜与否之选,有成本高低之别等区别,因此研学旅行课程设计者应将有利于中小学生健康成长的"资源",初步整合、转化为"课程资源",再进一步转化为"课程内容"。这一过程的顺利进行需要有正确教育理念的指导、对课程资源实现条件的判断以及良好的工作机制。

研学旅行以旅行作为载体,超越封闭的课堂,将自然资源和社会资源作为丰富的课程资源,能够在开放的时空和真实的情境中拓展学习者的视野,增进学生对自然和社会的认识、对世界的感知以及实践体验,丰富自身的认知和体验。

二、研学旅行课程资源的定位

研学旅行课程资源是研学旅行课程设计的重要内容,关系着课程内容的宽度与深度,是培养学生创新精神、实践能力、社会责任感的重要学习载体。

《关于推进中小学生研学旅行的意见》中指出,学校应结合学段特点和地域特色,逐步建立小学阶段以乡土乡情为主、初中阶段以县情市情为主、高中阶段以省情国情为主的研学旅行活动课程体系,这凸显了课程资源对学生爱家乡、爱祖国情怀培养的重要作用。将各类优质资源有效地转化为课程资源,再进一步转化成适宜学生学习的课程内容,充分利用各类资源更好地服务于学生的健康成长,应该是研学旅行课程开发的历史使命。

三、研学旅行课程资源的分类

祖国的一草一木、家乡的一砖一瓦都是丰富的研学旅行课程资源,承载着家国情怀,蕴藏着文化之根。根据不同的分类标准,可将众多的课程资源大致分为以下几类。

(一)依据属性分类

根据属性可将研学旅行课程资源划分为自然研学旅行资源和社会人文研

学旅行资源。

自然研学旅行资源通常是指那些以大自然造物为吸引力本源的研学旅行资源。在由各种自然要素、自然物质和自然现象所生成的自然环境或自然景观中，凡具有观赏、科学考察、游览或借以开展其他活动的价值，并能引发研学者来访兴趣者，皆属自然研学旅行资源的范畴。依其表现形式的不同，自然研学旅行资源的种类也多种多样。一般来讲，自然研学旅行资源主要可分为以下几种：气候条件、风光地貌或自然景观、动植物资源、天然疗养条件等。其中最常见的是风光地貌或自然景观，如：辽阔的草原绿地、幽雅秀丽或气势宏伟的山川湖泊、温暖而无鲨的海域与海滨沙滩、罕见的地质结构、壮观的瀑布和火山区以及奇特的洞穴，等等。

社会人文研学旅行资源指由各种社会环境、人民生活、历史文物、文化艺术、民族风情和物质生产构成为研学资源，由于各具传统特色，而成为研学者学习、观赏的对象。它们是人类历史文化的结晶，是民族风貌的集中反映，既含有人类历史长河中遗留的精神与物质财富，也包括当今人类社会的各个侧面。包括历史遗迹研学资源、古建筑研学资源、古陵墓研学资源、园林建筑研学资源、民族民俗研学资源、文化展馆类研学资源、其他人造研学资源等。

（二）根据物理特性和呈现方式分类

根据物理特性和呈现方式，可将研学旅行课程资源划分为文字资源、实物资源、活动资源和信息化资源。

文字的产生、纸张和印刷术的发明促进了人类文化的传播和教育教学活动的发展，学习手册、教材等印刷品记录着人类的思想，蕴含着人类的智慧，保存着人类文化，延续着人类的文明，直到今天依然是重要的课程资源。

实物资源表现为多种形式，一类是自然物质，如动植物、矿石等；一类是人类在生产生活过程中创造出来的物质，如建筑、机械、服饰等；一类是为教育教学活动专门制作的物品，如笔墨纸砚、模型、标本、挂图、仪器等。实物形式的课程资源具有直观、形象、具体的特点，是常用的课程资源。

活动资源内容广泛，包括教师的言语活动和体态语言、班级集体和学生社团的活动、各种集会和文艺演出、社会调查和实践活动以及师生和学生之间的交往，等等。充分开发与利用活动资源，有利于打破单一的课堂接受形式的教学模式,使学生在掌握知识的过程中,同时增进社会适应和社会交往能力,培养健全的人格。

以计算机网络为代表的信息化资源具有信息容量大、智能化、虚拟化、网络化和多媒体的特点,对于延伸感官、提高教育教学效果有着重要的作用,是其他课程资源所无法替代的。

(三)根据存在方式分类

根据存在方式,课程资源还可以分为显性课程资源和隐性课程资源。

显性课程资源是指看得见、摸得着,可以直接运用于教育教学活动中的课程资源。如教材,计算机网络,自然和社会资源中的实物、活动等。作为实实在在的物质存在,显性课程资源可以直接成为教育教学的便捷手段或内容,相对易于开发与利用。

隐性课程资源是指以潜在的方式对教育教学活动施加影响的课程资源,如班风、学风、校园文化、师生关系等。与显性课程资源不同,隐性课程资源的作用方式具有间接性和隐蔽性的特点,它们不能构成教育教学的直接内容,但是它们对教育教学活动的质量起着潜移默化的影响。所以,隐性课程资源的开发与利用更需要付出艰辛的努力。

第七节 研学旅行课程的设计

一、研学旅行课程的内容设计

(一)研学旅行课程内容

课程内容是指各门学科中特定的事实、观点、原理和问题,以及处理它们的方式。研学旅行的课程内容主要是直接经验和活动构成的体系。课程目标回答的是人才培养的质量与规格问题,而课程内容则回答的是"教什么"的问题。

研学旅行课程内容有别于学科课程内容。学科课程内容主要是各学科的理论知识或书本知识;研学旅行的课程内容则是学生活动的主题以及在主题研学活动中产生的直接经验和间接经验,具有开放性和综合性。

（二）研学旅行课程内容设计原则

1. 反映课程目标的基本要求

课程目标是课程内容选择的重要依据，课程内容的选择应充分考虑与课程目标的匹配程度。课程内容一旦脱离课程目标规定的基本方向，即使设计得再精妙，也无法对学生的学习产生实际意义。因此，在确定课程内容时，首先需要考虑课程内容与课程目标的相关性。

2. 反映学生的身心发展特点

学生的身心发展特点是课程内容选择与设计需要考虑的另一个重要因素。学生在多重环境的交互影响下成长，这就需要把握学生的个人需要、社会需要同学生现实发展之间的差距。尽管人们对学生发展的认识不同，但有一些重要的事实是公认的：学生的个体发展遵循一定的规律，具有顺序性、阶段性、不平衡性、个体差异性、整体性等特点；每位学生的发展都具有独立性等。基于此，课程内容的选择要充分考虑到学生的身心发展特点、学习兴趣、个人需求等方面的内容。

3. 反映社会发展的要求

明确社会发展的要求，即了解国家、社会、家庭对教育提出的具体任务。马克思关于人的全面发展学说为教育提供了指导思想。同时，科学技术革命的成果进一步丰富了课程内容，促进了教育的革新与发展。这要求在课程内容设计过程中，需要认真考虑社会发展对人才培养的具体要求，综合考虑学生科学精神与人文精神培养、知识与能力培养、主动性与创造性发挥等重要问题的解决方式。由此，课程内容的选择与设计必须以社会发展要求作为重要前提。

二、研学旅行课程的组织设计

（一）课程组织

课程组织被视为课程开发中的经典步骤，现代课程理论之父泰勒在《课程与教学的基本原理》中指出："课程组织就是将学习经验组织成单元、学程和教学计划的过程。"[①] 简单来讲，课程开发中的四个基本问题就是设定目标、

[①] 拉尔夫·泰勒.课程与教学的基本原理[M].北京：中国轻工业出版社，2008：6.

选择经验、组织经验和课程评价。课程元素组织的方式不同，课程呈现的形式就不同，课程所能实现的育人功能因此也不同。当前，很多课程研究者认为课程组织是一个多层次的概念，试图从不同层次上对课程组织进行定义。在此，我们主要讨论开发某门课程时对各种课程要素的组织，即在某一门课程中如何组织概念、知识、技能等。

综合国内外学者对"课程组织"的概念界定，我们认为课程组织是在一定教育价值观的引导下，为有效实现课程目标，将各种课程要素妥善进行组织安排，实现教学内容的序列化、连续化和整合化，以促进学生通过学习达到最优结果的过程。

（二）合理进行课程组织

课程组织的方式大体上可以分为纵向组织和横向组织。纵向组织也称垂直组织，是指将各种课程要素按照纵向发展的序列组织起来。"序列化"是纵向组织原则中的核心概念，这意味着课程内容的组织应遵循由简到繁、从未知到已知、从具体到抽象和从部分到整体的原则。例如，要先让学生学习概念，在此基础上掌握原理或规则，最后将原理或规则运用于问题解决中。

横向组织又称水平组织，是指打破学科的知识界限和传统的知识体系，以学生发展中需要探索的社会问题或个人最关心的问题为依据，将各种课程要素按照横向关系组织起来。"整合化"是课程内容水平组织的基本标准，即在承认差异的前提下，寻找各种课程要素之间的内在联系。课程内容的整合性主要包括学科知识的整合、社会生活的整合、学生经验的整合等。

相比较而言，纵向组织更加注重课程内容的独立体系和知识深度，横向组织则更加关注课程内容的综合性和课程的广度。尽管我们确定课程组织有纵向和横向之分，但它们只是课程内容组织的两个维度。当课程内容组织同时具有纵向和横向的连续性时，学习者会更深刻、更广泛地理解和掌握所学内容。

拓展知识

赫莫、波斯纳、林智中等人认为，在垂直组织中，根据内容间的逻辑关系可以有分割、分层、单线、螺旋等样态的组织方式（见图3-5）。

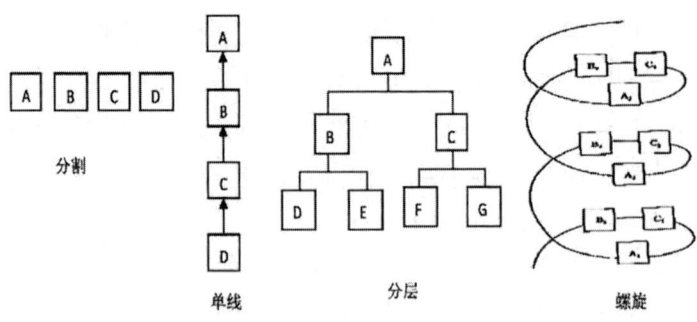

图 3-5　课程垂直组织方式

福格蒂用各种镜面作为比喻,用潜望镜、歌剧眼镜、3-D 眼镜、普通眼镜、双筒望远镜、望远镜、放大镜、万花筒、显微镜和棱镜,分别代表学科分立零散组织、学科内部主题并列、关注学科中多方面知识技能、不同学科中一致概念安排、不同学科共同制定教学计划、围绕主题广泛的组织要素、以更大的概念串联要素、科技整合形成新模式、以学习者的经验兴趣过滤学科内容、以学习者学业视域建立经验及学科间的内在联系这 10 种逐渐趋向综合的课程组织方式。(见图 3-6)

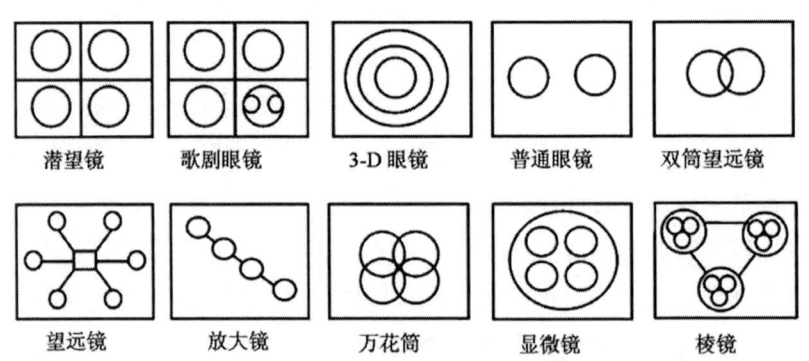

图 3-6　福格蒂的 10 种逐渐趋向综合的课程组织方式

三、研学旅行课程的实施设计

(一)课程实施

课程的组织实施是课程计划实现由理想向实践转化的条件,是课程目标达成的重要保障，包括：根据学校育人理念和地方特色资源，对研学旅行路线进行设计和规划；根据学生的身心特点和研学需求，选择恰当的教育教学方式；制订相关的制度、标准，协调校内外各方面关系，保障研学旅行的顺利进行。

（二）研学旅行教学过程

研学旅行课程的教学过程本质上就是将课程设计方案付诸行动的过程。在汉语中，"教学"二字最早见于《尚书·兑命》。在英语中，"教学"这一概念通常有三种表达，即"teaching""instruction""teaching and learning"。由于中外学者探讨教学概念的角度和出发点不同，因此对于教学概念的具体理解也并不一致。我们认为，教学就是在一定教育目的的指导下，在特定的环境中，基于课程设计框架或方案，通过师生主体间的交流和对话，促进学生学习和发展的专门的社会实践活动。

（三）研学旅行教学过程的特点

1. 一种特殊的认识过程

教学过程涉及经验传递、社会交流、学生成长等多方面的内容，其中最基础的活动是传授经验、认识世界。这种交流活动是围绕认识活动进行的，受到认识过程的一般规律的制约：一是要明确教学的对象是具有主观能动性的学习主体，教学活动应该激发学生的主动性、创造性；二是要遵循个体的认知发展规律；三是要重视认识过程，它是个体经验改造和建构的过程，也是与群体互动的过程。与此同时，教学过程还应关注到学生认识过程的特性：首先是间接性，即学生主要以学习间接知识为主，间接地认识现实世界；其次是引导性，即学生的学习需要在教师的正确引导下完成。只有遵循认识的一般规律，又注重学生的认识特性，教学过程才会卓有成效。

2. 以交流为背景和手段的活动过程

教学活动不是孤立的个体认识世界的活动，它离不开师与生、生与生之间的交流和互动。在教学过程中，教师常常有意识地引导学生进行问答、讨论和互助，使学生在交流中进行思想碰撞和反思。同时，通过这种交流，可以激起师生在认识和情感上的共鸣与共享，促进学生的个性的形成。

3. 促进学生身心发展的过程

在教学过程中，教师引导学生进行学习知识、开展交流、进行实践等活动,其根本目的是促进学生的身心发展,促使学生追寻与实现价值目标。教学是一种有目的有计划地培养人的活动,如果忽视学生的身心发展,忽视社会所确定的育人价值目标,教学活动必将失去正确的方向,严重影响人才培养的质量。

为了使教学过程强有力地促进学生的身心发展,自觉地追寻与实现价值目标,就必须以儿童的身心发展特点、规律和价值目标为准则,规范、充实和指导教学过程。

(四)处理关系

1. 研究性学习和旅行体验的关系

研学旅行的根本目的在于引导学生走出校园、走进世界,在现实的实践中了解社会、增长阅历、锻炼意志、感悟人生。在研学旅行过程中,研学是目的,旅行是载体,要避免研学旅行"只游不学"或者"学而不游",促进学游相长、学游共进。

2. 课堂教学和校外教育的关系

课堂教学是学生学习的主阵地,而校外教育是课堂教学的必要补充。因此,研学旅行应成为沟通校内和校外教育的桥梁,结合教育目标、学生研学需求和学生身心发展的特点,系统设计研学课程主题、旅行线路和活动安排,通过体验、合作、探究、调查等多种教学方式,让学生学会在生活中用自己的脚步丈量社会,用自己的眼睛观察社会,用自己的思考探究社会。

3. 教师主导与学生主体的关系

教育的本质不是灌输,而是激发与引导。基于此,研学旅行应成为教育改革创新的手段。在研学旅行过程中,教师作为"平等中的首席",应当充分尊重学生的主体地位,承担起组织者、引导者、参与者的责任,让学生学会学习、学会合作,倡导学生主动参与,将研学旅行的过程变成学生自我发现、自我完善、自我提升的过程。

四、研学旅行课程单元教学内容设计

(一)增加关联性知识

在学校课程方案制定、实施与管理等过程中,国家、地方、校本三类课程是一整套解决方案,即每个学校都已经有一套自成一体的课程体系。每所学校的课程体系特色是不一样的，课程框架、门类和实施方式都要契合学校的育人目标和教育理念。无论是学校还是研学旅行组织机构，在设计研学课程主题和内容时，既需要增加一门或几门学科课程，又需要关注研学活动和学科知识的相关联系，不可勉强叠加。一般来说，在设计研学旅行课程时，建议由各学科教师一起参与，将学生要完成的学习任务进行整合，把研学旅行这一新的课程形态嵌入学校原有的整体课程框架中，促进研学旅行与学校课程的有机融合，特别是语文、历史、地理、生物、化学、物理、美术等学科，会有很多相关的资源便于学生将课堂中学到的知识加以应用，学生也会有很多机会发现和探寻新的问题。

在增加学科课程知识时，要与国家课程与校本课程的实施相结合。校本课程是既能体现各校的办学宗旨、学生的特别需要和该校的资源优势，又与国家课程、地方课程紧密结合的一种具有多样性和可选择性的课程，可以是学科拓展课程，也可以是综合性活动课程。研学旅行可以用综合实践活动和校本课程的课时，由学校自主设计和实施来达到教育的目的。

（二）注重思维方法的学习和指导

研学旅行的环境真实、复杂，对于复杂的问题，在处理问题的过程中通常会将其抽象化、简单化、模型化。这种处理复杂问题的能力是在设计研学课程的时候需要考虑的。具体地说，对复杂的问题进行分解，突出重点，使问题细化，以便学生掌握学习方法，锻炼思维能力。

（三）专题研究要有针对性

对于主题明确的研学旅行，应该设计系统的、全面的专题知识的学习，既可以有对前期学校课堂学到的知识的回顾，也可以有对研学旅行中即将遇到的知识的概述，以及在做小课题过程中可能会遇到的知识的提示。研学旅行通常安排三到五天的时间。研学课程设计有针对性，学生学习知识的积极性和切身的研究体验才会更强烈。

五、增强研学旅行课程体验感

（一）自主学习与合作学习相结合

研学旅行是在旅行中学习和探究，强调自我发现和自我探索。自主学习是研学旅行的主要学习方式。学生在专家、老师的带领下，带着预定课题去观察、去体验、去提问、去访谈、去思考，得出自己的结论，表达自己的观点。自主学习贯穿整个研学旅行的过程，老师是主要组织者和引导者。

作为集中食宿的教育活动，研学旅行过程中的合作学习是必不可少的。因为大多数时间学生都会和自己的同学在一起，共同欣赏风光、聆听讲座、体验生活、开展课题研究活动，相互交流，相互帮助。除此之外，与专家的讨论，和老师的分享与交流也是合作学习的重要内容。

（二）体验式学习与探究式学习相结合

研学旅行综合了学校的春游、秋游、社会实践活动和研究性学习，强调学生的体验式学习和探究式学习。体验式学习在研学旅行中主要表现为认知体验式学习、情感体验式学习和行动体验式学习。认知体验式学习是伴随着一定情境的探究性学习活动。它的设计多在于通过直接感知世界获得新知识。在研学旅行中为了让学生完成小课题或探究性学习任务，认知体验式学习是必须经历的过程。情感体验式学习，如学生间的分组活动、探讨研究，主要是激发学生的团队精神，增进学生的合作意识。当然，体验式学习的最终目的是改变思维，落实行动。在研学旅行中通过行动体验式学习，让学生有一些过程性的亲身经历，如做一些小手工，体验一次茶艺课等，让新获得的知识能够更加具象化。最后，通过思考提炼学习过程，内化为自己的收获。

（三）听讲与讨论相结合

研学旅行就是在游中学，在学中思。研学一直在路上，在行走中将理论知识从课本中剥离出来带入真实的环境中，通过聆听专家和老师的讲解，获得对新事物的认知，通过进一步的讨论丰富自己的认知，形成一个螺旋式上升的过程，加深对事物的理解。

（四）提供相应的教学支持

教学支持也被称为认知支架，是指一种临时的框架，用来帮助学习者完成本来不能实现的认务的一些技能。基思·索耶指出，有效的学习环境能给学习者搭建脚手架，帮助其积极建构知识体系，就像建筑工地上用脚手架支撑建筑物一样，这里所说的"脚手架"实际就是教学支持。

教具是常见的教学支持，可以大致分成演示使用和实习操作使用两类，是用来讲解说明某事物的模型、实物、标本、仪器、图表、幻灯片等，包括教学设备、教学仪器、实训设备、教育装备、实验设备、教学标本，它是中小学生研学活动中不可缺少的器材。例如,用于科技教育活动中的生物标本、矿物标本、化石、岩石及珍稀动物样品等;一些珍贵标本的仿制品和模型,如北京猿人头盖骨化石不宜到处展示,于是人们制作了各种仿制品以及模型,用来传播信息;还有一些展示事物特征的模型,如人体解剖模型、轮船模型、汽车模型等。

第八节 研学旅行课程评价

一、课程评价

课程评价是研学旅行课程设计的重要组成部分,是实现研学旅行目标的有效方法和手段,它贯穿于研学旅行课程的全过程。课程评价研究涵盖了课程目标、课程内容、课程实施和课程成效等整个过程,主要包括课程设计方案评价、教师教学评价和学生学习评价。这里我们主要介绍对于"课程设计方案"本身的评价。

课程评价体系中各项指标和课程目标的一致性,能够帮助研学指导师进一步反思、确认课程目标的适用性。从这个意义上来说,课程评价本身就是课程的重要组成部分,有不可替代的价值。

二、课程评价设计原则

(一)客观性原则

课程评价要客观公正、科学合理,评价指标和评价规则要清晰明确,切实反映教师的教学水平、学生的学习程度、课程方案的合理性,不能因评价者的兴趣爱好、价值判断、认知倾向、情绪好坏等因素而随意改变。

(二)发展性原则

进行课程评价时需要注意,评价的根本目的是引导学生更好地发展。因此,课程评价需要着眼于学生的素养培育、教师的专业成长以及课程设计方案的优化升级,即课程评价是鼓励师生、促进教学的手段。

(三)指导性原则

课程评价并非课程开发的终点,师生应当从评价结果中获得指导未来学习的指导性意见。基于此，课程评价应当注重收集教学过程中学生学习和教师教学的相关证据，从而为改进建议的制定提供依据。

三、实施课程评价

（一）注重过程性评价

伴随学生活动进行的评价活动，也可以称为过程性评价，这是相对于终结性评价而言，是依据评价实施的时机对评价行为进行的划分。如果在研学旅行课程中仅仅采用终结性评价，则会出现以下问题：首先，无法实现一次评价对综合课程目标的全覆盖；其次，不能关注到学生变化的过程，活动过程的丰富体验不能与学生的元认知产生关联，从而影响意识的自我修正和能力的主动建构，影响课程目标的实现。因此，研学旅行课程的评价必然是过程性的。

就评价方法来说，在学生学习过程中进行的评价行为可以是多样性的。为了了解学生的知识理解情况，可以采取测验法、调查法等，在研学旅行活动过程中可以相应地采取问答、小测验、小调查等，在形式上可以是抢答、竞赛、反馈等。为了了解学生的态度、意识，可以采用访谈法、表现性评价等，可以采取座谈、演讲、作品展示等活动形式。为了了解学生的关键能力的提高，可以采取档案袋评价、表现性评价、测量法等，在形式上也是灵活多样的。

评价行为也是学习活动的重要组成部分。伴随学习过程的评价行为，不仅可以帮助教师了解学生的学习情况，了解学情和教学效果，更重要的是，评价标准和教学目标具有高度一致性，能够帮助学生制订清晰的学习计划；评价结果具体、细致，能够帮助学生形成自我发展元认知，提升学生的自我认知和反思能力。这些都是普通学习活动很难触及的高阶思维能力，对学生的发展具有非常重要的意义。

（二）强调表现性评价

表现性评价能较准确地评价学生在真实情境中的问题解决能力及相关素质，非常适合研学旅行这种综合性活动课程。表现性评价通常要求学生在某种特定的真实情境或模拟情境中运用先前所获得的知识完成某项任务或解决某个问题，以考查学生的知识与技能的掌握程度，或者问题解决、交流合作和批判性思考等多种复杂能力的发展状况。

表现性评价的效果依赖于任务设计、实施与评分，对教师提出了更高的要求。尤其要求评价内容清晰、评分细则合理，必要时还需要提供高分样例和低分样例，以提高评价信度。就研学旅行课程来说，由于考察学习任务具有真实性，影响评价效果的因素主要是评价标准的清晰性，评价指标与任务的匹配性，评分细节的可操作性等，这些也是教师在应用表现性评价时需要注意的地方。

表现性评价结果依赖于评价者对学生表现的判断，具有较强的主观性，为了提高评价结果效度，可以采取以下方法：第一，全体评价者共同参与，提前试评，统一对评价标准的理解和对评价细则的执行。第二，评分细则尽量采用可明确分辨的行为或表现。尽量规避评价者对学生主观意愿的判断。例如，考查学生的合作能力时，评分细则中如果出现"学生愿意倾听他人的意见和建议"，则教师就需要对学生的主观意愿进行判断，增加了评价者个人因素对评价结果影响的风险。不如改成"学生认真倾听他人的意见和建议，并且给予反馈"，教师可以直接根据学生的行为做出评价。第三，采取多种评价结合的方式，合理使用核查表、等级量表等评价工具。行为核查表和等级量表能够帮助评价者通过少数行为表现及其程度做出相应判断，提高评价准确度。

研学旅行的表现性评价

研学旅行的表现性评价活动，具有可以和研学活动无缝衔接的优势。首先，在研学活动中，学生需要完成一个个的学习任务，那么每一个学习任务都可以作为一个表现性评价活动。例如，研学旅行的准备阶段，学生可以参与设计研学路线、行程、任务等，学生的设计过程和最终成果都可以作为表现性评价的对象，对学生的知识掌握情况、计划规划能力、信息收集和处理能力等做出判断。再如，研学过程中经常进行小组交流和展示，这本身就是很好的表现性评价活动，可以对学生的教育目标达成情况、交流表达能力等做出判断。

其次，研学旅行课程会产生多样的学习成果，这些成果可以作为表现性评价的对象。例如，学生制作的作品、事后完成的报告和作文、绘画作品、摄影记录等，教师可以通过对这些成果的表现性评价，判断学生的知识掌握情况和能力发展水平，从而为后续教学提供依据。

（三）进行档案袋评价

研学旅行课程的档案袋评价是指通过对研学旅行档案袋的形成过程和最终结果进行分析，对学生的发展状况做出价值判断。

档案袋的公众展示是档案袋评价的重要活动。学生向老师、同学、家长或其他人员介绍自己的档案袋是评价活动的重要一环。档案袋的公众展示必须是有计划的、有设计的活动。根据考核情况需要，可以要求学生对自己提供的所有材料进行辩护陈述，也可以把公众展示作为一种庆祝活动，用来鼓励和表扬学生。

设计档案袋评价时要回答的第一个问题是："评价的目的是什么？"清晰明确的评价目的是档案袋评价的基础。只有目的明确，才能确定档案袋的内容、收集方式以及怎样对其进行评价。对档案袋的内容选择的指导必须非常明确、具体，要让学生知道档案袋创建的时间期限、内容和数量。也可以引导学生使用电子档案袋，或者档案袋中的部分内容用电子版的形式来处理和保存。

设计档案袋评价还需要明确评价标准和方法。当学生、教师和家长有统一的评价标准时，会减少学生学习的焦虑，学习也会变得直接和有目的性。评价档案袋使用过程和结果的方法主要是评分细则。应该注意：档案袋的材料是学生的作品；作品的收集是有目的的，不是随意的；档案袋应留有学生发表意见与反省的空间；教师要对档案袋里的内容进行合理的分析与解释；明确学生在选择内容和自我评价中的作用。

为了更好地发挥档案袋评价的作用，教师应该在研学旅行的准备阶段就向学生明确介绍什么是档案袋，怎样使用档案袋；同时，还应该为学生提供统一的档案袋。档案袋应该足够大以便可以放入不同类型的文件。可以更细致地分类，以对应不同的评价专题。根据课程需要和评价目的明确告知学生可以选择什么样的作品放入档案袋，以及这些作品和评价结果的关系。通常，教师可以指导学生收集过程性档案袋，帮助学生反思学习过程，也能帮助学生感受学习过程中的进步。以评价为目的的档案材料可以从过程性档案袋中抽选，从而减少学生整理档案材料的负担，并且最大化地发挥档案袋评价的教育作用。

1. 按照操作主体划分档案袋

按照操作主体划分，档案袋可以分为文件型档案袋、展示型档案袋和评价型档案袋。

文件型档案袋记载的是学生在一段时间内的学习情况，采用的方法是教师观察、逸事记录、访谈以及档案，材料一般由教师选择并放进档案袋。教师和家长是文件型档案袋的主要使用者，用于了解学生成长的全面信息，帮助学生设定今后的目标，制订教学及家庭支持计划。

展示型档案袋，又可以分为展示最高成果的成果展示档案袋，展示发展过程的变化展示档案袋，展示最终水平的结果展示档案袋等。以展示为目的的评价档案袋的突出特点是能增加学生的自信心和积极性。当评价内容多元化、评价标准无法逐一确定时，可以选用展示型档案袋。展示型档案袋里的内容完全由学生自主选择，一般都是入选学生认为最能反映其自身水平和能力的作品。

当档案袋以评价为目的时，还要求学生写陈述报告，讲解他们为什么认为这些材料反映出了他们的学习效果。评价型档案袋兼有目标性和评估性，这是在展示型档案袋基础上的延伸。

2. 按照评价目的划分档案袋

按照评价目的划分，档案袋评价又可以分为过程型评价档案袋和结果型评价档案袋。

过程型评价档案袋反映学生的成长过程。收集的内容为记录过程的材料，包括学生学习时的草稿，对学习过程的反思，学习过程中所遇到的问题等。这些材料可以按技能分类，也可以按关注点分类。每一份文件都含有学生在学习的开始阶段、学习过程中间以及学习结束时的记录。这些材料可以作为学生技能提高的证据。在不同的阶段，学生都可以反思自己的学习过程，确定技能的提高和改进，庆祝自己的进步，并对未来的学习制订新的计划。

以结果为考核目的的结果型评价档案袋收集学生自己认为最能反映他们

学习效果的材料。其目的是记录和反映学生所取得的成绩的质量，而不是取得成绩的过程。可以完全由学生自己决定选取哪些材料放入档案袋。教师也可以建立起收集材料的标准，告诉学生档案袋里应该包含什么样的材料以及材料需要具备什么样的质量。

（四）采用多元主体评价

研学旅行的多元评价主体可以包括学生本人、同学、老师和家长等参与课程的相关人员，根据不同评价内容的需要，各主体在不同评价项目上参与评价。通过对多元主体的评价数据进行关联性的综合分析，可以更全面准确地描述学生的学习状况，从而对课程实施和学生发展情况形成较全面的反馈。多元主体评价能够较好地避免单一主体评价可能产生的片面性，同时，还可以调动研学旅行课程各利益相关主体的参与积极性，提高教育目标的一致性，更有利于促进学生发展。

进行多元主体评价是研学旅行课程促进学生发展、教学质量提高和课程改进的需要。任何单一主体的评价都不利于课程评价的发展，只有当课程的各参与方都参与到学习评价之中并且能够相互沟通时，评价结果才能最大限度地被各方接受和利用。学生重视评价结果，才能利用评价结果促进自身发展；教师重视评价结果，才能利用评价结果促进教学改进；研学机构或旅行社等课程实施协助方重视评价结果，才能利用评价结果改进课程实施；家长重视评价结果，才能利用评价结果改进家庭教育支持，更好地和学校教育配合，促进学生全面发展。

多元主体评价的实施需要多元评价方案与之配合。需要注意的是各主体的评价行为并不是完全独立的，在课程实施过程中有重合、交叉也有可能相互独立。在同一评价行为中，有可能同时存在学生评价、教师评价、家长评价等。

1. 学生评价

学生评价包括个人自评和同学互评。《基础教育课程改革纲要（试行）》指出："评价不仅要关注学生的学业成绩，而且要发现和发展学生多方面的潜能，了解学生发展中的需求，帮助学生认识自我，建立自信。"学生自评和互评的根本目的是帮助学生反思，通过反思促进学生的自我认知。

学生评价可以采取测验、问卷、报告、论文、表现性评价、档案袋评价等方式。学生自评和同学互评可以配合实施，采用相同的评价框架和评分细则，相同维度的评价工具。这样，自评和互评的结果可以对比结合使用，能够帮助学生更客观地了解自己。学生自评还可以使用适切的量表作为工具，相对于自编工具更能保证评价信度和效度。

学生评价在内容上应该突出发展性，以促进学生的全面发展为目的，既注重考查学生对知识和技能的掌握，也重视学生在情感、态度和价值观方面的发展与变化；既关注学生学习的结果，也重视学生学习的过程；既考查学生个体在同伴中的相对水平，也应关注学生的自我感受和自我发展的意向与趋势。

2. 教师评价

教师评价包括学校教师评价和研学专业机构的教师评价。教师评价的根本目的是从教学目标的角度对学生的发展状况做出判断，并在此基础上对教学方案、课程资源和课程实施进行反思和改进。研学旅行课程的教师评价，核心价值在于促进学生发展和课程效果，需要注意避免以往学业评价的甄别导向。

教师评价可以采取观察、访谈、表现性评价、档案袋评价等多种方式。不论采取哪种方式，评价框架都应该首先注意和教学目标匹配，评分细则的描述都应该明确、有区分度且可观测，评价工具都应该尽量简便，以保证评价的信度和效度。

在评价内容上，教师的评价可以涉及以下方面：学生的客观行为可以显示出来的关键能力；学生的群体行为表现出来的课程适切性；课程实施过程中暴露的课程资源适切性等。教师评价还可以和学生的综合素质评价结合。

3. 家长评价

家长和家庭背景是影响学生学习效果的重要因素。学校和家长要在学生发展方面达成一致认识和判断，学校要依靠和发挥学生家长对子女的教育作用，发动他们关心和参与学校的教学评价活动，提出建设性的改进意见，协同教师帮助学生选择课程，确定未来的专业发展方向。由于家长并不直接参与学生的研学旅行课程，因此家长参与评价前，评价设计者需要首先向家长解释课程目的和评价的意义。邀请家长参与评价是为了更好地促进学生的发展。家长应成为评价的积极参与者和重要的评价资源。家长评价应和教师评价、学生评价一起，共同促进学生学习。

家长评价可以采取问卷调查、访谈等方式，开放式地收集学生能力表现和背景信息，并与其他主体评价结果配合，分析学生学习的影响因素，用以指导学生学习改进。有关评价结果，应向家长进行详细的反馈，以指导家长改进家庭教育和家庭学习支持。学校和教师也可以利用评价结果丰富学生的学情信息，设计家校合作主题和相关的教育活动等。

四、课程设计方案评价

课程评价是一项十分复杂的工作，评价方式和评价过程因目标和方法的不同有许多变化，通常难以采用完全相同的程序。但是，在对课程设计方案进行评价时，可以按照以下流程展开。

首先，必须确定评价的目的，明确课程评价工作完成后，对于课程发展有何帮助。其次，需要做到评价目标与课程目标相一致，实现教学评的一致性。最后，应认真分析评价的维度及对应的评价标准或规则。

通用课程设计方案评价

一级指标	二级指标	评价等级			
		优	良	中	差
课程目标	具有科学性、合理性和可操作性				
课程内容	突出目标导向				
	紧扣学生学情				
	内容难度适中				
	知识类型丰富				
课程实施	流程安排合理				
	活动组织有序得当				
	活动实现程度高				
	确保学生有效参与				

续表

一级指标	二级指标	评价等级			
		优	良	中	差
安全保障	各项安全保障健全				
	安全制度完善				
	应急预案具体恰当				

 拓展知识

STEAM研学课程方案评价指标①

评价维度	评价指标	指标说明
课程	STEAM设备	课程包含各类教具和设备，能满足STEAM教育需求
	教育平台稳定性	教学平台安全，性能稳定，能支撑教学活动正常进行
	教学时空配置	教室布置和课时安排分配合理，能满足教学需求
课程	课程目标准确性	教学目标的制定符合课程要求，体现学生发展的阶段性要求
	课程内容合理性	课程内容符合教学目标要求，重难点突出
	课程内容跨学科性	教学内容注重学科之间的联系，尤其注重数理学科与人文艺术学科的整合
	课程内容结构	课程结构合理，章节之间设计有连续性
	课程资源配置	音频、视频、软件、工具等课程资源丰富，能让学生充分利用，为学生提供学习支持
教师能力	教师学科知识	教师积累足够的STEAM教育的相关知识为学生答疑解惑
	教师跨学科意识	教师在STEAM教学过程中能坚持从多学科融合的角度思考，解答学生问题
	课堂管理	教师能维护课堂秩序、保证学生的学习过程有序进行
	课堂引导	教师在教学中能对学生做出及时、有效的引导，帮助学生学习
	课堂改进	教师在教学中能根据教学过程反思与自我反思，做出调整或改进
	提供评价标准和依据	课程中的问题与评价活动，教师都能提供相关的评价依据和标准

---

① 马宏宇.STEAM教育评价指标体系的构建与应用研究——以山东省A高中为例［D］.西北师范大学，2021.

续表

评价维度	评价指标	指标说明
教师能力	评价方法和内容多样	评价活动允许不同评价主体参与,并结合多种方法进行评价
	展示内容	教师在课程中提供展示机会,能进行有效小结
学生能力	文化基础	学生具备人文、艺术、社会等多学科基础知识
	艺术思维	发展艺术创意思维,并能在问题解决中寻找艺术方法应用途径
	审美情趣	具备基础审美鉴赏力,通过作品评价获得审美提升
	艺术表现	激发学生在艺术表现、创作方面的主动性,提高艺术表现水平
	信息意识	学生对信息的敏感度、获取、利用、评价
	计算思维	学生在运用计算机科学领域的思维、在解决问题的过程中产生的一系列思维活动
	数字化学习	学生通过评估和选择常见的数字化资源与工具,有效地管理学习过程和资源,创造性地解决问题,从而有完成学习任务的能力
	工程思维	能运用系统分析的方法,针对问题进行要素分析、方案构思,领悟结构、流程、系统、控制等基本思想
	创新意识	在学习过程中能保持创新动力,利用所学知识和能力进行优化
	学会学习	具备浓厚的 STEAM 课程学习兴趣,适应和养成非正式学习环境下学习的习惯,能运用合适的方法进行学习
学生能力	问题意识	在学习过程中发现问题存在,并根据相关资源从多个角度理性地分析问题、尝试解决问题的主观能动性
	问题解决	能根据实际问题提出解决策略,灵活运用工具规划作品并实际动手操作解决问题
学生社会参与	社会责任	遵守网络学习空间与非正式学习场所的规章制度,具备社会道德意识和网络安全的理性判断力
	文化自信	积极关注国情,能理性地判断人文问题并付诸行动,客观看待自己与他人的作品,为社会进步服务
	健康生活	形成正确的三观,具备良好的自我调节能力和坚定的意志
	合作意识	乐于进行合作学习,具有团队意识和奉献精神
	协作能力	合作效果明显优于个体,合作成员都有所收获
	语言组织	有效地组织语言(书面和语言),逻辑清晰地表达意愿
	沟通能力	合作过程中学生之间的交流氛围融洽,学生掌握良好的沟通方法

第四章 实施研学旅行课程教学方案

第一节 研学旅行课程的教学原则

一、直观性原则

(一)直观性原则的概念

直观性原则,是指在教学过程中,通过引导学生观察所学的事物,聆听教师用语言对所学对象的描绘,形成有关事物具体而清晰的表象,以便理解所学的知识。

(二)直观性原则的实施

1.正确选择直观教具和现代化教学手段

直观教具一般分为以下三类。一是实物直观,包括实物、标本、实验、参观等。二是模像直观,包括图片、图表、模型、视频等。三是多媒体教学,包括运用计算机和信息化技术进行的教学。需要注意的是,不管选用哪种直观方式,都要注意其典型性、科学性和思想性,要适合学生的身心发展特点,符合教育教学的要求。

2.直观要与讲解相结合

教学中的直观性不是一味地让学生自己去看,而是要在教师的指导下有目的地进行观察和探究。教师要通过提出问题,引导学生把握事物的特征,发现事物之间的联系,以便更加深刻地掌握知识。

二、启发性原则

（一）启发性原则的概念

启发性原则，是指在教学过程中，教师应充分激发学生的学习主体性，引导他们通过积极思考和自主探究掌握知识，学会分析问题和解决问题，树立求真意识和人文情怀。

（二）启发性原则的实施

1. *调动学生的学习积极性*

调动学生学习的积极性是启发学生的首要前提。在这一过程中，教师要充分发挥个人的创造性，充分展现教学内容的吸引力，从而激起学生的求知欲。

2. *善于提问和激励*

如果教学过程中缺乏提出的好问题，学生容易对学习产生厌倦感。如何打破这种困境，则有赖于教师的启发诱导。"问则疑，疑则思"所表达的正是提问的重要性，只要提问切中要害，发人深思，课堂便会活跃起来。当然，提问的过程中应注意问题的难度要适中，问题不宜过多，还需要给学生一定的思考时间。

3. *注重解决实际问题*

组织和引导学生通过观察、操作、动手解决实际问题，这也是启发教学的一个重要途径。接触现实世界中的真实问题，对学生更具有吸引力和挑战性，可以让学生更加积极主动地进行学习。

4. *引导学生进行反思*

教师应引导学生学会对学习过程进行反思，分析学习过程中遇到的困难和障碍，寻找个人在学习过程中的优缺点，从而使学习变得更加简捷、高效。

5. *发扬教学民主*

创造民主、和谐、平等、活跃的课堂教学氛围是实现启发性教学的重要条件。只有为学生提供轻松、安全的学习氛围，鼓励学生发表自己的见解，学生的聪明才智才能最大限度地发挥出来。

三、理论与实践相结合原则

（一）理论与实践相结合原则的概念

理论与实践相结合原则，是指教学要以学习基础知识为主导，将理论运用于解释和解决实际问题，实现学以致用。

（二）理论与实践相结合原则的实施

1. 注重联系实际学好理论

为了引导学生掌握相关知识，教师需要善于通过演示、举例等方式，唤醒和激活学生已有的经验和思考力，触发学生进行思考、分析和领悟，帮助学生主动理解和掌握抽象难懂的概念与原理。

2. 重视引导学生综合运用知识

知识的学习不能仅停留在认知层面，更需要实现从理论到实践的转化。首先，要重视教学中知识的应用，让学生综合运用所学知识解决具体的问题。其次，组织学生开展一些实际的学习活动，例如参观、访问、社会调查等活动。

3. 注重培养学生的问题解决能力

问题源于生活，因而在教导学生学习书本内容的同时，还需将学生的目光引向现实，包括学生生活的现实、校园生活的现实、社会生活的现实、国际生活的现实等，引导学生采取与问题相称的可能的行动，培养学生的对策思维和问题解决能力。

四、科学性和思想性统一原则

（一）科学性和思想性统一原则的概念

科学性和思想性统一原则，是指教学要以马克思主义为指导，教给学生科学的知识，并结合知识教学对学生进行社会主义核心价值观教育。

（二）科学性和思想性统一原则的实施

1. 保证教学的科学性

在教学中，教师应坚持以马克思主义的观点和方法来分析教学内容，使教学内容切合时代需要，反映社会的进步。在教学过程中，教师不能将尚有争议的、不可靠的知识传递给学生，而是应当力求知识的科学性、准确性、教育性。

2. 发掘教学内容的思想性

人文社会学科具有鲜明的思想性，自然学科中也蕴含着丰富的人文精神，因而教师应根据教学内容体现的特点，在进行知识内容教学的同时，向学生渗透思想教育。

第二节　研学旅行的教学模式

一、发现教学模式

（一）定义

发现教学模式是美国认知心理学家布鲁纳提出的一种教学模式，又称问题教学模式。发现教学模式以培养学习者的探究性思维方法为目标，使学习者通过一定的发现步骤进行学习，从而得出结论或者找到问题的答案。该模式强调学习者的认知结构和认知能力的发展在教学中的核心地位，关注学习者学习的主动性和创造性，尤其重视学习过程中发现的方法和过程。

（二）操作程序

发现教学模式建立在布鲁纳提出的发现学习理论基础之上，基本程序包括以下几个步骤。

一是创设问题情境。教师需要选择一个令人感到困惑的情境或问题，而且这个问题必须能够引起学生的兴趣，让学生对现象进行观察与分析，将注意力集中于寻找正确的答案。

二是做出假设。教师引导学生通过分析、综合、比较、类推等方式对各种信息进行转换和组合，不断地提出假设，并围绕假设进行推理，从中发现必然联系，逐步形成正确的概念。

三是验证假设。学生用其他类似的事例来对照检验已获得的概念，依靠进一步的分析，做一个较为明确的判断。

四是得出结论。教师引导学生对认识的发展过程做出总结，并从中找出规律。

二、情境教学模式

（一）定义

情境教学模式是指在教学过程中，教师通过有目的地引入或创设具有一定情绪色彩、以形象为主体的情境，引起学生的态度体验，提高学生认知活动的教学模式。

（二）操作程序

一般来说，情境教学模式需要经过感知、理解和深入三个阶段。

第一阶段是感知阶段，教师通过生活再现、实物展示、图画呈现、音乐渲染、表演体会等直观手段创设一定的情境，激发学生的学习兴趣，促使学生形成探究的意识。

第二阶段是理解阶段，让学生感受具体的情境，教师采用设疑、点拨等方法引导学生理解教学内容，激发学生的情感体验。

第三阶段是深化阶段，教师在学生理解的基础上，带领学生细心品味"情中之境，境中之情"，用自己的语言描述情境，抒发内心的真情实感。

第三节 研学旅行的教学方法

一、教学方法的分类

借鉴国内外教学方法的经验，并结合我国常用的教学方法，可以将中小学常用的教学方法分为以下五个类别。

（一）以语言信息为主的方法

这类方法主要是指教师在教学过程中运用口头语言向学生教授知识、技能，其特点是能较为迅速、准确地使学生获得大量间接经验。目前，这是我国中小学教学过程中应用最为广泛的一类方法，包括讲授法、谈话法、讨论法等。

（二）以直接感知为主的方法

这类方法是教师在教学过程中通过对实物、直观教具的演示、组织教学参观等教学活动，使学生利用自己的各种感官直接感知客观事物或现象而获得知识信息的方法。其突出特点是生动形象、具体真实，学生视听结合，记忆深刻。这类方法在教学中与以语言传递信息为主的方法结合运用，会使教学效果更佳。演示和参观法是这类方法中的主要教学方法。

（三）以实际训练为主的方法

这类方法是以学生的实践活动为主，通过练习、实验、实习等实践性教学活动，使学生的认识向深层次发展，巩固和完善学生的知识、技能和技巧的方法。其特点是学生在获取知识的过程中，可以做到手脑并用，学以致用。这类方法主要有练习法、实验法、实习作业法等。

（四）以欣赏活动为主的方法

这类方法是教师在教学活动中利用教材内容和艺术形式创设一定的情境，使学生通过体验客观事物的真、善、美，陶冶情操、兴趣、理想和审美能力的方法。其特点主要是通过教学中的各种欣赏活动，使学生在认识所学事物的价值之后产生积极的情感反应。欣赏法是这类方法中的主要教学方法。

（五）以引导探索为主的方法

这类方法主要是教师组织和引导学生通过独立的探究和研究活动而获取知识、培养能力、开发潜力、形成研究意识和探究精神的方法。其特点在于在探索与解决任务的过程中，学生具有较大的活动自由，他们的独立性与主动性得到了比较充分的彰显，从而逐步培养和发展探索、研究、创新等方面的能力。这类方法的主要教学方法是发现法（也称探索法或研究法）。

二、教学方法的应用

（一）与教学目标和任务相适应

不同的教学目标要求选用不同的教学方法。如果强调知识学习，应采取以语言传递信息为主的教学方法；如果强调学生掌握动作技能，可以采用以实际训练为主的教学方法；如果强调多个方面的目标，则应该综合运用多种教学方法进行教学。

（二）与教学内容相适应

教学内容是制约教学方法的重要条件，教学内容不同，教学方法也应随之变化。如果是教授概念性的内容，更适合采用讲授法；如果是为了阐明事物的特性，揭示事物发生、发展与变化的规律，则可选用演示法。

（三）与教师自身的素质相适应

教师素质主要是指教师的表达能力、思维品质、教学技能、个性特长、教学风格、组织能力及教学控制能力等。教师自身的素质直接关系到所运用的各种教学方法的作用发挥。教师应对自身素质进行实事求是的分析，选用最适合自己的教学方法，扬长避短。同时，教师在教学过程中要不断提高自身的素质，丰富和改造现有的教学方法，创造独具个性的教学风格。

（四）与学生的年龄特征、知识水平相适应

教师的教是为了学生的学，所以教学方法要考虑学生的年龄特征、知识水平、学习态度、智力发展水平等因素。学生不同的心理特征，体现学生发展的具体性和特殊性。因此，要根据学生的个别心理差异选择不同的教学方法，才能满足学生的个性化发展需要。

此外，教学环境、教学手段、教学设备、教学时间安排和各种教学方法的特点等因素都是教师选择教学方法时所应考虑的内容。

第四节　中小学研学旅行常用的教学方法

一、讲授法

（一）定义

讲授法是一种最常见、最主要的教学方法，是指教师通过运用智慧和情感，以连贯的语言向学习者传递知识，促进学习者思维能力提升的教学活动。

（二）内容

讲授法包括讲述、讲解、讲读、讲演等具体形式。讲述是指教师通过简洁、形象地描述事物现象，叙述事件的发生过程，使学习者在头脑中形成鲜明的表象和相关概念。讲解是教师通过向学习者说明、解释、论证复杂问题的概念、原理、公式等方式，加深学习者对知识的认知和理解。讲读是指讲与读交叉进行，有时也会加入练习活动，是讲、读、练相结合的教学活动。讲演是指教师对某一主题进行系统分析、论述并做出科学结论的教学方式。

（三）具体要求

教师在进行讲授教学的过程中，需要做到以下几点：首先，应当保证讲

授的内容有科学性、思想性和系统性,使学习者既能够获得可靠的知识,又能在思想上有所提高。其次,教师要善于提出有价值的、高质量的问题,并引导学习者进行分析和思考,帮助学习者自觉领悟知识。最后,讲授法的使用要求教师具备良好的口头表达能力,在做到语言清晰、准确、生动、形象的同时,还应注重语言艺术的使用。

(四) 特点

讲授法能够充分发挥教师在教学中的主导作用,帮助学习者在较短的时间内获得较多的学习经验,并可以有目的、有计划地对学生进行思想品德教育。但是,在这一过程中,学习者的主动性和积极性往往难以发挥,从而影响着学习者的参与感和获得感。

二、参观法

(一) 定义

参观法是指教师根据教学需要,组织学习者进行实地观察学习,从而获得新知识或验证已有学习经验的教学活动。

(二) 内容

参观对象不限于图片或模型,在参观过程中,学习者可以在视觉上或触觉上直接接触客观存在的具体实物,从而实现与参观对象的面对面的实时互动。基于此,参观内容因参观对象形态、特征、种类的不同而发生变化。

(三) 步骤

教师采用参观法教学时,需要做好以下工作。一是做好参观前的计划与准备工作,例如明确参观的目的、时间、地点、人数、出行方式、具体要求和注意事项等内容,制订详细的参观教学实施方案,并准备好现场教学所需要的各项材料。二是做好参观过程中的指导工作,即参观时教师要给予学习者具体而有效的指导,引导学生通过仔细观察或聆听讲解,认识事物的本质及其特征。三是做好参观后的总结工作,教师要指导学习者结合参观过程中获得的材料进行深层次的理性思考和理论探究,将获得的感性认识上升为理性认识。同时,教师本人也要对此次参观活动进行认真总结,从而持续改进参观教学活动。

（四）特点

参观法教学带领学习者从课堂走向了课外，极大地丰富了学习者的感官体验，有利于实现课堂知识与课外知识的紧密结合，进而加深学习者对知识的认识和理解。另外，这一教学活动能够开阔学习者的视野，提升学习者的知识广博度以及分析问题、研究问题和解决问题的能力。

三、演示法

（一）定义

演示法是教师通过展示各种实物、直观教具或做示范性的实验和动作，使学生通过观察获得感性知识或印证所学知识的方法。

（二）内容

演示法分为三种形式。第一，为了使学生获得对事物的感性认识，主要通过实物、图片、模型等进行演示。第二，为了使学生了解事物发展变化的过程，使用幻灯片、投影仪、多媒体等现代化教学媒体呈现。第三，教师身体力行地做出示范性动作，例如体育课中的示范性动作。

（三）步骤

一是做好演示前的准备。演示前应根据教学的需要，检查视听设备、实验器材、音像资料是否正常。如果是演示实验，教师应先试做一遍。

二是讲究演示的方法。演示时要引导学生配合教师的讲解与谈话，将注意力集中于观察演示对象（教具）的主要特征和重要方面，并注意得出结论。

三是要适时地展示直观教具。展示直观教具要把握最佳时机，如果过早地拿出或用完后不注意收藏好，都会在一定程度上分散学生的注意力。

（四）特点

演示法的特点在于加强教学的直观性，使学生获得丰富的感性材料，帮助学生感知、理解书本知识，加深对学习内容的认识，有助于正确地理解概念，掌握所学知识。

四、实验法

（一）定义

实验法是指学生在教师的指导下，利用一定的仪器设备，控制一定的条件进行独立操作,通过观察事物的发生和变化,以获取知识、培养能力的方法。

(二) 内容

实验法可分为感知性实验和验证性实验两种,广泛应用于中学的物理、化学、生物等自然学科的教学中。

(三) 步骤

第一,实验前要做好充分的准备。实验前的准备工作包括制订实验计划,准备好实验用品,检查有关器材,分配实验小组并要求学生做好充分的理论学习准备。

第二,实验过程中教师要进行具体的指导。在学生做实验的过程中,教师要巡视全班的实验情况,并给予具体的指导与帮助,针对学生遇到的共性问题还应及时向全班同学做好讲解与说明。

第三,实验结束后教师要进行总结。教师在实验结束后,应该根据学生的实验情况,指出存在的问题,分析问题产生的原因,并提出改进的意见。例如,要求学生写好实验报告,并将实验用品收好放好。

(四) 特点

实验法不仅有助于理论联系实际,培养学生手脑并用的操作能力、观察能力、解决问题能力,而且有助于培养学生热爱科学的情感和实事求是的科学态度。

五、讨论法

(一) 定义

讨论法是教师引导学生以小组或班级的形式,围绕某一中心议题发表自己的看法,进行辩论与研究学习,从而获得知识的方法。

(二) 内容

讨论的内容包括对一些重要问题的看法,如基本概念和原理、人物形象与性格、复杂难解的题目、令人关注的社会问题等。

(三) 步骤

第一,讨论的问题要有吸引力。找到一个能激发学生兴趣、有讨论价值的问题是保证讨论成功的前提。

第二,明确讨论的目的。讨论可以为多种目的服务,作为教师,一定要明确讨论的目的到底是扩展学生的知识，是测查学生的观点和想法，还是解决政治、经济或社会问题。

第三，做好讨论的前期准备。讨论法的运用需要学生具备一定的知识、独立思考的能力和思维的热情。因此，在讨论前教师应该向学生提供有关讨论问题的信息，提醒他们讨论的规则，要指导学生阅读和查找充分而翔实的资料、安排分组和座位、确定最佳的讨论时间。

第四，做好讨论的组织工作。在讨论的过程中，教师要调动每个人参与讨论的积极性，启发学生独立进行思考，勇于发表自己独到的见解；要为每位学生提供公平参与的机会，鼓励学生展开辩论，并做到言之有物、言之成理，引导讨论向纵深发展，研究关键问题，以便使问题得到有效的解决。

第五，做好讨论小结。讨论结束时，教师要简要地概括讨论的情况，科学地指出讨论中存在的不足，并公正地进行评价。

（四）特点

一方面，讨论可以使学生们集思广益，取长补短，加深对所学知识的理解并增长新知识，有利于活跃课堂气氛，发挥学生的主动性、积极性，发展学生的思维能力和口头表达能力。另一方面，讨论也有利于培养学生相互协调人际关系的技能及合作解决问题的能力。

六、研究性学习

（一）定义

研究性学习是指学习者在教师指导下，从自然、社会和生活中选择专题进行研究，并在研究过程中主动获取知识的学习活动。

（二）内容

研究性学习的本质是问题导向，注重培养学习者的问题意识。研究性学习的内容主要包括以下方面：第一，在学习过程中，研学者需要的不仅是传授或指导，更需要教师的指导和帮助，这要求教师挖掘教学过程中一切可能使用的方法，为研学者创设有利于学习的情境或途径。第二，研究性学习的方式类似于科学研究的方式，因而在教学中，教师应当鼓励学习者模仿科学家的研究过程，通过假设、想象、实证等方式解决实际问题，以进一步认识客观世界。第三，研究性学习的过程是让学习者先学会收集和处理信息，再学习如何运用有关知识解决问题，最后学习如何有效地表述和展示研究结论。同时，研究性学习还关注学习者同他人的交流与合作，基于此，教师应积极引导学习者与他人进行对话和互动，建立与他人之间的良好关系。

（三）步骤

第一步，确定需求或研究问题。在这一环节中，学习者根据自己的学习兴趣选择需要研究的活动主题，明确研究问题。

第二步，进行问题研究。在这一环节中，学习者要根据自己的需要搜集相关资料，明确问题解决需要达到的目标。

第三步，开发可能的解决方案。在这一环节中，学习者需要根据自己所掌握的资料，在小组内探讨可能的问题解决方案。

第四步，选择最佳的解决方案。在这一环节中，学习者需要在可行方案的基础上，挑选出最符合解决原始问题的方案，并对方案进行持续优化。

第五步，实施解决方案。在这一环节中，学习者对方案进行实施，并记录研究结果。

第六步，进行展示交流。在这一环节中，学习者通过多种形式对研究结果进行汇报。同时，小组之间积极开展交流与互评，讨论解决方案是否能够最好地解决原始问题，并讨论解决方案对自然、社会生活产生的影响。

第七步，修改实施方案。完成组间交流讨论后，学习者需要根据汇报展示期间收集到的有效信息对实施方案进行修改，直至解决方案可以最优化地解决原始需求或问题。

（四）特点

在研究性学习中，教师不再作为知识的权威，而是扮演指导者和合作者的角色，与学习者共同经历和体验知识探究的学习过程。学生不再作为被动的知识接受者，而是带着自己的兴趣、疑问和需要与世界进行对话，通过与教师和同伴的积极互动获取信息，从而将学习与研究有机结合起来。

七、PBL 教学法

（一）概念

研学旅行活动不同于传统的课堂，更不是换个地方上课，研学旅行更加注重研学者的参与性和实践性。众多的教学模式中，项目化学习（Project-based Learning，简称 PBL）被视为一种能培养研学者创造力与批判思考力的良好教学方法。项目化学习是通过小组学习的方式，进行具有结构性的问题解决学习活动，在问题解决的过程中，不仅能培养推理创造及认知能力，更能让研学者在研学小组学习的互动过程中产生更多的知识交融与建构，进而将信息整合成有效率的行动方案。PBL 以指定单元内容为基础，通过学习小组的分派，每一学习小组分别针对一个有启发性的问题进行探索与学习，在学习的过程中，学习小组成员必须通过协调合作方式以进行问题的厘清、资料的搜集、问题的剖析与评判，以及问题的解决等活动，进而完成综合活动。

同时，由于 PBL 适用于跨学科的学习活动，可以由一个问题出发，进而整合各个学习领域，这与研学旅行活动的跨学科性、整合性不谋而合。因此在研学课程中使用 PBL 教学法不但具有探索性和创意性，而且能借由学习者之间的彼此交流，获得高效的学习效果。本书以 PBL 教学法为主要方法，剖析研学教学方法、学习方法，对每一个红色研学资源点进行最合适的课程匹配，剖析实施全过程，方便读者作为参考案例，直接或间接地使用。

（二）**PBL 教学法的特征**

1.PBL 是一种以学习者为中心的教学方式

在 PBL 中，学习者是问题的解决者，必须赋予他们负责自己学习和教育的责任，培养他们独立自主的精神。研学指导师在 PBL 中的责任是提供学习材料，引导研学者进行学习，监控整个学习过程，使计划顺利地进行。

2.PBL 中的问题是基于真实情境的问题

在 PBL 中，学习是基于复杂的散乱的问题，这些问题非常接近现实世界或真实情境。PBL 中的问题必须对学习者有一定的挑战性，能够提高学习者有效解决问题的技能和高级思维能力。这样就能确保在将来的工作和学习中，学习者的能力有效地迁移到实际问题的解决中。

3.PBL 是以"问题"为核心的高水平的学习

问题可分为结构良好的问题和结构不良的问题。结构良好的问题的解决过程和答案都是稳定的，结构不良的问题则往往没有规则和稳定性。PBL 中的问题是属于结构不良领域的问题，不能简单地套用原来的解决方法，要面对新问题，在原有经验的基础上分析、解决问题。要求研学者把握概念之间的复杂联系并广泛灵活地应用到具体的问题情境中去。因此，PBL 是以"问题"为核心的高水平的学习。

表 4-1　PBL 教学法与传统教学法的异同

	PBL 教学法	传统教学法
教学目的	提高研学者分析问题和解决问题的能力,提高研学者的综合素养	传授全面、系统的知识
教学形式	"以研学者为主体,以问题为中心",在研学指导师的指导下,强调研学者的主动参与	"以研学指导师为主体,以教材为中心",采取灌输式教学,研学者处于被动接受地位
研学指导师定位	研学指导师是问题的提出者	研学指导师处于主导地位
	研学指导师是课程的引导者	研学指导师以教导和要求研学者来控制教学过程
	研学指导师是教学过程的学习者	研学指导师以传授教材知识为主
研学者定位	研学者是自主学习者	研学者是被动接受知识
	研学者是小组合作者	研学者是独立学习
	研学者是问题研究者	研学者依靠记忆获取信息
评价方式	以自评、互评和研学指导师评价相结合的形式进行,以形成性评价为主,终结性评价为辅,强调对整个学习过程的评价	在课程中段及结束后进行统一考试
学习氛围	小组合作、平等对话的学习环境	独立、竞争的学习环境

第五节　基于 PBL 的研学实践

一、认识 PBL 教学中的师生角色

（一）PBL 中的研学者

1. 研学者是学习的主体，师生地位平等

PBL 教学法中，研学者是学习的主体，承担着学习的主要责任。为了实现教学目标，研学者在研学指导师的引导下，从有意义的情境中出发，由研学指导师提出问题或自己发现问题，并形成教学问题；研学者围绕问题通过自主探索和小组共同讨论学习，解决问题并制订方案。因此，要实施 PBL 教学法，研学者首先需要改变学习观念，积极主动地参与教学，发挥自主能动性，在自主学习中构建新的知识体系。

2. 研学者主动获取知识并自我建构

从知识的获得途径看，研学者们在解决问题的过程中，通过查询资料、动手做事、相互讨论以及自我反思而获得和理解知识，不是直接从研学指导师和课本中获得知识，而且，知识的意义和价值依赖于他们自己所建构的知识之间的一致性，依赖于解决问题的成效，而不是依赖于与权威观点之间的一致性。这意味着，研学者所需要的知识并不完全掌握在研学指导师手中，也不全在课本之中，研学者对研学指导师的依赖性大大减弱，研学指导师不再是唯一知识库，而是知识建构的促进者，对研学者起点拨和帮衬的作用。

3. 研学者具有自主性和积极性

在基于问题的学习中，研学者获得知识主要靠自己，这自然而然地会使他们感到学习知识是自己的事，要对自己的学习负责。因此，必须发挥研学者的自主性、主动性和独创性，主动建构自己的知识，不断进行反思以及批判性的思考，否则，他们将一无所获，甚至还不如在传统的讲授教学中收获的多，因为，连现成的知识结果也没有人会直接灌输给他们了。

4. 研学者群体具有社会性

研学者不仅要发挥各自的主体性，而且要充分发挥小组的社会性，研学

者作为一个学习共同体，共同承担责任和任务，在这里，小组内的合作具有实质性的作用，研学者不再像以往那样只重视自己与研学指导师的交流而不重视与同学的交流。因此，学习不再只是自己一个人的事，而是大家的事。

5. 研学者具有自主学习的能力

在基于问题的学习中，贯穿学习过程的问题解决活动是促使研学者持续付出努力的最佳途径，这正是自主学习的动力所在。

（二）PBL 中的研学指导师

在 PBL 中，研学者是积极主动的学习者，而这并不意味着忽视研学指导师的作用。研学指导师能否运用促进性的教学技能，这对 PBL 的效果来说具有决定性的意义。

1. 指导者

要认识到研学指导师是整个研学过程的指导者，适时地发挥研学指导师的指导作用是 PBL 教学法顺利进行的关键。要根据学科特点、学习目标、学习者特征，创设恰当的问题情境。精心挑选典型案例，创设良好的问题情境，激发研学者的研究热情。研学指导师应吃透课程内容的重点和难点，引导研学者提出问题，带动研学者的思考，涵盖教学目标所要求掌握的课程内容，并将基础知识和实际应用结合串联起来，使单向思维向多向思维转变。

在关键点上对研学者进行提示、启发和引导。研学指导师要切实加强学法指导，加强"入门"指导，使研学者较快进入角色和状态，寻求和提供能运用研学者知识和经验的各种机会，进行全程跟踪，使研学者有效地完成学习任务。研学指导师要为研学者的探索活动提供必要的信息上的、工具上的支持，使 PBL 教学法的效率更高。

2. 组织者

在小组活动的开始，研学指导师需要更多地发挥组织、支持作用，而随着活动的进行，他会慢慢地隐退，更多地让位于研学者的独立探索。一个好的促进者不会限制研学者对各种可能的未知领域的探索，但他会精心地把研学者引导到问题空间的关键侧面，从而更好地利用问题所提供的学习机会。

鼓励研学者对学习过程的控制调节，建立良好的小组成员关系。研学指导师要引导研学者逐步走过 PBL 的各个环节，关注小组活动，以确保所有的研学者都参与到活动中，要鼓励研学者说出他们的思考过程，并鼓励他们相互评论。研学指导师要起到示范作用和指导作用。研学指导师一般不直接向研学者表达自己的观点或提供有关的信息，尽量不利用关于这一内容的知识去问一些能把研学者"引到"正确答案上的问题。相反，他们经常提问的是关于问题解决过程中的计划、监察、控制和评价活动，而不涉及具体领域的知识，比如，"在这时我们应该问什么问题？""你还需要弄清什么？""怎样才能弄清这个问题？""小组的意见一致吗？"等等。

3.督导者

在 PBL 教学法中，研学指导师的任务是：设计情境、确认问题、呈现问题、组织讨论、观察讨论活动、提出建议。在问题的解决过程中，研学指导师要鼓励研学者学习、激发研学者思考，使研学者保持注意力、积极参与小组活动，就研学者的推理过程进行提问和启发，鼓励他们对信息的批判性评价，帮助研学者在问题讨论中协调、整合基本知识与实际技能等。同时，随时监控小组的学习，根据研学者的学习情况调整课堂教学，把握好课堂节奏，确保教学过程的顺利进行。

图 4-1　PBL 教学法中研学指导师扮演的不同角色

二、PBL 设计基本步骤

从素养所包含的综合性目标来看，完整的项目化学习设计需要从六个维度回应如下问题。一是核心知识，即项目化学习所指向的核心知识是什么？二是驱动性问题，即项目化学习用怎样的问题驱动研学者主动投入？三是高阶认知，即驱动性问题将引发研学者经历怎样的高阶认知历程？四是学习实践，即研学者将在项目化学习中经历怎样的持续和多样的实践？五是公开成果，即项目化学习期待研学者产生怎样的成果？六是学习评价，即如何评价研学者的学习过程和项目化学习成果？以上六个维度既是项目化学习设计的要素，同时也是在实际设计时可参考的步骤。①

（一）寻找核心知识

项目化学习的设计不是从项目或活动开始，而是应该从期待研学者理解和掌握的核心知识出发。研学指导师应确认好研学者需要掌握的关键概念和能力，并寻找与此相对应的基础知识和基本技能，实现知识和素养的兼得。

（二）形成本质问题并将其转化为驱动性问题

确定核心知识后，需要将其用问题的方式表现出来。问题一般分为两类：一种是研学指导师自己非常清楚的本质问题，这一问题可以非常抽象，但是能直接指向核心知识中的概念或能力；另一种是驱动性问题，即研学指导师需要进一步将本质问题转化为适合某个年龄段研学者的驱动性问题，以激发研学者主动投入。

（三）澄清项目的高阶认知策略

项目化学习主要是以高阶认知带动低阶认知发展，因而研学指导师需要澄清驱动性问题和学习成果中包含的主要高阶认知策略类型，以体现关键概念和能力的项目化学习历程。

（四）确认主要的学习实践

研学指导师可以根据项目类型和驱动性问题的特征，将学习实践活动适当融入项目过程。明确各种实践的基本组成有助于设计出更能激发研学者学习和思考的学习过程。

（五）将明确学习成果及公开方式

研学指导师需要在设计阶段就做好规划，明确期待研学者个体、群体所产生的学习成果，学习成果要点有哪些？最低标准是什么？用怎样的方式公开呈现出来或者运用到研学者的生活中？

（六）设计覆盖全程的评价

设计学习成果和学习实践的阶段，已经涉及对成果和实践评价要点的初步设计。但是，从实际的设计经验来看，很有必要在项目全部设计完毕后，

---

① 夏雪梅.项目化学习设计：学习素养视角下的国际与本土实践［M］.北京：教育科学出版社，2021.

再对成果和过程的评价进行题目的分配等工作。

三、PBL 教学的一般程序

基于 PBL 教学法自身的特点，将 PBL 与研学旅行活动融合，十分有利于激发孩子探究的动力，用高阶思维包裹低阶思维，提升体验的品质，促进研学者核心素养的达成。在研学旅行活动过程中，通过设置合适的驱动问题，让研学者围绕问题寻求解决方案，用寻求的过程推动项目活动开展，研学者在真实的情境中开展探究学习，进行科学实践，使得整个项目活动连贯一致。在研学旅行课程设计中，应以问题为纽带开展研学活动，培养研学者的问题意识、质疑精神和创新精神。在实施过程中，研学指导师要充分爱护和尊重研学者的问题意识，要充分相信研学者有质疑的能力。研学指导师应把着眼点放在如何使研学者针对研学资源提出问题，以及如何引导研学者去探索、发现、自主解决问题。研学时应在使研学者"想问、敢问、好问、会问"上做文章。

（一）导入

导入是研学指导师在一个新的研学旅行活动开始时，运用各种教学方式，引起研学者的注意、激发研学者的兴趣，明确研学目标，形成研学动机的一类教学行为。研学导入，是根据教学内容给研学者设定要达成的目标，并在导入过程中去激发研学者学习兴趣，使研学目标从外部因素转换为研学者内心的一种需求、一种目标。只有满足这种需求的目标或者期待存在时，才能使研学者把活动指向确定的方向，才能激发研学者的研学积极性，才能够实现真正的研学旅行活动。

1. 导入的功能

导入的功能主要包括：吸引研学者的注意力、激发研学者的学习兴趣、促进研学者的思维活动、衔接研学者的新旧知识、明确研学者的研学目标、创设利于研学者研学的气氛。

2. 导入技能的要素

一是设置情境，情境主要包括障碍情境、发现情境和解决情境。障碍情境是指为研学者创造一个与研学者原有认识相矛盾的情境，让研学者陷入新的困境，然后形成一种认知的冲突，从而唤起研学者对研学内容的渴望和探求的一种情境。问题的发现情境就是给研学者呈现一定的背景材料，引出新的研学问题，通过引导研学者发现问题的特征或内在规律，产生新的知识的一种情境，通常研学的地点就是一个情境的背景。问题解决情境就是直接呈现出某个新的问题，围绕如何解决这一问题去组织研学者展开学习、探求知识、寻找解决问题的一种办法，后文提到的直接导入，其实就是属于这样一种问题情境。

二是知识的衔接，即在导入中把研学者将要学习的研学知识和研学者已有的知识联系起来。心理学研究已经表明，学习者必须积极主动地使新知识与自己已有的认知结构中的有关旧知识发生相互作用，才能够改造旧知识，才能够获得新知识。所以导入要真正引发学习动机，仅靠一个问题情境是不够的，在这个问题情境中还要使问题情境中潜在的矛盾或者差异表面化、激化，使研学者主体能充分地意识到此矛盾。

三是目标指引，即在导入中要明确研学的目标，引起研学者的学习期待。首先对情境进行简单的概括，研学指导师把情境呈现出来后，对问题情境的活动进行简单概括，提出研学活动中的主要问题、关键词、不熟悉的术语等。其次是要对实现研学目标的方法和途径进行指引，使研学者对接下来教学要解决什么问题以及如何解决做到心中有数，这样研学者就形成了学习期待，从而能够顺利地进入到下一步的研学过程中去。

3.导入的类型

第一，直接导入。直接导入是研学指导师直接阐明研学课程的目标和要求，以及此次研学活动的内容和安排，通过极短的语言叙述、设问等方法，引起研学者的关注，使研学者迅速进入研学情境。直接导入比较适合连续性研学的后续环节，对高年级理性思维比较强的学生也适合用直接导入，另外，还适用于年龄大的研学者。此类研学者的学习自觉性比较强，用直接导入可以更快地进入核心内容。但是，对于小学和初中阶段的研学者直接导入不要用得太多，否则会难以引起他们的注意。

第二，经验导入。所谓经验导入就是以研学者已有的生活经验、已知的素材为出发点，研学指导师通过生动而富有感染力的讲解和提问等方式导入即将开展的研学内容。通常在新内容与研学者的有关经验既有联系又有区别的时候，采用这种经验导入，这种方法会使研学者产生一种很亲切的感觉。

发生在研学者身边的事情能够引起研学者的求知欲望，引发研学者动脑思考。做经验导入时要注意：一定要选择研学者非常熟悉的生活经验和体验素材；选择的内容要与研学内容有关；另外在关键的地方，研学指导师应提出问题，引导研学者。

第三，旧知识导入。旧知识导入是根据知识之间的逻辑联系，找准研学知识的连接点，以旧知识为基础发展深化，从而引出新的研学内容，达到温故知新的目的。旧知识导入通常是在新研学内容与研学者的旧知识既有联系又有区别时使用。

第四，实验导入。实验导入是研学指导师通过实物模型、图表、劳动物品等教具进行实验演示，或研学者做实验的方式来设置情境，引导研学者观察，以已知的实验现象或知识经验与发现的新现象对比方式产生问题情境，提出新问题，自然地过渡到新研学内容的导入方法。通常是在即将开展的研学内容所要求的感性经验是研学者所缺乏的，或在生活中虽然有所接触但没有引起充分的注意和思考，或需要有鲜明的表象时采用。实验导入有利于形成研学者生动的表象，由形象思维过渡到抽象思维。因此，在小学各年级和中学科学、技术研学活动中运用较广。实验导入时也有注意事项，实验演示的内容必须与研学内容有密切的联系并能为学习新内容服务。要让研学者明确观察的目的是什么，掌握观察的具体的方法。研学指导师要善于抓住时机提出问题，并且引导研学者积极思考，这样实验导入才能够起到真正的作用。

第五，直观导入。直观导入是在研学课程开设之前，先引导研学者观察实物、样品、标本、模型、图表、短视频、VR等，以此来引起研学者的兴趣，从观察中提出问题，创设研究问题的情境的导入方法。研学者在直观感知过程中产生疑问，疑问引起研学者学习新知识的强烈愿望，直观导入的时候要注意，展示内容必须与研学活动有密切的联系，在观察的过程中，研学指导师要及时恰如其分地提出问题，以明确研学者观察的思考方向，促进他们的思考，为学习新的材料做好准备。

第六，讲解、故事、案例导入。讲解、故事、案例导入是依托研学资源点的内容或生活中所熟悉的事例、新闻，以及历史上认识自然与社会中的故事设置问题情境的导入方法，是最常见的导入方法，通常在博物馆、美术馆、文化馆等文博场所开展研学时使用。在内容选取时要注意，首先，选取的故事和事例必须是有趣的、有启发性的、有教育性的；其次，篇幅要简短；最后是要有针对性，能为研学主题服务。

第七，设疑悬念导入。设疑悬念导入是研学指导师从侧面不断地巧设带有启发性的悬念疑问、疑难，创设研学者的认知冲突，唤起研学者的好奇心和求知欲，激起研学者解决问题、开展研学的愿望。具体方法有：

惊奇——展示违背研学者已有的观念的现象；

疑惑——使研学者产生相信与怀疑的矛盾；

迷惑——提供一些似是而非的选择，研学者已有的经验中缺乏可以确认的手段而产生迷惑；

矛盾——在推理的过程中，故意引出两个或多个相反的推理，使研学者产生认知冲突。

第八，情境导入。情境导入法就是选用语言、设备、环境、活动、音乐、绘画等各种手段，创设一种符合教学需要的情境，以激发研学者的兴趣，引发研学者思考，使研学者处于积极学习状态的一种导入手段。情境创设应注意三个方面：首先，要从研学内容出发；其次，研学指导师设置的情境应该有明确的目的或者意识；再次，当设计的情境内涵比较隐蔽的时候，要及时对研学者进行启发和诱导。

（二）形成研学小组

在实施研学课程的过程中，最常面临的问题就是如何确保上千人的团和15人的团研学质量一样，不走样、不变形。分组就成为确保PBL研学方案和解决大型团队的重要工作环节。根据不同任务的区别，具体的分组方式和人数也不同，通常来说为4~9人每组，这样有利于每个小组成员都参与到小组活动中，而且便于交流和组织管理，人数过少的话缺少团队协作训练；人数过多，无法照顾到每位同学的研学效果，也无法确保每位同学的参与感。一般包括组长：1人；副组长或秘书：1人；过程促进者（协调员，轮流担任）1人；其他成员根据具体任务分工，尽量避免小组成员相互"搭便车"的现象。分组在整个研学旅行课程实施过程中是很重要的一个环节，除人数有规定外，组内成员的个体差异越大，越有利于他们彼此之间交流经验，获得的经验信息会更多。分组的标准一般按性别、特长、性格、相关的知识、技能背景和以前的小组学习经验。如果在可能的情况下，由研学者自己形成小组。

一旦形成了小组，就要共同制订规则，包括小组成员间的交流时间和方法（直接、间接），任务分配和研究进程规划。通常在他们商讨制订规则时，研学指导师提供帮助。

（三）设计驱动性问题

1. 驱动性问题的特征

基于 PBL 教学法的研学课程应有 1 个（组）核心问题作为串联研学课程的主轴，这个（组）问题是复杂的，不是一问一答，也不是简单的课堂提问，应该是源于研学者现实生活的一种结构性问题，即问题有多种解决的方案，并且没有统一确定的答案，而问题的解决必须依靠研学者的不断探索、推理和归纳。综上所述，所提出的问题是源于现实生活，基于研学者已有的知识和自身经验，围绕教学内容，且无固定答案的问题。

在研学旅行课程的设计中，我们经常发现研学课程或研学手册中给出的问题有很多通病，这和 PBL 驱动问题常见的误区比较一致：一是有标准答案。答案是一个常识，是一个事实性知识，可以直接搜索答案。二是研学驱动问题过于宏大或者抽象。要么不知所云，让人无从下手；要么不够具体，缺乏情境；要么过于具体，陷入一些无关紧要的细节之中。三是看似在探究，实际是在浅层地探究。很多问题不能运用高阶思维，就不能能引发持续的探究。四是像是出自教科书，无法引起研学者的兴趣。该问题可能是由于具有本土化背景或出于实际操作方面的考虑，但要顾及研学者的年龄、背景等因素，使问题更具有吸引力，更专注于解决研学者的问题和需求。

第一，高质量的驱动性问题要有一定的挑战性。这些研学旅行设计的驱动问题，不能是轻易就能解决的，要求研学者具有分析、批判、创造的思维能力，对中小学研学者有一定挑战性，不是轻而易举地就能轻松得出答案或结论的。如果没有挑战性，即使跟研学者的生活相关，研学者也会觉得寡淡无味。而且因为有挑战、有难度，研学者会进行深度学习，而非停留在对问题最浅层面的探究。

在研学的过程中要设计有挑战的问题或者任务——用高阶思维包裹低阶思维。按照本杰明·布鲁姆的"教育目标分类法"，在认知领域的教育目标可分成记忆（知识）、理解（领会）、应用、分析、评价、创造六大类（见表4-2）。

表 4-2 本杰明·布鲁姆的"教育目标分类法"

技能	定义	关键词	研学者行为范例	问题设计
记忆	对具体事实的记忆 研学者是否已经记牢？能否进行识别、鉴别？	识别、描述、命名、列出、辨认、重现、遵循	说出一起交通事故中受伤人数	这次交通事故中谁受伤了？
理解	把握知识材料的意义，对事实进行组织，从而搞清事物的意思 研学者能否解释？转换？推断？对比？讨论？鉴别？	总结、转换、论证、解释、说明、举例	描述这起交通事故的经过	你能描述发生了什么事情吗？
应用	应用信息和规则去解决问题或理解事物的本质 研学者如何解决问题？进行计算？分类？展示？	建造、制造、构造、建模、预测、预备	运用交通法规的规定解释这起交通事故的性质	它是一件大的交通事故吗？
分析	把复杂的知识整体分解，并理解各部分之间的联系，解释因果关系，理解事物的本质 研学者如何分析？比较？讨论？选择？检验？	比较/对比、拆分、区分、选择、分离	分析发生这起交通事故的各种原因	为什么会发生这起交通事故？
评价	根据标准评判或选择其他办法 研学者如何评价？比较？估计？判断？排列？ 研学者推荐什么？如何估价？如何进行辩护？	评价、批评、判断、证明、争论、立论	评判现行交通法规与实际防止交通事故发生之间存在的差距	我们的交通法规能帮助我们预防这类交通事故吗？
创造	发现事物之间的相互关系和联系，从而创建新的思想和预测可能的结果 需要制订怎样的计划？研学者创造什么？发明什么？管理什么？设计什么？	分类、归纳、重构	假设要避免这起交通事故	怎样才能避免这起交通事故发生？

所谓高阶思维，是指发生在较高认知水平层次上的心智活动或认知能力。它在教学目标分类中表现为分析、评价和创造。高阶思维是高阶能力的核心，主要指创新能力、问题解决能力、决策力和批判性思维能力。高阶思维能力集中体现了知识时代对人才素质提出的新要求，是适应知识时代发展的关键能力。发展学习者高阶思维能力蕴含系列新型的教学设计假设。

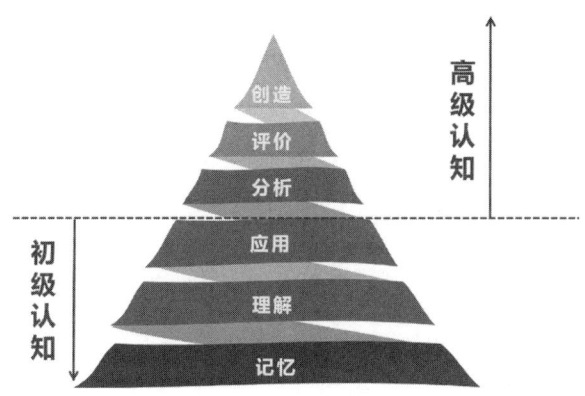

图 4-2　高阶思维能力图

 拓展知识

认知过程

类别 & 认知过程	同义词	定义及其例子
1. 记忆 / 回忆（Remember）——从长时记忆中提取相关的知识		
1.1 识别（Recognizing）	辨认（Identifying）	在长时记忆中查找与呈现材料相吻合的知识（例如，识别美国历史中重要事件的日期）
1.2 回忆（Recalling）	提取（Retrieving）	从长时记忆中回忆相关的知识（回忆美国历史中重要事件的日期）
2. 理解（Understand）——从口头、书面和图像等交流形式的教学信息中建构意义		
2.1 解释（Interpreting）	澄清（Clarifying） 释义（Paraphrasing） 描述（Representing） 转化（Translating）	从一种表示形式（如数字的）转变为另一种表示形式（如文字的）（例如，阐述重要讲演和文献的意义）
2.2 举例（Exemplifying）	示例（Illustrating） 实例化（Instantiating）	找到概念和原理的具体例子或例证（例如，列举各种计划艺术风格的例子）
2.3 分类（Classifying）	归类（Categorizing） 归入（Subsuming）	确定某物某事属于一个类别（如概念或类别）（例如，将观察到的或描述过的精神疾病案例分类）
2.4 总结（Summarizing）	概括（Abstracting） 归纳（Generalizing）	概括总主题或要点（例如，书写电视电影的内容简介）

续表

类别 & 认知过程	同义词	定义及其例子
2.5 推断（Inferring）	断定（Concluding） 外推（Extrapolating） 内推（Interpolating） 预测（Predicting）	从呈现的信息中推断出合乎逻辑的结论（例如，学习外语时从例子中推断语法规则）
2.6 比较（Comparing）	对比（Contrasting） 对应（Mapping） 配对（Matching）	发现两种观点、两个对象等之间的对应关系（例如，将历史事件与当代的情形进行比较）
2.7 说明（Explaining）	建模（Constructing Models）	建构一个系统的因果关系（例如，说明法国18世纪重要事件发生的原因）
3. 应用（Apply）——在给定的情境中执行或者使用程序		
3.1 执行（Executing）	实行（Carrying Out）	将程序应用于熟悉的任务（例如，两个多位数的整数相除）
3.2 实施（Implementing）	使用，运用（Using）	将程序应用于熟悉的任务（例如，在牛顿第二定律适用的问题情境中运用该定律）
4. 分析（Analyze）——将材料分解为它的组成部分，确定部分之间的相互关系，以及各部分与总体结构或总目的之间的关系		
4.1 区别（Differentiating）	辨别（Discriminating） 区分（Distinguishing） 聚焦（Focusing） 选择（Selecting）	区分呈现材料的相关与无关部分或重要与次要部分（例如，区分一道数学文字题中的相关数字与无关数字）
4.2 组织（Organizing）	发现连贯性（Finding Coherence） 整合（Integrating） 概述（Outlining） 分解（Parsing） 构成（Structuring）	确定要素在一个结构中的合适位置或作用（例如，将历史描述组织起来，形成赞成或否定某一历史解释的证据）
4.3 归因（Attributing）	解构（Deconstructing）	确定呈现材料背后的观点、倾向、价值或意图（例如，依据其政治观点来确定该作者的立场）
5. 评价（Evaluate）——基于标准做出判断		
5.1 检查（Checking）	协调（Coordinating） 查明（Detecting） 监控（Monitoring） 检验（Testing）	发现一个过程或产品内部的矛盾或谬误；确定一个过程或产品是否具有内部一致性；查明程序实施的有效性（例如，确定科学家的结论是否与观察数据相吻合）
5.2 评论（Critiquing）	判断（Judging）	发现一个产品和外部准则之间的矛盾；确定一个产品是否具有外部一致性；查明程序对一个给定问题的恰当性（例如，判断解决某个问题的两种方法中哪一种更好）

续表

类别 & 认知过程	同义词	定义及其例子
6. 创造（Create）——将要素组成内在一致的整体或功能性整体；将要素重新组织成新的模型或结构		
6.1 产生（Generating）	假设（Hypothesizing）	基于准则提出相异假设（例如，提出解释观察的现象的假设）
6.2 规划（Planning）	设计（Designing）	为完成某一任务设计程序（例如，计划关于特定历史主题的研究报告）
6.3 创作（Producing）	建构（Constructing）	生产一个产品（例如，有目的地建立某些物种的栖息地）

第二，高质量的驱动性问题应该是开放的，而非简单地用"是"或者"不是"来回答。因为项目式学习是最大限度的模拟现实。研学旅行课程设计的驱动性问题，一般来说具有很多种"正确答案"，而非一种标准答案；或者说答案是独特的，不是研学者用"百度"就能搜索到的；答案也可以是复杂的，可以引导研学者进行更深一步的探究。

现实中的问题通常较为复杂，不是轻易就能解决的，因此才能培养/要求研学者具备高级思维，要求他们对信息进行整理、综合、分析、批判性评价。"垃圾焚烧厂应该建在哪里？"这个问题是开放性的，需要研学者进行实地调研、人员采访并记录自己的数据和论据，然后给出不同的答案。

第三，高质量的驱动性问题要直指主题的核心内容。例如"不洗手吃饭会对我有什么危害？"，要回答这个问题，研学者需要得到科学的证据，并基于生物学知识（细菌等）、生物实验（细菌培养）、人体健康知识（细菌与人类健康的关系）等进行完整的探究和学习。

第四，高质量的驱动性问题应当契合某个或多个学科课程标准。驱动性问题仅仅符合"能引起兴趣"是不够的，它还应该能引导研学者掌握课程标准要求的知识、技能和方法。这样一来"素质教育"和"应试教育"可以说是进行了一个很好的结合。为了完成这些研学旅行的驱动性问题，研学者需要学习核心知识和技能。问题不能太广泛，以避免无法在合理时间内获取需要的知识。"秦始皇焚书坑儒对中国现代有哪些影响？"这个问题就融合了历史、政治的课程内容，如果针对的是高中学生还可以融入经济学内容等。

第五，高质量的驱动性问题源自现实。因为项目式学习要求最大限度地还原或者模拟问题出现的真实情境，因此驱动性问题也需要源自现实。研学旅行课程设计的驱动性问题，要考虑研学者的年龄、生活背景、生活的社区环境等，它可以激发研学者问出深层次的问题，开始探究过程。可以专注于社区问题和需求，或与研学者生活相关的主题。

比如，"如何在春天有效地避免花粉过敏？"这个问题就来自现实，很多研学者都经历过过敏或者身边的亲人经历过，他们对这个问题有较为深刻的印象。需要注意的是，并不是一定要已经发生的才算是"源于现实"，如"如果地球要毁灭了，人类将何去何从？"这类问题从根源上讲也源自现实，因为地球时刻在面临各种潜在的威胁，比如全球变暖、核战争等。

2.设计高质量驱动性问题的方法

一是将抽象、表浅的问题具体化或本地化。如"我们怎么减少日常垃圾？"这是一个表浅的问题，在百度上就能搜到很多答案，或者简单思考就能得到一些泛泛的答案。我们来看一个高阶驱动性问题，"校园的垃圾管理系统是如何运作的？如何帮助低年级同学做好校园的垃圾分类工作？"这个问题与研学者的生活息息相关，而且十分具体，明显是一个更好的驱动性问题。

表4-3 传统的教学与项目式学习对比

传统的教学	项目式学习
1.研学者听有关货币与财政政策的课； 2.研学者完成一个关于牛顿定律的任务单； 3.研学者针对经济大萧条写一份报告。	1.研学者试图拯救这次经济危机，类似1970年石油禁运事件； 2.小组合作，设计一项能在月球上进行的体育运动； 3.团队合作建立一个博物馆展览项目，记录在1930年（经济大萧条期间）少数人种群体的经历与体验。

二是提出一个哲学问题或辩证的问题，或一个发人深省的话题。如带中小学生研学者去西柏坡参加红色主题研学，经常提的问题是"什么是西柏坡精神？"，这就不属于一个高质量问题，应在研学旅行课程手册里设计出类似"和平年代还需要西柏坡精神吗？"这样的思辨性问题，以发人深省。

三是将复杂的驱动性问题拆分成一组问题。带领中小学生到当地的动物园去研学，我们可以设计一个驱动性问题："我们如何为动物园的动物设计更理想的栖息地？"这是一个发人深省的问题，不过，这个问题稍显复杂，对于很多学段的研学者来说，解决起来不容易。作为研学旅行设计指导师，我们不妨将问题进行拆分：

动物园里有哪些动物？他们需要什么样的栖息地？

现在的资源和限制条件有哪些？如何设计预算表？

如何设计模型或图纸展示你的想法……

再如，到咖啡馆开展咖啡师职业体验研学，仅仅设置"如何调制咖啡？"或者是"认识咖啡豆"之类问题远远不够，这类问题属于低阶思维问题，可以设计"如何喝到一杯好咖啡？"这类高阶思维问题，继而对问题进行拆解：

好咖啡的定义是什么？

哪里有好咖啡？为什么这里有好咖啡？

如何获得咖啡豆或咖啡如何从植物变成咖啡？

如何制作、冲调一杯好喝的咖啡？

如何很"好"（优雅）很适宜地喝下去？

国际贸易、国际形势如何？为什么会这样？还能不能喝到进口咖啡？

喝咖啡除了提神有没有其他"好"处？

（四）头脑风暴/小组讨论

小组成立后，经过制定规范、明确要解决的问题或研学项目后，需要将需要解决的任务理解吃透并分工。在整个过程中有可能存在重新结构化问题的环节，就是把主轴问题修订后使用，在整个过程中要注意兼顾集体研学和个人思考学习，研学指导师要在关键点适时地引导、指导。

1. 小组成员达成共识

小组成员经过协商讨论，对问题的理解要达成共识。这一步是很关键的，因每个人对任务的理解是不同的，如果不统一想法，进度就很难推进。通过这一步骤，小组成员明确了这个问题要达到什么研学目标。

2. 提出尽可能多的解决方案

对问题理解达成共识后，小组成员就采取头脑风暴法提出各种各样的解决方案或实施方案。研学指导师要鼓励他们提出尽可能多的方案和可能性，从这些方案中选择一个作为初始方案。

3. 获取各类资源

明确按这个方案开始解决问题所需要的资源、知识和信息；可以从哪里获得这些资源;分析方案是否可行,是否需要修改或更换方案等。

4.分工实施

为每个小组成员定义角色,分析每个学习者需要做什么,将对哪部分工作负责。这么做有利于组织、规划他们的行为。先要明确设计方案最重要的角色,如解决整个问题的负责人、设计者、开发者和记录者,最好保证每个组员都有机会尝试不同的角色。在分配任务时要注意小组成员的兴趣和能力,尽可能给他们提供扩展知识和能力的机会。另外分配角色要具有灵活性,小组成员的角色分工可以按工作需要和有利于他们自身发展的方向随时调整。在这一阶段,研学指导师要做好协调工作,从全局出发,整体策划,尽量保证每个研学者能承担一项具有挑战性的任务。

(五)展示成果

通过一系列反复的协作、习得、实践、操作、解决问题后,各小组将形成最终的问题解决方案、学习成果或某种产品。当最终版本完成后,研学指导师尽量选择公开展示的方式让研学者展示成果,一方面,展示与交流的本身可以作为评价对象,评价者可以依据展示的水平或成果的水平判断研学者知识掌握情况和能力发展水平;另一方面,展示与交流活动也具有多重教育意义,既可以作为研学者之间互相学习的内容,也可以作为对研学者进行鼓励和表扬的契机,有助于帮助研学者建立客观、积极的自我认识,发展沟通、表达、元认知等多方面能力。

如果问题较小或者时间特别紧张,可以选择提交线上、线下作业成果的方式,合格的研学活动,即使不能现场分享成果,也应增加线上分享、互评等环节。在展示过程中,研学指导师尽可能帮助研学者反思自己在知识、技能、小组协作和认知策略方面的收获,通过小组成员间的交流可以共享关于整个研学过程的经验。

1.面对面展示与交流

面对面展示与交流是指评价者和被评价者在同一时空、同一地点,由被评价者(研学者)通过语言、行为、实物、多媒体等多种形式对学习的成果、收获和感受等进行说明。按照展示与交流的主体可以分为个人展示和团队展示。按照团队在集体中的位置又可以分为以小组为单位在班级交流、以班级为单位在年级交流、以年级为单位在学校交流等。

作为评价活动的展示与交流活动不是完全开放式的，应该满足评价活动收集信息的需要。因此，在展示活动开始之前，研学指导师就应该对研学者明确解释展示活动需重点展示的方面，以及这些方面的不同表现对应的评价等级（或分值）。研学者可以在评价标准的要求之下进行半开放式的展示，展示内容可以多于评价标准的要求内容，但是不能缺项，否则将影响评价结果。

作为鼓励与表扬的展示与交流活动，展示主体之间的竞争性很小，研学者只需要把自己最优秀的方面展示出来即可。这种展示活动中研学指导师应该准备的评价框架和细则就应该是多元化的，可以从不同的知识或能力的方面发现研学者的长处或进步。例如，研学指导师可以同时关注研学者的语言表达、思维深度、思维广度、信息收集能力、信息处理能力、图示化表现能力、形体表达能力、艺术表现力、操作能力、创造性解决问题能力、合作能力、组织能力、执行能力等多方面能力。反馈时只选择研学者表现优秀的方面，进行细节化的全面反馈。这种评价和反馈建立在多元智能的基础上，能够帮助每个研学者发现自己的长处，建立自信。

2. 书面展示与交流

书面展示与交流专注于研学者的书面表达能力，可以作为研学旅行课程的重要学习环节，也可以作为研学者学习评价的重要对象。一般来说，研学旅行的书面展示与交流可以分为学习过程中产生的文字材料和学习结束后完成的反思性、总结性的研究报告和文章等。

学习过程中产生的文字材料一般来说具有比较一致的内容和表达要素，可以采用表现性评价中的作品分析工具进行分析。研学指导师需要根据学习内容制定具体的评价框架和评分细则。对研学者在学习过程中产生的书面材料进行分析，可以发现研学者知识和能力的发展水平。对不同学习阶段研学者的书面材料进行分析，还可以发现研学者知识和能力的发展变化路径。对全体研学者书面材料进行分析，可以揭示研学者在研学旅行课程学习中的发展规律，对活动改进和学习指导都有积极意义。

研学者学习结束后产生的研究报告和文章具有内容分散的特点，可以采用内容分析法进行分析。通过对研学者文章中涉及的核心内容进行提取、编码和归类，发现研学者的主要收获和核心问题。分析结果可以作为课程实施效果的检验或课程改进的依据。

3. 多媒体展示与交流

随着互联网和大数据技术的发展，一方面多媒体展示越来越方便，不少学校都建立了门户网站或学校微信公众号，用以宣传学校的课程和教学成果。另一方面，教学过程中产生的多媒体数据的教育价值也越来越被学校重视，教育大数据对教学的作用也正在由"辅助"变成"诊断""引领""指导"。

通过多个途径收集的多媒体数据可能包括以下方面：第一，声音数据。包括师生对话、生生对话、关键陈述、作为成果的声音信息等；第二，图像数据。包括第三方拍摄的研学者研学过程照片、研学者自己拍摄的研学过程照片、作为教学资源的图像数据、作为成果的图像等；第三，影像信息。包括研学课程实施影像、研学资源影像、作为成果的影像等；第四，可穿戴设备和第三方设备收集的信息。例如，运动手环收集的研学者运动信息、身体状态信息；智能终端收集的录入信息，包括内容、时间、修订等。

对这些信息通过多媒体的形式保存，可以帮助我们对研学者学习的全过程进行全面描述，借助大数据或影像分析技术对研学者学习过程进行多方面评价。这些资料的评价价值远远大于展示价值，应该引起学校和研学指导师的广泛重视。

 拓展知识 ————————————————————————

成果汇报与答辩要求模板

1. 宣讲内容，主要包括题目、研究目的和意义、主要内容与方法、结果与讨论、结论和创新点等。

2. 一是选题的背景和意义；二是研究问题的关键所在；三是解决问题的对策和特色；四是对策的主要论据和结论。简述梗概应该使人对小组的成果有一个简要而全面的印象和了解。

3. 成果有何价值？认识有什么提高？有何心得？有何不足等。关键要突出文章的创新点在什么地方，有什么现实意义。

4. 陈述一般为4~6分钟，答辩者要很好地把握时间，把问题讲述圆满。讲述既不能过于冗长，累赘无绪，也不能过于短促，词不达意，使人不知所云。

5.报告宣讲完后,全体同学自由提出问题,由汇报者或课题研究小组成员作答,问答时间一般为4~6分钟。

6.对所提问题及回答情况,小组应做记录,以便对成果做进一步修改和完善。

7.汇报及答辩完毕后,研究小组自我评价,其他小组给答辩小组做出评价,包括研究的水平、答辩的水平等。

(六)评价反思

研学课程实施的最后一步是对研学过程本身的评价和反思,一般来讲包括自评、互评、研学指导师评价等类型,具体内容在本章第四节中进行了详细介绍,这里仅作为研学实施的最后一个环节进行略讲。研学指导师在这个环节中主要负责制订出对最终结果或产品的评价标准并组织实施,让全体同学庆祝研学取得的成果,表扬研学者取得的成绩,鼓励学习者,使他们体会到成功的快乐,增强自我效能感。

 拓展知识

部分评价反思模板

模板一 PBL学习成绩评价表

评价内容	评价标准	得分	评价方式
课题研究方案	1. 立题 (1)是否科学 (2)参与立题态度 (3)设计思路是否合理 2. 搜集材料 (1)是否丰富翔实 (2)方法是否多样	总体评价 (满分10分)	学生自评(小组自评) 研学指导师评价
课题研究方案	3. 方案 (1)是否可行 (2)执行情况	总体评价 (满分10分)	学生自评(小组自评) 研学指导师评价

续表

评价内容	评价标准	得分	评价方式
课题研究情况	1. 活动情况 （1）执行计划情况 （2）活动记录情况 （3）任务完成情况 （4）所学知识运用情况 2. 组员参与情况 （1）活动出勤率 （2）组员积极性 （3）小组合作情况	总体评价 （满分10分）	学生自评（小组自评、小组互评） 研学指导师评价
课题成果	1. 过程报告 （1）经验积累 （2）收获体验 （3）思想品质积累 （4）合作能力 2. 结果报告 （1）预期成果是否达到 （2）成果可信度、可靠度、实际水平 3. 答辩情况 （1）陈述是否有条理 （2）成果展示是否准确 （3）时间掌握情况 （4）应答能力情况 （5）小组合作情况	总体评价 （满分10分）	学生自评（小组自评、小组互评） 研学指导师评价

模板二 评价表

成果名称								
成员								
活动情况	执行计划情况	好	10	较好	9	一般	7	
	活动记录情况	好	5	较好	4	一般	3	
	任务完成情况	好	10	较好	9	一般	7	
	所学知识运用情况	好	5	较好	4	一般	3	
参与情况	活动出勤率	好	5	较好	4	一般	3	
	组员积极性	高	5	一般	4	不高	3	
	小组合作情况	好	5	较好	4	一般	3	
	参与情况	好	5	一般	4	不好	3	

模板三　成员参与成绩评价表

成果名称								
组成员姓名								
任务完成情况	好（5）							
	较好（3）							
	一般（1）							
出勤率	高（5）							
	较高（3）							
	一般（1）							
积极性	高（5）							
	较高（3）							
	一般（1）							
合作性	好（5）							
	较好（3）							
	一般（1）							
对成果贡献	大（5）							
	较大（3）							
	一般（1）							
自评等级	甲（5）							
	乙（3）							
	丙（1）							
组评等级	甲（5）							
	乙（3）							
	丙（1）							
组成员签名								

模板四 研究性研学成果情况评价表

课题名称							得分情况
课题组成员							
过程报告	经验积累情况	好	10	较好	9	一般	7
	收获体验情况	好	10	较好	9	一般	7
	思品积累情况	好	10	较好	9	一般	7
	合作能力	强	10	较强	9	一般	7
	团队精神	好	10	较好	9	一般	7
结果报告	预期目标情况	好	10	较好	9	一般	7
	可信度	高	10	一般	9	不高	7
	可靠度	高	10	一般	9	不高	7
	研究实际水平	高	10	一般	9	不高	7
	课题意义	高	10	一般	9	不高	7
	报告的完整性	好	10	较好	9	一般	7
答辩情况	陈述条理性	好	10	较好	9	一般	7
	展示准确性	高	10	一般	9	不高	7
	应答能力	高	10	一般	9	不高	7
	时间掌握情况	好	10	较好	9	一般	7
	小组合作情况	好	10	较好	9	一般	7
总分							

第五章 中小学红色主题研学旅行的新技术支持手段

第一节 中小学红色主题研学旅行的新技术

一、中小学生红色主题研学旅行新技术的产生背景

2016年11月,教育部等11部门联合印发《关于推进中小学生研学旅行的意见》文件,要求各地贯彻落实红色文化教育要求,推动红色主题研学旅行健康快速发展。为贯彻文件精神,各省市的中小学应当结合自身和当地的实际,着力建设红色主题研学旅行的教育教学体系,可以自行开发红色文化相关校本课程,以本地优质红色资源为依托进行红色主题研学旅行教育,有计划、有安排地定期开展红色主题研学旅行活动,在确保学生人身安全的前提下逐步提高红色主题研学旅行教学效果的方法和途径。

近些年,先进技术和平台如雨后春笋般出现,给在线教育提供了进一步成长成熟的基点。互联网、移动终端和电子设备的连接为红色文化的传播与发展提供了更为有效的载体,可以将历史人物和历史事件更为"真实"地呈现出来,给人们一种穿越时空回到过去的体验感。通过互联网,可以连接全国各地的优质红色资源,如线上纪念馆、博物馆和革命遗址等,都可以不受时空的限制随时随地进行参观;红色故事、红色歌谣等传统红色艺术也可以通过动画、流行音乐等现代艺术表现形式进一步呈现。

当前新兴技术的涌现和互联网技术的发展,使得高清4K、8K等高像素图像传输成为现实,极大地拓展了AR、VR、MR等视听技术的应用空间和场景,中小学教育越来越全面地得到新技术的支持,德育课堂上的历史史实、红色故事、重大历史事件乃至红色革命精神展示均可通过虚拟现实、短视频

等技术形象、逼真、具体地呈现出来，新技术使中小学生能够以体验式、交互式、游戏式的认知方式进行学习，这有利于培育中小学生的爱国情怀。因此采用新技术开展红色主题教育，是推动红色文化传承的有效方式。①

二、VR技术

虚拟现实（Virtual Reality，VR）技术广义上包含AR（增强现实）和MR（混合现实）技术，是计算机图形学、传感和人机接口以及网络技术等融合的新兴技术。VR技术通过实时反映实体对象变化的3D虚拟世界实现了用户身临其境的独特体验。从VR的工具属性到教育属性被广泛认同，再到VR的教育有效性的证实，以及信息技术的快速发展，都为VR在更广泛领域的应用打下基础。目前，VR已初步应用到工业、医疗、教育、媒体、体育和旅游等多个领域。

VR技术与红色主题研学的结合，是以真实的红色主题研学资源为基础，依托VR技术进行模拟或还原的方式，打造红色主题研学过程中的某一环节的虚拟环境，实现用户时间和空间上的跨越，VR技术的沉浸、交互和构想的特征能够让学生（游客）在虚拟的环境中得到身临其境的体验。VR全景的制作要以红色主题研学资源地的原生面貌和原生文化为基础，资源地的过度开发或毁坏都会对VR制作所需要的内容原材料造成不良影响。VR技术的应用不仅能降低实地到访者对环境的损害，还可以减少对资源地原生环境的过度开发。

红色主题研学资源的重要功能之一就是满足人们的精神和教育需求，随着红色主题研学的日趋成熟，红色主题研学资源的文化内涵将会越来越被重视。VR技术可以将青岛市不同地区的自然和人文资源与红色主题研学资源进行有效的整合，形成"红＋绿""红＋蓝"等更加丰富多彩的内容形式。同时，在深入挖掘红色主题研学资源文化价值的基础上，将红色故事、红色建筑、民俗文化等进行VR虚拟展示，打破时空和交通对红色主题研学活动的限制，使终端用户足不出户便可体验青岛百年红色文化。总之，VR技术的应用，能有效地缓解青岛市红色主题研学资源开发与保护的现实矛盾，促进产业良性发展。

---

① 江蓉.中小学红色研学旅行的新技术支持路径研究［D］.扬州大学，2021.

三、短视频

2016 年，在智能手机、人工智能技术、互联网技术、编辑硬件和软件、社会群体"碎片化阅读"等各种技术因素和社会因素作用下，实时、互动的社交视频模式出现了，为社会群体的信息阅览和社交功能奠定基础。尤其是后期出现的短视频模式，不仅满足用户"碎片化"的阅读要求，还有效地为用户提供了自我展现、自我表达的平台，当今短视频平台迅速发展，成为新的社交媒体，正在逐渐改变着人们的信息获取方式。①

作为新兴的社交媒体，短视频具有以下特点。

（一）内容精炼

相对于文字图片来说，视频能够带给用户更好的视觉体验，在表达时也更加生动形象，能够将创作者希望传达的信息更真实、更生动地传达给受众。因为时间有限，短视频展示出来的内容往往都是精华，符合用户碎片化的阅读习惯，降低人们参与的时间成本。

（二）传播性强

由于短视频发布渠道多样，轻松实现直接在平台上分享自己制作的视频，以及观看、评论、点赞他人的视频，容易促成裂变式传播和在熟人间传播。多样的传播渠道和方式能够使短视频传播的力度更大、范围更广、交互性更强。

在快节奏的生活方式下，大多数人在获取日常信息时习惯追求"短、平、快"的消费方式。短视频传播的信息观点鲜明、内容集中、言简意赅，容易被用户理解与接受。

众所周知，红色主题研学旅行的作用之一是对中小学生进行爱国主义教育，除了实地之外，还需要其他载体进行，而短视频的兴起则满足了人们对于历史人物和历史事件的了解的需要，通过短视频开展红色教育，是对红色教育非常有利的补充，能加深中小学生对于红色教育的理解。

四、虚拟研学旅游系统

虚拟研学旅游系统是基于高分辨率遥感影像、地形数据等，利用先进的

---

① 郑连盟. 以短视频助力大学生爱国主义教育研究［D］. 中共黑龙江省委党校，2020.

3D 互联网技术、GIS 技术、三维仿真技术、虚拟现实等技术,以研学资源地实景为母景,把当地自然资源、人文资源、时代精神和先进技术等进行多元融合的资源系统。通过该系统的建设,将已损毁或是消亡的遗迹融入虚拟现实中进行模拟复原,对现有的研学资源进行数字化保存和完善,满足学生对历史真实记忆的需求,全面提升感官体验。既有效地解决部分珍贵资源承载力偏低的问题,又能将已经损毁甚至消失的资源复原呈现给研学者,还能通过交互式视景仿真激发研学动机,实施线下实地旅行。

五、红色主题研学旅行平台

基于新技术的在线红色主题研学活动主要是基于互联网环境开展的,红色主题研学旅行参与者通过访问相关网站或者通过手机 APP 等进入相关红色主题研学旅行系统进行研学活动,这类红色主题研学平台系统主要有线上虚拟旅行和在线虚拟社区等。

线上虚拟旅行主要是基于 3D 建模和虚拟仿真技术来打造红色教育场景,具有较强的现场感,通过网络空间学习让学习者感受到红色主题研学旅行的氛围,并通过设计了解故事模拟、真实场景还原等,增强研学的可行性。未来可以通过大型红色历史游戏场景来推动线上虚拟旅行的发展,让红色主题研学旅行参与者能进行角色扮演,参与到真实的历史故事中,强化红色基因传承。

在线虚拟社区主要是利用计算机网络和移动电话等技术将学生们彼此之间联结起来,他们之间都有相同的学习兴趣、学习目标,可以像对待朋友一样在虚拟的社区里交流和分享信息,既可以针对其中一个成员,也可以面向社区中的所有成员发起私密或公开的会话,通过分享、讨论等形式互相促进学习、加深思考,形成比较稳定的学习关系和学习氛围,拓宽学生学习的时间维度和空间维度,培养学生良好的学习习惯。

这种在线研学活动的方式未来会得到较多的认可,因为各地红色资源不足或者对于系统性的红色主题研学旅行活动开展有巨大的挑战,比如长距离研学旅行的风险、成本等都是较大的问题。①

---

① 江蓉.中小学红色研学旅行的新技术支持路径研究[D].扬州大学,2021.

第二节 中小学红色主题研学旅行的新技术成果及展望

近年来,我国大力发展中小学红色文化教育,引领中小学生的思想水平和政治素养同步提高,成为又红又专的社会主义合格接班人。红色主题研学旅行作为一种新兴的红色文化教育方式,带领学生们走出了传统教学场所学校,深受广大师生的喜爱,因此发展势头十分火爆,红色主题研学旅行必将成为红色教育中最为有利的抓手,对红色主题研学旅行的探索和研究也必将成为教育领域的热点问题。

红色主题研学旅行中新技术的产生和应用会推动红色主题研学旅行的发展,反过来红色主题研学旅行的发展需求也会促进一些新技术的出现。未来的新技术一定会与教育的理念更加贴合,让红色主题研学旅行有更好的发展。

 拓展案例

VR 技术在青岛市红色主题研学旅行过程中的应用

目前,青岛市已经创建了全国首个虚拟现实高新技术产业化基地,引进了国内外 VR 龙头企业及国内一流的高校研发团队,大力推进虚拟现实产业发展。良好的产业积淀为 VR 技术在青岛市红色主题研学资源开发与保护中的应用打下了坚实的基础。

一、制定有利于"红色主题研学+VR"发展的相关政策

研学产品具有准公共产品的属性,红色主题研学资源作为红色主题研学旅行的主要载体,在开发和保护过程中需要政府给予一定的引导和支持。政府一是要制定 VR 与红色主题研学融合的产业发展规划;二是要制定支持和引导红色主题研学基地引进 VR 技术的相关税收、文化和资源保护等相关的政策;三是要制定与开展"红色主题研学+VR"相配套的各项措施,如行业标准的规范和执行、整体品牌形象的构建和宣传、线上线下相关配套设施的建设等。

二、满足行业的专门人才需求

专门人才是 VR 技术能否应用到红色主题研学资源开发与保护中的关键。"红色主题研学+VR"不同于传统的旅游业态，不仅需要 VR 专业技术人才，还需要能够开展红色主题研学资源多元价值挖掘并能结合资源地文化进行研学产品开发设计的专门人才。对于 VR 专业技术人才，资源地可以借助与专业的 VR 技术团队进行合作解决，而对于红色主题研学产品开发方面的人才，则需要当地政府和相关企业共同努力解决，同时还应制定相关人才激励政策，以鼓励和引导所需人才的成长。

三、利用 VR 技术对红色主题研学资源进行复原和保护

青岛市的红色主题研学旅行资源在历经几十年乃至上百年后，许多资源已经损毁甚至消失，如荒岛书店在诞生三年后的 1936 年就被破坏，其他一些革命遗址早已没有往日的痕迹。利用 VR 技术，以红色主题研学资源地实景为母景，以当地文化特色为主线，通过三维全景扫描，把当地自然资源、人文资源、时代精神和先进技术等进行多元融合，将已损毁或是消亡的遗迹融入虚拟现实中进行模拟复原，对现有的红色资源进行数字化保存和完善，满足学生（游客）对历史真实记忆的需求，全面提升其感官体验。

四、利用 VR 技术串联青岛红色故事

《青岛市中小学研学旅行工作管理办法（试行）》中明确指出，中小学研学旅行的组织以市情、区（县）情为基础。低年级和经费预算不充裕的研学团队面临着无法走出驻地范围的窘境，加上青岛市红色主题研学资源相对分散，团队无法给予学生（游客）青岛市革命历史事件的全貌。利用 VR 技术进行情景在线和历史串联，通过专业的团队将青岛地区人民革命斗争的历史进行整合，将大幅度降低设计和制作成本，为资源级别不高、地处偏僻、现有资金不充裕的红色主题研学资源地应用 VR 技术提供了可能性。

五、利用 VR 技术促进红色主题研学资源开发与保护的良性循环

对于红色主题研学旅行来说，教育意义是根本，课程内容是核心。红色主

题研学旅行不是授课地点的简单转换，更不是游学旅游、夏令营、春秋游的升级换代，它既要遵循教育的本质，又不能只是机械地将课堂地点进行转换。体验式教学、浸入式感受是红色主题研学旅行区别于传统红色教育的核心要点，由于 VR 技术结合了大量图像、音频、视频等手段，展现形式多样，能够更好地提升学生（游客）的参与度和感知度。基于 VR 技术，可以在一个资源点、一段革命史、一名研学指导师的基础上，通过一间教室、一套设备、一副眼镜来完成一次不一样的红色体验，既确保了研学者的安全，又开展了沉浸式、智能化、丰富有趣的红色主题研学旅行教学活动，促进红色主题研学产业良性发展，形成红色主题研学资源开发与保护合理循环的良好局面。

第六章 研学旅行规范管理与安全保障

第一节 研学旅行活动的规范管理

一、制定研学旅行工作机制

研学旅行背后会产生经济利益，如果不加以规范管理，很容易因为利益而导致各种乱象。其实，在未发布《关于推进中小学生研学旅行的意见》之前，就已经出现了一些混乱的局面。此次《关于推进中小学生研学旅行的意见》从以下方面做了规范。

研学旅行组织管理工作方面，明确了组织管理主体是各地教育行政管理单位和中小学，主要工作是探索制定中小学生研学旅行工作规程，做到"活动有方案，行前有备案，应急有预案"。

学校在开展研学旅行组织管理工作方面，明确了两种组织形式：自行开展和委托开展。对学校自行开展的研学旅行提出了三方面要求：一是人员配备要求，根据需要配备一定比例的学校领导、教师和安全员，也可以吸收少数家长作志愿者。二是配备人员职责，主要是负责学生活动管理和安全保障。三是明确责权，与家长签订协议书，明确学校、家长、学生的责任权利。

对学校委托开展的研学旅行的要求有：一、对委托方的要求。委托方必须是有资质、信誉好的委托企业或机构。二、行使法律程序。要签订协议书，明确委托企业或机构承担学生研学旅行的安全责任。三、规定了基本流程。包括：学校和委托方合作拟定活动计划—上报教育行政部门备案—告知家长（通过家长委员会、致家长的一封信或召开家长会等形式告知家长活动的意义、时间安排、出行线路、费用收支、注意事项等信息）—针对学生和教师的研学旅行事前培训—师生研学旅行—事后考核。

二、研学旅行活动方案

研学旅行活动方案就是专门为某一次活动所制订的书面计划，也可以形成规范，制作成为学校、运营商或基地的标准化运营手册。根据前期准备工作，研学旅行的活动方案包括但不局限于以下板块：研学目的或意义、参与对象、研学活动时间、研学目的地及资源点介绍、研学活动及课程内容、参加学生情况、行程安排、预算、组织机构和职责分工、安全负责人姓名及联系方式等，通常在正文后，可将办法细则、协议、课程设计、应急预案、评价反馈等以附件的形式附后。

 拓展案例

××学校××研学旅行活动方案

研学活动背景、遵循文件及规定，经××研究同意，于××时间段开展××主题研学旅行活动。

一、研学目的

根据研学主题展开阐述

二、参与对象：×××年级×××人

三、研学时间：××年××月××日—××年××月××日

四、研学目的地简介

1. 整体简介；

2. 核心研学资源点简介，注意与研学课程或教学内容相结合。

五、研学内容

1. 可以根据研学项目进行分类介绍；

2. 或者根据子主题进行分类介绍。

六、行程安排

日期	时间	项目名称	活动简介	课程	餐饮	交通	住宿

七、预算（这里应为对外公布价，涵盖利润）

序号	项目	规格	单价	数量	备注

八、组织机构

（一）领导小组成员及职责

组长：××

副组长：××

成员：××、××、××、××（应包含主要领导人员）

工作职责：统领、管理、沟通、负责等。领导小组下设N个工作小组，办公室设在学校办公室，协调领导小组日常工作。

1. 安全责任组

主任：

组员：

主要职责：

2. 教学组

主任：

组员：

主要职责：

3. 生活／医疗保障组

主任：

组员：

主要职责：

4. 对外宣传与联系组

主任：

组员：

主要职责：

（二）工作要求

分条描述即可。

九、安全负责人姓名及联系方式

姓名，手机，办公电话

十、未尽事宜另行安排

附件 1 ××学校××研学旅行活动手册

附件 2 ××学校××研学旅行课程设计

附件 3 ××学校××研学旅行活动应急预案

附件 4 ××学校××研学旅行家长协议书

附件 5 ××学校××研学旅行活动管理办法

附件 N

落款

日期

三、备案表

研学旅行活动一般由学校所在市或区县级教育行政部门审批，通常也都会有统一的备案要求和备案表，备案时间多提前 10~15 天，主要针对具体的研学活动时间、地点、内容、委托公司资质等展开，通常需要提供具体的研学旅行活动方案、家长同意书、家长协议书、师生保单、供应商资质证明材料与合同、预算、应急预案、研学课程方案、安全责任书等文件。教育行政部门一般还会要求各学校建立研学旅行档案管理制度，对学校研学旅行的工作计划、工作方案、课程内容、照片影像资料、总结材料、家长反馈资料和对承办单位及研学旅行基地的评价资料等进行归档整理，以备随时查验。

拓展案例

青岛市教育局于 2019 年 12 月对《青岛市中小学研学旅行工作管理办法》进行公开征求意见，此办法是在 2018 年初发布的《青岛市中小学研学旅行工作管理办法（试行）》基础上修订的，里面明确提出了所有的研学活动都需要备案，并给出了备案模板。

学校：		年 月 日	
活动时间			
活动地点			
活动内容	（附研学旅行活动方案）		
学生情况	参与年级		参与人数
参加教师人数			
家长委员会意见			
服务单位	（附单位资质、单个学生费用明细等相关材料）		
经费预算			
主要安全措施	（附安全应急预案、师生保单信息、学校与服务单位签订的安全责任协议书等）		
学校意见： 签字： 盖章：			
			年 月 日

四、致家长的一封信

待研学活动各项计划安排完成，需要撰写《××研学旅行活动致家长的一封信》，亦可通过家长委员会或者召开家长会等形式，告知家长此次研学活动的具体安排，内容应包括但不限于：活动地点、时间、目的、研学内容、行程安排、费用、注意事项等信息。

 拓展案例

××学校××研学旅行活动致家长的一封信

尊敬的家长朋友们：

你们好！

依据×××政策/文件；响应××号召；旨在培养学生××××，经我校××研究，组织××年级全体同学赴××开展

××主题研学旅行活动。现将研学旅行活动的事宜告知如下，并征求您和学生的意见和建议。

一、活动地点：×××

二、活动主题：×××

三、活动时间：××年××月××日——××年××月××日

四、活动意义/目的

通过××，开展×××，达到/提升/×××……

五、活动内容及行程

时间、研学内容简介、课程简介，也可以做成表格形式。

六、研学旅行供应商资质

1. 旅行社等中间商资质简介；

2. 餐饮、住宿、交通供应商资质简介。

七、日期、费用预计

1. 总额：××元/人（具体分项列支）；

2. 注明是否有变化的可能性，以及处理方法。

八、注意事项及其他

九、活动负责人及联系方式

落款
日期

五、家长协议书

通过家委会、研学旅行说明会下发，或直接下发，校方与家长签订协议书，以此来明确家、校、生各方权利与责任；协议书内容应包括但不限于以下内容：活动简介、三方权利、三方义务、注意事项、食宿交通标准、学生纪律、物品清单、活动费用及退费规则、不可抗力、其他、签字等。

拓展案例

××学校××研学旅行活动家长协议书

甲方：_____，身份证号码：_____，为学生_____，身份证号码：_____的父母/法定监护人，紧急联系电话：_____，现住址：_____。

乙方：学校全称_____

地址：学校地址_____

法定代表人/负责人：校长姓名_____

联系电话：学校办公室电话_____

具体事务联系人：_____ 联系电话：_____

甲乙双方经友好协商，就学生_____参加由乙方主办的××主题研学旅行活动达成以下协议：

一、研学时间：具体时间。

二、研学课程及活动内容：涵盖的课程名称和具体研学活动板块、项目。

三、交通：交通方式、司机资质、车况等。

四、用餐及住宿：标准、男女生分住、配套设备、餐标等。

五、注意事项：隐私、患病、过敏、禁忌、着装等。

六、学生纪律要求：阅读守则、安全教育、服从命令、请假规定、守时、其他公民基本出行要求、学习要求等。

七、物品清单：必带物品、建议携带物品、禁止携带物品等。

八、费用：总额、分项说明、退费说明、账户信息等。

九、其他及格式条款

甲方：签字　　　　　　　　　乙方：单位盖章

代表：签章

日期：　　　　　　　　　　　日期：

第二节　研学旅行活动的安全保障

安全问题是中小学管理的首要问题。保护生命安全是组织一切学习活动的前提和基础。有关专家认为，通过教育和预防，80%的学生意外伤害事故是可以避免的。安全教育不能只依托社会、学校、家长对学生进行保护，还要教给学生自救知识，锻炼自护自救能力，使他们在遇到问题时能够果断地进行自救自护，机智勇敢地处置遇到的各种异常情况或危险。研学旅行活动中加强安全教育和保障，使师生牢固树立"珍爱生命、安全第一"的意识，保障学生安全学习、健康成长。

一、建立研学旅行安全责任共担机制

教育部等11部门《关于推进中小学生研学旅行的意见》明确指出，研学旅行要坚持安全第一，建立安全保障机制，明确安全保障责任，落实安全保障措施，确保学生安全。

组织研学旅行活动前应制订科学有效的中小学生研学旅行安全保障方案，探索建立行之有效的安全责任落实、事故处理、责任界定及纠纷处理机制，实施分级备案制度，做到层层落实，责任到人。学校要做好行前安全教育工作，负责确认出行师生购买意外险，必须投保校方责任险，与家长签订安全责任书，与委托开展研学旅行的企业或机构签订安全责任书，明确各方安全责任。旅游部门负责审核开展研学旅行活动的企业或机构的准入条件和服务标准。交通部门负责督促有关运输企业检查学生出行的车、船等交通工具。公安、食品药品监管等部门加强对研学旅行涉及的住宿、餐饮等公共经营场所的安全监督，依法查处运送学生车辆的交通违法行为。保险监督管理机构负责指导保险行业提供并优化校方责任险、旅行社责任险等相关产品。

（一）主办方安全责任

学校将参加研学旅行的学生的身体不良情况向旅行社提出申报，如患有心脏病、过敏、癫痫、骨伤痊愈未满一年等，由旅行社负责申请意外保险。学校负责组织师生上下车，确保秩序良好、人员齐全，监管师生遵守乘车规

定，不在车内随意走动，文明乘车。每到达一个研学目的地，学校教师要组织好师生，防止人员走散。学校统一安排房间，保证学生不私自调换房间，晚上进行就寝检查，未经带队老师批准，不得让学生私自离开宾馆。学校应教育学生爱护公物，保持墙壁整洁，爱护楼道及房间内设施，若有损坏，给予赔偿。学校负责学生就餐的分桌与管理，提前将回民餐、病号餐告知旅行社，以便做好准备。若因游学场地或天气状况需要调整研学活动安排，则需学校与合作商双方协商，保障研学旅行活动的质量。

1. 红色主题研学旅行主办方的基本要求

研学旅行主办方是指有明确研学旅行主题和教育目的的研学旅行活动组织方，一般主办方多为学校，研学旅行主办方需要满足以下基本要求。

（1）具有法人资质；

（2）应对红色主题研学旅行服务项目提出明确要求；

（3）应有明确的安全防控措施、教育培训计划；

（4）应与承办方签订委托合同，按照合同约定履行义务。

2. 红色主题研学旅行主办方的安全责任

（1）履行安全监管职责。这是主办方的基本职责之一，首先，要明确提出安全方面的要求；其次，要与承办方签订委托合同，按照合同履行义务，并审查承办方的运营条件、各类资质、安全许可等；最后，要对研学旅行进行全过程、全方位的监管，确保红色主题研学旅行顺利开展。

（2）制定安全防控措施。作为主办方要统筹规划，考虑周详，对于红色主题研学过程中的突发事件要有明确的应对措施、应急预案和处置模式。

（3）明确各方责任并进行安全教育。应该建立安全责任体系，主办方要与承办方、家长、参加队员和管理方签署安全责任书。

（4）为每一位参加红色主题研学旅行人员购买意外险以及校方责任险，并在行前和旅行过程中不断进行安全教育。

（二）承办方责任

1. 红色主题研学旅行承办方的基本要求

承办方是指与研学旅行活动主办方签订合同，提供红色主题旅行研学服务的旅行社，必须满足以下基本要求。

（1）应为依法注册的旅行社，具有 A4 以上等级。

（2）连续三年无重大质量投诉、不良诚信记录、经济纠纷及重大安全事故等。

（3）应设立红色主题研学旅行专职负责人员，有承接100人及以上中小学红色主题研学旅行团队的经验。

（4）应与供应方签署旅游服务合同，按照合同约定开展各项工作。

2. 红色主题研学旅行承办方的安全责任

《关于推进中小学生研学旅行的意见》指出，学校组织研学旅行活动，可采取自行开展或委托开展的形式。学校委托开展研学旅行，要与有资质、信誉好的委托企业或机构签订协议书，明确委托企业或机构承担学生研学旅行安全责任。研学旅行合作商应按规定为师生上好保险，保险手续齐全，做好保险的解释和后续工作。承办商负责租用车辆，保障车辆状况，确定司机状况。提醒驾驶员按规定路线行驶，保持车队相对稳定。每到达一个地点，应提前告知师生该地点的风土人情、安全注意事项等。在组织学生进行攀爬、乘坐缆车、合作训练等活动时提醒学生将手表、手机、钥匙等硬质物品装入背包，在景点内负责介绍、路线引导。

合作商应检查住宿宾馆、就餐酒店的资质，确保手续齐全、资质良好。合作商负责监督酒店的就餐质量，确保饭菜可口、干净卫生，尽量不食用凉拌菜，并做好食物留样。督促宾馆保证楼道、出入口畅通，消防疏散指示标识齐全，室内设施、设备良好。

（1）对红色主题研学旅行产品进行安全评估与风险提示，必要时要采取暂停服务、调整活动内容等措施。对参加人员进行安全询问，主动掌握参加红色主题研学旅行活动人员的身休状况和健康信息，制定相应的安全保障方案。

（2）对供应方提供的产品进行安全监督检查，如果供应方提供的产品和服务不符合安全标准，必须及时进行沟通解决。制定应急保护预案，进行预案演练，确保拥有熟练运用应急预案的能力。

（3）进行安全教育和安全培训。一方面是针对从业人员的安全培训，另一方面是针对参与者的安全培训，并为每个红色主题研学旅行团队配备至少一名安全员。

（4）应急救援与处置。红色主题研学旅行期间一旦发生安全事故，承办方必须第一时间投入营救救援和善后处置工作，一方面现场工作人员要采取必要措施开展救助，控制事态发展；另一方面承办方要积极配合地方政府进行救援，开展应急处理和善后工作。同时负有及时向上级主管部门、安全监管部门进行上报的责任。

（三）供应方责任

1. 红色主题研学旅行供应方的基本要求

红色主题研学旅行供应方是指与红色主题研学旅行活动承办方签订合同，提供旅游地接、交通、住宿、餐饮等服务的机构，如地接旅行社、研学旅行目的地的住宿企业、餐饮企业、交通企业、旅游景区等，研学旅行供应方应满足以下基本要求。

（1）应具备法人资质；

（2）应具备相应的经营资质和服务能力；

（3）应与承办方签订旅游服务合同，按照合同约定履行义务。

2. 红色主题研学旅行供应方的安全责任

（1）安全评估与风险提示。供应方应对供应的产品和服务进行安全评估和风险检测，并给出风险提示。

（2）强化安全生产，制定应急预案。红色研学的供应商，尤其是景区、住宿、餐饮企业要严格执行国家安全生产、消防安全的法律法规和行业标准，形成自身与企业相对应的应急预案和安保制度。

（3）安全说明与警示。红色主题研学旅行者主要是中小学生，安全意识较为淡薄，对抗风险的能力较弱，供应方必须就红色主题研学旅行潜在的风险、防范措施向参与人员进行说明和警示。

（4）应急处置救援和主动上报。红色主题研学旅行期间一旦发生安全事故，供应方要第一时间投入营救救援和善后处置工作，现场工作人员要采取必要措施开展救助，控制事态发展，也要积极配合地方政府进行救援，开展应急处理和善后工作。同时负有及时向上级主管部门、安全监管部门上报的责任。

（四）管理方责任

1. 红色主题研学旅行管理方的基本要求

研学旅行管理方是指为研学旅行活动开展提供各项管理保障的部门和组织机构，如旅游管理部门、交通管理部门、公安部门、食品药品监管部门、保险监督机构，等等。管理方应满足以下基本要求。

（1）指导主办方、承办方开展红色主题研学旅行活动，为研学旅行活动的开展提供便利。

（2）指导和监督主办方、承办方与供应方提升红色研学活动质量产品与服务。

2. 红色主题研学旅行管理方安全责任

（1）风险提示。管理部门，如教育局、交通局、旅游局、气象局等联合监测风险，并共同发布风险提示和风险等级。

（2）安全指导。主管部门应加强对星级饭店和 A 级景区以及其他相关部门和企业的旅游安全和应急管理工作的指导。

（3）应急预案和演练。各个管理部门，如教育、工商、交通等，都应制定本部门的安全应急预案，定期组织演练，并上报上一级主管部门备案。

（4）应急救援和处置。一旦红色主题研学旅行活动发生突发事件，相关部门需要启动本部门的应急预案，采取应急处置与救援措施，进行部门联合应急救援。

（5）安全责任调查。各主管部门要参与旅游突发事件的调查，对相关责任人进行处理，也应参与本部门管辖范围内的责任调查，对相关责任人进行查处。

（6）事故上报。各部门要建立红色主题研学旅行突发事件报告制度，按照规定将事件进行详细上报。

（五）学生责任

学生是研学旅行活动的主体，在活动中，在学校保障机制建立和各种客观因素（环境和设施）保障安全的基础上，安全与否最重要的责任人是学生自己。如果学生遵守了应该做到的安全行为，遵规守纪，提高安全意识乃至掌握一定的安全保护技能，就能避免事故发生，甚至事故发生时可以逃生自救。家长也要增强安全意识，在家庭教育中提示学生。

总之，安全保障既有对学校建立机制的要求、对设施环境的要求，也有对教师组织工作的要求，还有对活动主体学生的要求。主、客观因素同时达到安全标准，排查和避免各处隐患，才能实施一次成功的研学旅行。

二、开展研学旅行出行安全性评估

学校在制订研学旅行活动实施计划时,应该对本次研学旅行的总体出行安全进行全面评估。首先,是考察研学目的地学习资源情况,是否适合特定年龄段的孩子;目的地的基础设施安全和便捷情况、景区内空间容纳人数情况,是否适合组织学生去研学等。参观时,景点难免会出现人多的情况,容易出现走失、摔倒甚至踩踏事件,需要配备足够的带队老师带领,以降低风险。其次,是后备服务保障情况,主要从交通、饮食、住宿等方面考虑。交通方面,考虑租赁公司的资质,司机经验以及道路情况、天气情况等;考察高铁或普通列车的拥挤程度,是否人人有座位等。饮食方面,要认真核查餐厅是否具有食品安全证书等资质,做好对某种食品过敏等突发情况的应急处置计划,对餐厅附近的就医情况做到心中有数。住宿方面,要评估酒店的资质等级、火灾逃生路线等。

 拓展案例

案例1

2014年4月10日上午,海南省澄迈县老城经济开发区欣才学校租用海航休闲车队大巴组织学生春游,约上午11时许,其中一辆车牌号为琼A20161的客车在文昌市东阁镇宝芳路段侧翻,经初步核实,当场造成8名小学生死亡、32人受伤,其中4人重伤。

案例2

2018年11月13日上午,来凤县实验小学组织老校区四年级、新校区五年级各两个班学生,赴武汉市参加研学旅行活动。18时30分许,学生乘坐的6号车行至武汉下高速时,车辆不慎与交通附属设施限高架发生碰撞,前排玻璃破碎,造成9名学生受轻伤。

三、制定研学旅行活动的安全预案

《关于推进中小学生研学旅行的意见》要求，各地教育行政部门和中小学要探索制定中小学生研学旅行工作规程，做到"活动有方案，行前有备案，应急有预案"。学校在组织活动前，要制定周密详细的活动方案和安全预案，加强学生外出活动安全管理，明确安全事故处理的责任，确保学生的人身安全不受伤害，中小学生研学旅行的安全工作预案一般包括如下内容：以落实各项安全制度为要求，教育学生遵守各种法律法规，培养学生具备一定的自护自救能力，让活动既有意义，又安全愉快。

（一）成立研学旅行工作领导小组

1. 领导小组的组织成员

要牢固树立"安全第一"的指导思想，学校法定代表人为第一责任人，研学旅行工作领导小组组长。每条线路均必须由副校级及以上领导带队，担任副组长。年级组长、班主任、备课组长或学科教师、带队教师等均明确各自在课程实施和学生管理方面的职责。法定代表人要召开会议专门研究审核活动的各项方案、预案，责任到人，留存会议记录。应按照师生比例中学1∶15、小学1∶10、幼儿园1∶5、特殊学校1∶5安排人员。

2. 召开研学旅行工作领导小组会议

在研学活动前，召开工作领导小组会议，强调各方面的安排以及关于安全问题的预案。确定研学旅行活动"安全责任书"、"家长告知书"、"不参加研学的学生和家长申请书"以及"研学手册"等各个文件的内容。着重考虑安全问题，列出重点隐患，做到人人管安全，重点隐患有人管。在应急预案和处置上都做到细致全面的部署。

（二）研学旅行活动家长委员会成员会议

在同意参加研学旅行的家长中组织成员会议，说明本次研学旅行活动的内容与目的，活动时间及地点，说明活动的具体安排及注意事项。了解家长的意见和各位同学的状况，确保双重安全，同时，向家长强调对孩子安全问题的重视。与家长委员会成员商量住宿、用餐、家长告知书、研学活动替代内容等各项事宜，了解家长方面的需求。

（三）研学旅行教师行前职责分工说明会

对教师进行研学内容的学生指导和管理培训，针对各种可能会出现的状况进行应急处置训练，普及安全知识，每位教师明确各自的分工，对各自负责的领域了然于心，把握好每一天的行程，确保安全。互相保存好联系方式，熟悉团队。

（四）研学旅行活动行前学生动员会

使学生了解本次研学旅行的目的、意义、行程和活动安排，提前对研学旅行开展准备工作。强调安全注意事项，要求学生遵守纪律，听从安排，认真学习，不能违反规则。

（五）研学旅行活动行前家长说明会

召开研学旅行活动行前家长说明会，下发家长告知书，对涉及的安全问题、费用问题做出说明，同时和家长确认行程，确认每日的学习任务。对于家长的担忧和疑惑进行细致的解答。用书面形式明确告知家长是否参加活动属于自愿，对不参加活动的学生，学校应有合理的安排。如遇恶劣天气，应按要求暂停外出活动。

（六）研学旅行后教师总结研讨会

从路线设计、课程安排和学生管理等方面召开研学旅行后教师总结研讨会，及时交流，总结宝贵经验，可以整理成书面材料，将本次研学成果作为下一次学校研学旅行活动的重要资源和课程调整完善的依据。

 拓展案例

2018年4月24日，某实验学校为全面贯彻《关于开展中小学生研学旅行试验点工作的通知》的要求，通过集体旅行、集中食宿的方式走出校园，以学校的名义与旅行社签订了《团队境内旅游合同》。根据学生自愿参与原则，于2018年5月8日组织学校五年级五个班，共229名学生参加"魅力八里河、古都亳州二日研学"活动。彭某是实验学校五年级四班的学生，缴纳了425元报名费。当学生们在八里河景区的一座桥上由一头向另一头行走时，由于学生发生拥挤，彭某被桥头道路上的石墩绊倒，摔伤头、面部，事故发生后，实验学校就按照活动方案中的安全应急预案及时为彭某处理伤口，并将事故情况第一时间告知彭某的母亲。后经医院检查，彭某的两颗门牙在此次事故中折断、牙髓外露。后来学校和旅行社就事故责任相互推诿，致使彭某的经济损失未获赔偿，彭某遂起诉至法院。法院就综合实验学校与旅行社对损害结果发生的过错，判定承担责任比例为实验学校承担40%、旅行社承担60%。

四、进行行前安全教育

教育部等11部门印发的《关于推进中小学生研学旅行的意见》（2016）中明确要求校方层面要进行安全教育，提升学生的应急能力和安全意识。

（一）教育目标

中小学生正处在成长发育期，身心发展还未完善，所谓"初生牛犊不怕虎"，对危险情况了解不深，缺乏对风险的辨别、防范能力，这就需要从实际情况出发、从中学生的身心状况出发，制定更加有针对性的教育目标。

1. 小学阶段

小学生比较容易接受安全指导，并将之转化为行动，养成良好的安全习惯。此阶段，要让小学生对红色主题研学旅行有基本认识，对红色主题研学旅行的基本危险有初步认识；要了解红色主题研学旅行中安全的重要性，提升安全意识；发生突发事件及时向家长、教师报告，并听从指挥，统一行动。

2. 初中阶段

初中阶段的学生处于叛逆期，安全教育要注重以学生易于接受的方式进行，主要目标为让学生理解身边各种危险发生的原因，并能采取适当的行动保护自身安全。

3. 高中阶段

高中阶段的学生相对较为成熟，具有一定的认知能力，要让高中生通过观察，能对危险的发生具有预测性和防范性，不仅能自我保护，还可以照顾、帮助身边的朋友，采取一些简单的应急救援措施。

（二）教育内容

行前安全教育是为了提升学生在研学旅行过程中面对突发事件的能力，

突发事件可以分为自然灾害、公共卫生、事故灾难以及社会安全事件,我们根据红色主题研学旅行的特点,选取密切相关的事件,提出相应的解决方法。

1. 自然灾害事件应急教育

(1) 台风

——尽快转移到坚固建筑或底层躲避风雨,不能上船,如果在船上要立即靠岸下船;

——避免外出,必须外出时要穿鲜艳衣服,并在随时能抓住固定物的地方行走;

——在外行走要尽量弯腰将身体缩成团,必要时爬行前进;

——不在受台风影响的海滩进行任何活动。

(2) 暴雨雷电

——在积水中行走时要注意观察,尽可能贴近建筑物;

——发现河流上游来水浑浊、水位上涨较快时,要注意防范山洪、泥石流;

——室外积水漫入屋内时,要立即切断电源,以防触电;

——发生雷电时不要在旷野中、大树下、电线杆旁、高坡上避雨;不要赤脚站在水泥地上,不要洗澡;远离铁轨、长金属栏杆或其他金属设备;多人在野外时要彼此离开一定距离;胶底鞋或橡胶轮胎不能抵抗闪电。

(3) 浓雾

——不要进行户外活动,必须外出时戴上口罩,尽量减少在雾中活动的时间;

——患有高血压、冠心病和呼吸系统疾病者不要外出;

——雾中行车时必须打开雾灯,与前车保持距离,缓慢行驶。

(4) 高温

——多喝水,少食多餐,适当吃苦味和酸味食物;

——避免剧烈运动,用凉水冲手腕、温水冲澡;

——日间需要休息,保持体力;

——注意防晒,携带遮阳伞、防晒霜。

(5) 山体滑坡

——朝与滑坡垂直的方向跑,在向下滑动的山坡,向上或向下跑都很危险；

——跑不出去就躲在结实的障碍物下，抱住身边的树木等固定物体，注意保护好头部；

——滑坡停止后不可立即返回；

——切勿盲目施救，将滑坡体后缘的水排开；从滑坡体的侧面开始挖掘；先救人，后救物。

（6）泥石流

——不能沿沟向下或向上跑，而应向两侧的山坡上跑，离开沟道、河谷地带；

——不应上树躲避，因泥石流不同于一般洪水，其流动中可能剪断树木并将之卷入泥石流；

——不要往地势空旷、树木生长稀疏的地方逃生，可以就近选择树木生长密集的地带逃生，密集的树木可以阻挡泥石流的前进；

——不要停留在低平的弯道凹侧，因为弯道处水位较高。也不要躲在有滚石和大量堆积物的陡峭山坡下方；

——不要往土层较厚的地带逃生，要向地质坚硬、无碎石，不易被雨水冲毁的岩石地带逃生。

（7）海啸

——如果发现潮汐突然反常涨落，海平面显著下降或有巨浪袭来，都应该及时撤离；

——海啸发生前海水异常退去往往会把很多海洋生物留在浅滩，此时不能去捡拾或看热闹，应该迅速离开海岸，向陆地高处转移；

——海啸发生意外落水时：要尽量抓住大的漂浮物，尽量避免与其他硬物碰撞；在水中不要举手，不要乱挣扎，尽量减少动作；海水温度低，不要脱衣服；不要喝海水，海水不解渴，还容易导致幻觉、精神失常甚至死亡；尽可能向其他落水者靠拢，以扩大目标，便于救援。

2. 公共卫生事件应急教育

（1）食物中毒

——注意饮食、饮水卫生，尽量不要在路边摊就餐，少吃、不吃生冷食物；

——发现食物中毒，要立即停止食用可疑食品；

——可采用催吐的方法，用筷子、勺子或手指按压舌根部，轻轻刺激咽喉，引起呕吐，吐出中毒的食物；

——大量喝水，可以是淡盐水，稀释毒素；

——保留好可疑食物、呕吐物或排泄物，供化验使用；

——及时就医。

（2）感冒

——旅行期间，特别是感冒高发季节，要劳逸结合，防止受凉，少去甚至不去拥挤不卫生的场所，房间要注意通风换气，保持清洁；

——有感冒症状时，要注意多休息，多喝水；

——感冒患者应自觉同其他人保持一定距离，并佩戴口罩，分开吃住；

——感冒患者的垃圾要包好，扔进垃圾桶；

——怀疑自己患上感冒的人员，应及时就医，及时诊断。

（3）疟疾和登革热

——旅行前要了解一下所去的地区是否有疟疾和登革热疫情，疾病流行情况，熟悉疟疾和登革热防治的基本知识；

——提前准备好个人防护用品，配备必要的防蚊虫药具等物品；

——注意个人防护，避免蚊虫叮咬；

——如果出现疟疾或登革热的发病症状，要及时就医，并告知旅行史；若得不到及时医治，应服用自己携带的备用药。

3.事故灾难事件应急教育

（1）水运事故

——发生水运事故时，要利用救生设备逃生，紧急情况下必须跳水逃生时应采取应有的应急措施；

——跳水前尽一切可能发出遇险求救信号，尽可能地向水面抛投漂浮物，如空木箱、木板、大块泡沫塑料等；多穿厚实保暖的衣服，系好衣领、袖口，如果有可能穿上救生衣；

——跳水时不要从5米以上的高度直接跳入水中，可利用绳索滑入水中；两肘夹紧身体两侧，一手捂鼻，一手向下拉紧救生衣，深呼吸，闭口，两腿伸直，直立式落入水中；

——跳水后，尽快游离遇难船只，防止被卷入漩涡；如果发现四周有油火，脱掉救生衣，潜水到上风口；到水面换气时，先用双手将头顶油火拨开，再抬头呼吸，不要将厚衣服脱掉；如果没有救生衣，尽可能以最小的运动幅度，使身体漂浮，会游泳者可采用仰泳姿势；尽可能地在漂浮物附近；两个人以上跳水逃生，尽可能地拥抱在一起，既减少了热量散失，也易于被发现。

（2）道路交通事故

——发生交通事故后，要听从工作人员的统一指挥，待车停稳后，在工作人员的组织下，有序地向车厢两端紧急疏散；

——不要盲目跳车，以防摔伤或被其他车撞伤；

——撞车的瞬间要两腿尽量伸直，双脚踏实，双臂护胸，手抱头，保持身体平衡；

——发生火灾、爆炸事故时，服务人员应迅速疏散旅客，尽力切断火源、爆炸物源，并保护好现场。

（3）拥挤踩踏事故

——要保持冷静，提高警惕，不要受周围环境的影响；

——服从组织者指挥，有序撤离；

——发觉拥挤的人群向自己行走的方向来时，应立即躲到一边，切记不要逆着人流前进；

——陷入拥挤的人流时，要远离店铺柜台的玻璃或其他危险物；

——若被人群挤倒，则设法靠近墙角，身体蜷成球状，双手在背后紧扣，以保护身体；

——如果带着孩子，要尽快把孩子抱起来，尽可能地抓住身边坚固牢靠的东西。

（4）火灾

——火灾发生时应及时拨打119报警，小火应立即扑救，如果火势扩大，应迅速撤离；

——逃生时应准确识别疏散指示方向，千万不要拥挤，快速逃离火场；

——火场逃生过程中要一路关闭背后的门，逃出现场后切勿重返屋内取贵重物品；

——火灾发生时，切不可搭乘电梯逃生，更不要盲目跳楼；

——如果烟雾弥漫,要用湿毛巾掩住口鼻,降低高度,沿墙壁边爬行逃生;

——当衣物着火时,最好脱下或就地卧倒,用手覆盖脸部,并翻滚压熄火焰,或跳入就近的水池将火熄灭;

——夜间发生火灾时,应先叫醒熟睡的人,尽量大声喊叫,提醒他人逃生;

——如果发现自己身处森林着火区域,应准确判断风向和火灾蔓延的方向,逆风逃生;

——如果被大火包围在半山腰,要绕开火头,快速向山下跑,切忌往山上跑。

4.社会安全事件应急教育

(1)恐怖事件

——及时报警。向就近的工作人员报警,或通过警报器向警方报警,并迅速疏散周围的人员;

——报警时避免使用无线电通信工具,以免引爆无线电遥控的爆炸物;

——适当应对。根据恐怖事件的情况及其所在的位置,要采取不同的紧急处置方法;

——迅速撤离。在工作人员或警方的组织下,保持冷静、听从指挥,按规定路线迅速有序地撤离现场。撤离时不要相互拥挤,以免堵塞出口发生骚乱或引起踩踏事故。

(2)抢劫

——保持镇定,及时做出反应,若无能力制服,可保持距离追赶,并大声呼救,以求援助;

——追赶不及的,看清作案人员的逃跑方向和有关衣着、发型、动作等特征,及时报警。

(3)暴乱

——保持冷静、沉着应对,保持与暴乱分子的距离,不与其接触或者答话,不要围观;

——被暴乱分子盯上时,应向熟悉的地方或人多的安全地带奔跑;

——在逃跑时,要学会利用和制造障碍物阻滞暴乱分子,把身上多余的东西向后扔；

——不要与暴乱分子拼命搏斗，被击倒时，双手重叠捂住后脑，双肘向内可以护住眼睛、鼻梁，找到其薄弱环节，然后迅速"连滚带爬"地冲出去。

（4）绑架

——学会保护自己，要运用自己的智慧，同坏人周旋；

——在被绑架的过程中，要尽量记住沿途的路名和绑匪的特征，或留下亲人熟悉的标记；

——尽可能拖延时间，寻找各种借口给绑匪制造困难，如说身体不适，或者大哭和扭动身体，或做出其他反常的行为，趁绑匪不注意的时候制造信号，以引起外界注意或趁机呼救。

五、购买保险

（一）购买依据

研学旅行易受到风险侵袭，存在较多风险点和安全隐患。保险是转移风险，加强安全保障的重要举措之一，教育部等 11 个部门共同印发的《关于推进中小学生研学旅行的意见》中明确要求研学旅行活动主办方负责确认出行师生购买意外险，必须投保校方责任险。

（二）基本项目

研学旅行相关的保险项目主要是指旅游类保险项目，主要包括：旅行社责任保险统保示范项目、游客意外伤害保险、旅游人员意外伤害保险、住宿游客人身保险、旅游救助保险和旅游救援保险等。

（三）购买误区

1. 仅在旅行社投保即可

研学旅行活动中，主办方统一购买了旅游责任险，那么遇到意外情况时，旅行社只负责部分责任，在研学旅行过程中由于意外事故造成的人身伤害不在责任险保险范围内，因此建议红色主题研学旅行者再购买一份旅游意外险。

2. 买保险只要提供名字等基本信息

如果以往有住院或用药史、病史，一定要如实告知保险人，并根据自己的健康情况选择合适的保险产品，如果隐瞒了病情，虽然节省了保费，但是可能会导致不良后果。

3. 保险越贵越好

保费和保额不一定越高越好,保险金额要根据当地的医疗收入水平,被保险人的身体健康状况、家庭经济状况和风险承担能力综合确定。

4. 出险后能得到全额赔偿

一般情况下,人身意外保险所约定的保险金额,只是保险公司承诺给付的最高保险金额,而非实际给付金额。而且要特别注意保单中规定不理赔的情况,比如在红色主题研学旅行活动中研学者参加滑草、攀岩等高风险活动发生意外,一般保险公司不予理赔。另外需要紧急医疗救治时,一定要尽快通知保险公司,并在保险公司的协调下获得适当的治疗。否则,因此产生的不必要或不当治疗费用可能无法全部获赔。

比如:北大方正人寿向学校提供订制化研学团队险种,保额从 10 万元到 500 万元不等。

自 2015 年起,西安的旅行社需要向所有研学参与人员提供单人单次不低于 55 万元的旅行责任保险。

六、突发情况处理

(一)计划跟进及调整

根据前期制定的研学活动推进表中的时间进度安排,合理安排行程,重点关注集合、解散、就餐、休息等灵活掌握的时间,根据活动进行的实际情况,灵活调整时间表,对于可能出现的影响活动计划推进的人员和事项要做好预判,并严格管理,提前打出富余量,保持全员手机畅通,随时可以找到每一个参与人员;如遇天气、路况、客流增大等特殊情况,要提前做出剩余项目时间的调整。

表 6-1 计划执行记录表

日期	活动名称	负责人	计划时间	实际时间	变更原因、后果及处理方式
D1	出发集合	××	7:00~7:15	7:00~7:15	无
	乘车前往火车站	××	7:15~8:00	7:15~8:10	堵车,但未影响乘坐火车
	……	……	……	……	……

续表

日期	活动名称	负责人	计划时间	实际时间	变更原因、后果及处理方式
D1	午餐	××	12:00~13:00	11:55~13:20	一名学生饭后离队,手机静音未及时联系;对该名同学进行批评教育;缩减下午自由活动时间
	……	……	……	……	……
D2	……	……	……	……	……

表6-2 研学旅行活动计划更改（取消）通知单

团队名称		最终人数		日期	
□研学旅行活动行程变更					
□提前或延期					
□取消					

（二）应急处理阶段

根据现有研究成果，结合红色主题研学旅行实际情况，可将红色主题研学旅行突发事件应急管理主要分为预防与预备、监测与预警、应急与救援、善后与恢复四个阶段。

1. 预防与预备

一方面要编制应急预案。红色主题研学旅行活动的主办方、承办方、供应方以及管理方都应根据自身在研学旅行活动中的角色定位，以及各自的安全责任，制定研学旅行的应急预案。另一方面要进行行前安全教育，研学旅行行前教育的对象是参加研学旅行活动的学生、带队老师以及相关工作人员，一定要取得实效。

2. 监测与预警

要构建风险监测网络，县级以上人民政府主导，推动气象、地震、环保、消防、公安等部门联合协作，共同监测相关风险；同时要监测研学旅行的风险，构建多部门协作风险监测网；要根据监测情况分析风险状况，发布预警信息；要落实预警成效，对预警信息的落实情况进行核实。

3. 应急与救援

一方面要启动事故分级响应，一旦发生研学旅行突发事件，要及时根据突发事件的等级进行事故分级响应，另一方面要加强应急救援，可以依托公共救援、公益救援、商业救援等不同性质的救援服务，建立全方位、多层次、宽领域的救援体系。

4. 善后与恢复

红色研学旅行突发事件的善后处理工作，主要包括事故全面评估、市场恢复提升、事故经验总结、事故建库归档四个方面。其中，市场恢复提升工作主要从形象恢复、心理恢复、产品恢复以及市场恢复等层面进行。

（三）一般处理程序

如果在研学活动过程中突发学生生病、意外受伤等非群体性情况，应派出卫生员或安全员单独前往处理，其余工作人员确保在岗工作，不扩大影响范围。

如发生学生物品尤其是证件遗失的情况，也应由1名或部分工作人员帮忙寻找和协助补办事宜，不要因个人问题影响团队行程，特别是影响出发、离站等重要节点工作。对于学生的证件和票据，建议统一保管为佳。

研学旅行安全事故处理程序主要包括处置、报告和留证三个环节。

1. 处置

研学旅行安全事故发生后，需要第一时间进行应急处置：

——报120：在有伤员的情况下协助救治、安抚研学者；

——报110：死亡、受伤、失踪、治安事件、财物被盗、交通事故、食物中毒等；

——安抚研学者。

2. 报告

事故发生后，需要及时将事故报告相关方面，如主办方、承办方、供应方以及管理方；出险地管理者或者拥有者；车方；保险公司等。

3.留证

——现场照相，留取事故处理经过，并请至少三名成年人签字确认，留下联系方式；

——留取相关证明，交警责任认定书，报警回执等；

——关注财产损失情况，并请地接社和车队对发生的盗抢事件签字确认；

——留取医疗发票、清单、病历检查报告和诊断证明等。

（四）酌情启动应急预案

当遭遇较为严重的突发事件或群体性事件时，团队负责人应准确判断是否应启动应急预案，并根据应急预案组织学生按照规定流程行动，直至全体人员安全，将损失降到最低。

由于研学旅行活动的准备期普遍较长，在筹备过程中难免会出现行程、产品、供应商等方面的变更情况，在可以协调的范围内，应尽早提出变更申请并进行调整。

中小学红色主题研学旅行是新时代的新课题，安全是重中之重，怎么讨论也不过分。唯有在安全的前提下才能让学生们有所体验、有所收获、有所得益，红色主题研学旅行安全问题只有统筹考虑、全盘规划、全员参与才能取得更好的效果。

第七章　红色主题研学课程案例

案例一　济南市红色文化研学旅行课程案例："决胜鲁中，保卫祖国"研学课程

序号	课程主题	学时	地点	核心问题	研学内容
1	决胜鲁中，保卫祖国	120分钟	莱芜战役纪念馆	莱芜战役中将士们有哪些值得学习的精神	1.教师通过引导学生参观纪念馆，引入课程。（15分钟） 2.参观纪念馆，了解莱芜战役爆发的社会背景、战况和历史意义。（30分钟） 3.参与小组合作，学习探究参与战争英烈的生平事迹。（45分钟） 4.自主学习总结莱芜战役中先辈们值得我们学习的精神。（15分钟） 5.分享心得，缅怀革命烈士，导师进行评价总结。（15分钟）

一、课程简介

1.课程名称

决胜鲁中，保卫祖国

2.课程时长

120分钟

3.依托研学资源点

莱芜战役纪念馆（AAAA）

4.涉及学科及知识

历史学科：

主要事件：莱芜战役是中国人民解放军作战历史上最辉煌的一次战役。

莱芜之战，是中国人民解放军华东野战军于 1947 年 2 月，在陈毅和粟裕领导下，于山东解放区发动的一场大规模的歼灭战。

相关人物知识：

陈毅（1901 年 8 月 26 日—1972 年 1 月 6 日），男，名世俊，字仲弘，四川乐至人，中国共产党党员，中华人民共和国十大元帅之一。中国人民解放军创建人和领导人，军事家。主要领导战役：黄桥战役、莱芜战役、孟良崮战役、淮海战役、上海战役等。

粟裕（1907 年 8 月 10 日—1984 年 2 月 5 日），原名粟多珍，曾用名粟志裕，侗族，生于湖南会同。中国无产阶级革命家、军事家，中国人民解放军的主要领导人，中华人民共和国十大大将之首。主要指挥高邮战役、陇海线徐（州）海（州）段战役、苏中战役、孟良崮战役、济南战役、淮海战役、渡江战役、上海战役等。

韩练成（1909 年—1984 年），我军潜入国民党军队的将领，宁夏固原县人。原国民党军高级将领。韩练成将军是中国共产党深入龙潭虎穴的四大传奇将军之一，是被蒋经国称为在"总统身边隐藏时间最长、最隐秘的隐形将军"。

二、学情分析

1. 通识年龄段学情分析

本课程设计针对 13~15 岁年龄段的学生。该年龄段的学生兴趣广泛、好奇心强、思维活跃、涉猎面广。平时学生主要通过电视、网络、书本了解历史战役知识，实地接受爱国主义教育的机会较少，所以利用学生的求知心理，结合现场教学资源，可以充分调动他们对莱芜战役历史知识的学习积极性，进而使得课程效果事半功倍。在分析能力方面，该年龄段学生有一定的分析认知能力，拥有自己独特的见解及感悟。基于以上分析，本课程主要适用于 13~15 岁年龄段的学生，运用新型的教学方式开展爱国主义教育，给学生带来更多体验。

2. 本课程学情分析

本课程依托莱芜战役纪念馆，以"莱芜战役中将士们有哪些值得学习的精神"为核心问题，分层次逐步地学习莱芜战役，让学生从不同的维度了解历史知识，感受在战役中将士们的爱国主义情怀和革命英雄精神。授课方式新颖独特，可以激发学生的爱国主义热情，激发学生自主探究能力。

三、研学目标

（一）课程目标

通过对莱芜战役革命历史相关知识的实地学习，了解中国人民解放军的光辉事迹，接受爱国主义教育，继续发扬莱芜战役精神。同时，通过理论联系实际，学会运用团队合作的精神解决实际问题，服务于学习和生活。

把社会主义核心价值观融入国民教育全过程，深入开展爱国主义教育、国情教育、国家安全教育、民族团结教育等，将社会主义核心价值观内化于心、外化于行。

（二）教学目标

1. 知识与技能

知识：陈述莱芜战役的历史地位和战况，说出相关人物的生平事迹。

技能：①能把图片提示的信息转化为文字；②能够用自己的观点分析材料中的问题，并能举一反三。

2. 过程与方法

（1）通过实地参观纪念馆，了解莱芜战役的详细信息；

（2）分组讨论，参与小组合作，探究名将们的生平事迹；

（3）头脑风暴，分享心得，倾听其他同学的观点。

3. 情感态度及价值观

（1）通过学习历史知识，激发学生的爱国主义热情；

（2）通过实地研学，提升学生分析问题的能力。

四、课程实施

（一）界定不熟悉的术语

1. 纪念塔介绍

革命烈士纪念塔总高19.8米，方形塔底边长为8.15米，由泰山花岗石砌成，象征着在莱芜战役中牺牲的革命烈士们重如泰山。塔碑阳面"革命烈士纪念塔"七个镏金大字是毛泽东的手迹，阴面为镏金隶书碑文。整个纪念塔花饰简洁大方，主题突出。

2. 引入方式

参观纪念塔时引入（15分钟）。

（二）提出问题

1. 驱动核心问题

莱芜战役中将士们有哪些值得学习的精神？

2. 分解问题

爱国主义，同仇敌忾，万众一心，勤劳勇敢，不畏强暴，血战到底，自强不息，开拓创新。

（三）解决问题

1. 参观纪念馆，了解莱芜战役的历史地位和战况（30分钟）。

2. 小组合作，探究名将们的生平事迹（45分钟）。

3. 分享心得，缅怀革命烈士（15分钟）。

（四）成果展示

分享心得，缅怀革命烈士，导师进行评价总结（15分钟）。

研学课堂表现评价表		
姓名	班级	指导老师
项目	评价	
学生对本次研学主题是否感兴趣		
学生对本课程中的知识掌握情况		
学生在课堂上是否积极回答问题		
学生能否形成自己的新观点、新看法		
综合表现		

五、课程评价

评价内容	个人评价	学生互评	导师评价
在研学过程中，遵守行程规定与安排			
内务整洁有序			
在公众场合懂文明、讲礼貌			
在研学过程中爱护公物、保护环境，遵守公共秩序			

续表

评价内容	个人评价	学生互评	导师评价
研学过程中，积极主动地参与集体活动			
认真记录研学笔记			
在活动中积极交流、分享			
在活动中与同学团结友爱、互相帮助			
在研学活动中有创新能力			

案例二　济南市红色文化研学旅行课程案例："热血永驻解放阁"研学课程

序号	课程主题	学时	地点	核心问题	研学内容
1	热血永驻解放阁	120分钟	济南市解放阁	如何理解革命先辈们抛头颅、洒热血的大无畏精神	1. 学生参观游览解放阁，小组合作探究济南市解放战争的历史。（20分钟） 2. 场景式教学，导师带领学生走进纪念大厅，带领学生深入感受先辈们抛头颅、洒热血的革命精神，引出解放阁的由来。（30分钟） 3. 济南战役的经过和结果是什么？（10分钟） 4. 解放阁设立的意义是什么？（10分钟） 5. 分组模仿书写"解放阁"三个字，并加以装饰，制作成精美的画报。（40分钟） 6. 小组评选精美画报，老师评价总结。（20分钟）

一、课程简介

1. 课程名称

热血永驻解放阁

2. 课程时长

120分钟

3. 依托研学资源点

济南市解放阁

4. 涉及学科及知识

历史学科：

解放阁，坐落在山东省济南市历下区。解放阁是一座二层小楼，通高30米，占地620平方米。台基高10米，占地2150平方米，陈毅手书的"解放阁"三个大字被嵌在半腰处。高高的台基由厚重的石头堆砌而成，台的西侧有一条石梯，供人攀爬。

济南战役，是1948年9月16日至24日解放战争时期，华东野战军对国民党军重兵守备的济南进行的大规模攻坚战。

解放战争，亦称第三次国内革命战争，是1946年~1950年中国人民解放军在中国共产党的领导下，为推翻国民党统治、解放全中国而进行的战争，是事关中国前途命运的大规模决战。

二、学情分析

1. 通识年龄段学情分析

本课程设计针对8~14岁年龄段的学生。该年龄段的学生正处于人生成长的关键时期，通过解放阁实地研学，引导学生了解革命历史，树立正确的世界观、人生观、价值观，培养爱国情怀，将爱国主义精神厚植于心中。与此同时，在此年龄段内的学生随着知识的积累和对事物体验的深化，内心世界比较丰富，除了注意事物的形式外，更注意对事物的分析和主观体会，对很多问题都可以做出自己的回答。基于以上分析，本部分按照8~14岁学生的认知特点和学习规律，由表及里、由浅入深地设置课程，采用多种教学方法，开展该部分课程。

2. 本课程学情分析

本课程以济南市解放阁为研学资源点，以"如何理解革命先辈们抛头颅、洒热血的大无畏精神？"为核心问题，通过参观学习，激发学生的学习兴趣。课程的教学内容以多种形式呈现，让学生自主探究，并且可以激发学生自由参与探索与创新，提高学生自主学习的能力。

三、研学目标

（一）课程目标

通过对济南革命历史相关知识的学习，真正了解先辈们浴血奋战的过程，敬畏先辈们抛头颅、洒热血的革命精神。同时，通过亲身实践，理解团队合作的重要性，从而更好地服务于学习和生活。

能够积极参加班级团队活动、场馆体验、红色之旅等，亲历社会实践，提升爱国主义感悟。学会主动分享体验和感受，与老师、同学交流思想认识，深化社会主义核心价值观认知。

能关注自然、社会、生活中的现象，深入思考并提出有价值的问题，将问题转化为有价值的研究课题，学会运用科学的方法开展研究。能主动运用所学知识理解与解决问题，并做出基于证据的解释，形成基本符合规范的研究报告或其他形式的研究成果。

（二）教学目标

1. 知识与技能

知识：概述济南市解放的历史。

技能：①能把图片提示的信息转化为文字；②能够用自己的观点分析材料中的问题，并能举一反三。

2. 过程与方法

（1）独立思考，形成自己的观点，在小组交流合作学习中讨论济南市解放的历史；

（2）尊重他人，愿意欣赏同学的优点，同学之间能和睦相处；

（3）参与小组讨论，就"如何理解先辈们抛头颅、洒热血的革命精神？"发表自己的观点。

3. 情感态度及价值观

（1）通过学习历史知识，让学生正确面对历史，分析历史；

（2）在学习解放战争故事的过程中，树立爱国精神。

四、课程实施

（一）界定不熟悉的术语

1. 解放阁

位于山东省济南市历下区。1963 年，济南市利用原内城东南城角，砌筑台基，以纪念济南战役的胜利。20 世纪 80 年代初，中共济南市委、市政府决定在台上建阁，以缅怀革命先烈。1988 年建成。

2. 引入方式

导师通过讲解"济南战役"的历史展开课程。（10 分钟）

（二）提出问题

1. 驱动核心问题

解放阁设立的意义是什么？

2. 分解问题

（1）解放阁的由来是什么？

中国人民解放军攻克济南时（具体时间为 1948 年 9 月 24 日）的攻城突破口处。后旧城城墙因城市建设而拆除时，济南人民特意在这里的旧城址上，建起了巍峨壮观的解放阁，以纪念济南解放。1965 年建成 10 米高的石砌台基。1985 年于台上建阁，1986 年 9 月 24 日落成。

（2）济南战役的背景是什么？

此处参考课程简介中的涉及知识。

（3）济南战役的经过和结果是什么？

此处参考课程简介中的涉及知识。

（三）解决问题

（1）学生参观游览解放阁，小组合作探究济南市解放战争的历史（20 分钟）。

（2）场景式教学，导师带领学生走进纪念大厅，带领学生深入感受先辈们抛头颅、洒热血的革命精神（30 分钟）。

（3）分组模仿书写"解放阁"三字并加以设计，制作成精美的画报（40 分钟）。

（4）小组评选精美画报，老师评价总结（约 20 分钟）。

（四）成果展示

分组模仿书写"解放阁"三字，并加以装饰，制作成精美的画报（40 分钟）。

（1）5~6 人分为一组，组长 1 名。

（2）研学指导师在过程中提供必要的指导。

五、课程评价

评价内容	个人评价	学生互评	导师评价
在研学过程中,遵守行程规定与安排			
内务整洁有序			
在公众场合懂文明、讲礼貌			
在研学过程中爱护公物、保护环境,遵守公共秩序			
研学过程中,积极主动地参与集体活动			
认真记录研学笔记			
在活动中积极交流、分享			
在活动中与同学团结友爱、互相帮助			
在研学活动中有创新能力			

案例三 青岛市红色文化研学旅行课程案例："红色基因代代传"研学课程

序号	课程主题	学时	地点	核心问题	研学内容
1	红色基因代代传	60分钟	中共青岛党史纪念馆	如何传承红色基因,延续红色血脉	1. 导师就"中共青岛历史"这一问题,展开课程(10分钟) 2. 学生分组参观纪念馆,学习中国共产党历史的相关内容。(20分钟) 每组5~10人,分不同路线、不同顺序参观纪念馆。 3. 小组通过"讲英雄故事"展示学习到的中国共产党历史的相关知识。(20分钟) ①每组成员讲述自己印象深刻的英雄故事,分享从中学习到的精神和感悟。 ②小组讨论时,利用头脑风暴法,请学生提出自己的想法。 4. 研学指导师总结评价。(10分钟)

一、课程简介

1. 课程名称

红色基因代代传

2. 课程时长

60 分钟

3. 依托研学资源点

中共青岛党史纪念馆

4. 涉及学科及知识

历史学科：

四方机厂：四方机厂，全名四方机车车辆厂，素有"中国火车头的摇篮"美誉。这里是青岛共产党早期革命的发祥地，是青岛第一个工会的诞生地，是青岛工人运动的起源和根据地。

政治学科：

中国共产党名称由来：1920 年 8 月，陈独秀在上海发起成立了中国共产党的第一个早期组织。1920 年 9 月 1 日，陈独秀在《新青年》发表的《对于时局之我见》一文中，曾称"吾党"为"社会党"，后来才改称为"共产党"。

中国共产党指导思想：中国共产党的指导思想是指导中国共产党全部活动的理论体系，是中国共产党的思想建设、组织建设和作风建设的理论基础。《中国共产党章程》明确规定："中国共产党以马克思列宁主义、毛泽东思想、邓小平理论、'三个代表'重要思想、科学发展观、习近平新时代中国特色社会主义思想作为自己的行动指南。"

二、学情分析

1. 通识年龄段学情分析

本课程设计针对 11~13 岁年龄段的学生。该年龄段的学生逐渐形成了良好的学习习惯，明确自己的学习目的，能够端正学习态度，对学习较为感兴趣、有信心。11~13 岁的学生正处在儿童向少年的过渡时期，正处于由童声向成年变声的过渡期。由于获得知识和信息的途径增多，参与意识和竞争意识也在逐步增强，而心理上又处于一种半成熟、半幼稚的矛盾状态，在行为上往往是独立性与依赖性同在、自觉性与盲目性并存；从思维方式上看，他们正从形象思维向抽象思维过渡，而形象思维依然起着重要作用。从情感上看，他们的爱憎已经和社会的各个方面密切地联系在一起，充满了憧憬和激情；教师应该结合这些特点加以正确引导。

2. 本课程学情分析

本课程依托中共青岛党史纪念馆研学资源点，以"如何传承红色基因，永续红色血脉？"为核心问题，学习党史的相关知识，学好文化知识，用党的优良传统和历史经验启迪智慧，砥砺品质。

三、研学目标

（一）课程目标

通过在中共青岛党史纪念馆的学习，深刻领悟党的一系列重大成果，进一步学史明理，学史增信，学史崇德，学史力行，悟思想，办实事，开新局。

（二）教学目标

1. 知识与技能

知识：说出中国共产党的相关历史知识。

技能：①讲解能力，能概述中共青岛历史；

②提供资料，探究四方机厂大罢工背后的故事；

③能够用自己的观点分析材料中的问题，并能举一反三。

2. 过程与方法

（1）参与小组讨论，就"如何传承红色基因，永续红色血脉？"发表自己的观点；

（2）小组合作思考四方机厂大罢工背后的原因及反映的问题，并汇报探究成果。

3. 情感态度及价值观

（1）在学习党史的过程中，加强对党的认同感；

（2）在学习四方机厂大罢工故事的过程中，进一步坚定理想信念。

四、课程实施

（一）界定不熟悉的术语

党史：中国共产党的历史，是中国共产党从1921年7月1日成立以来整个发展过程的全部历史。主要包括中国共产党历次代表大会的情况、党章的不断完善过程、党在各个不同历史时期的组织建设和发展状况、党领导全国各族人民进行革命和建设的发展历程和全部史实的记载。

（二）提出问题

1. 驱动核心问题

如何传承红色基因，延续红色血脉？

2. 分解问题

你了解哪些知名的抗战英雄以及他们的事迹？

刘胡兰（1932年10月8日—1947年1月12日），原名刘富兰。山西省文水县云周西村人。1945年进入中共妇女干部训练班，1946年被分配到云周西村做妇女工作，并成为中共候补党员。1946年12月21日，刘胡兰参与暗杀云周西村村长石佩怀的行动。

董存瑞，1929年出生，河北省怀来县人。出身于贫苦农民家庭。当过儿童团团长，13岁时，曾机智地掩护区委书记躲过侵华日军的追捕，被誉为"抗日小英雄"。1945年7月参加八路军。后任某部六班班长。1947年3月加入中国共产党。

（三）解决问题

（1）教师就"中共青岛历史"展开课程。（10分钟）

（2）学生分组参观纪念馆，学习党史。（20分钟）

每组5~10人，分不同路线、不同顺序参观纪念馆。

（3）小组通过"讲英雄故事"展示所学的党史。（20分钟）

①每组成员讲述自己印象深刻的英雄故事，分享从中学习到的精神和感悟。

②小组讨论时，利用头脑风暴法，请学生提出自己的想法。

（4）研学指导师总结评价。（10分钟）

（四）成果展示

学习英雄故事，并讲解英雄故事。

五、课程评价

评价内容	个人评价	学生互评	导师评价
在研学过程中，遵守行程规定与安排			
内务整洁有序			
在公众场合懂文明、讲礼貌			
在研学过程中爱护公物、保护环境，遵守公共秩序			
研学过程中，积极主动地参与集体活动			
认真记录研学笔记			
在活动中积极交流、分享			
在活动中与同学团结友爱、互相帮助			
在研学活动中有创新能力			

案例四　青岛市红色文化研学旅行课程案例："海洋国防发展及影响"研学课程

序号	课程主题	学时	地点	核心问题	研学内容
1	海洋国防发展及影响	120分钟	中国海军博物馆	海军国防如何发展	1. 自主探究，分享自己在"海洋国防博物馆的故事"环节有什么收获。（30分钟） 2. 小组合作畅谈：如何为中国海洋国防发展贡献自己的一分力量。（20分钟） 3. 在教师引导下分享故事内容。（20分钟） 4. 教师利用图片、视频等教具引导学生，对海洋国防知识进行讲解。（20分钟） 5. 在学习海洋国防发展知识时，学会团队合作，与同学和睦相处。（30分钟）

一、课程简介

1. 课程名称

海洋国防发展及影响

2. 课程时长

120 分钟

3. 依托研学资源点

中国海军博物馆

4. 涉及学科及知识

在我国发展海洋国防的重要性：

21 世纪，人类进入了大规模开发利用海洋的时期。我们党和国家更加重视海洋。党的十八大做出了建设海洋强国的重大部署。国家国防教育办公室要求，2013 年全民国防教育要适应国家发展战略和安全战略新要求，突出抓好维护海洋权益教育。

历史悠久的中国海洋文化：

中国海洋文化源远流长。中国是世界上最早认识和发展海洋资源的国家。《尚书》中言"四海会同""环九州为四海""江、汉朝宗于海"。韩非子言"历心于山海而国家富"。战国时期，齐国凭借"渔盐之利"，发展成为"海之王国"，"春秋五霸"之首，"战国七雄"之一。自秦以来，徐福就一直在向东，在人群中穿行。随着中国造船工业的发展，指南针的发明，航海技术的发展，开创了世界航运史上的新篇章。两汉、唐时期，海上丝绸之路与陆路齐头并进，成为最远的海上交通要道。中国的航海技术在明朝达到鼎盛时期，郑和带领的庞大舰队经过 28 年的航程，最终成就了明朝的鼎盛时期。

二、学情分析

1. 通识年龄段学情分析

本课程设计针对 10~12 岁年龄段的学生。该年龄段是培养学习能力、情绪能力、意志能力和学习习惯的最佳时期。同时，此年龄段的学生具有一定的海洋文化知识的积累，接受知识深度的能力明显提高，且语言和文字反应能力增强，在引导下能获得较快的能力提升。

2. 本课程学情分析

本课程依托中国海军博物馆研学资源点，以"海军国防如何发展？"为核心问题，激发了学生的学习兴趣，让青少年形成正确的海洋思维以及一定的海洋国防战略思维，同时逐渐提高生态保护的意识。

三、研学目标

（一）课程目标

让青少年走近海洋国防，海洋国防作为国家国防的重要组成部分，与大家的日常生活息息相关却又相距甚远，本课程就是依托海洋国防知识，使学生更深刻地领悟海洋文化的内涵，提升自己的思维方式，同时对于海洋国防方面的法规政策有进一步了解。

（二）教学目标

1. 知识与技能

知识：（1）了解海洋国防知识；

（2）能够说出其他国家海洋国防的发展。

技能：（1）完成给出的测试题，完成率达到100%；

（2）通过实地参观博物馆等场所，聆听讲解人员细致入微的介绍，强化学生的信息检索、观察能力和交流能力。

2. 过程与方法

（1）自主探究，分享自己在"海洋国防博物馆的故事"环节有什么收获；

（2）小组合作畅谈：如何为中国海洋国防发展贡献自己的一分力量？

（3）在学习海洋国防发展知识时，学会团队合作，与同学和睦相处。

3. 情感态度及价值观

（1）培养学生良好的归纳总结和分享意识，使学生乐于分享自己的经历、体验和收获；

（2）激发学生热爱祖国、努力学习的意识；

（3）激发和培养学生对海洋国防的重视，提升海洋素养。

四、课程实施

（一）界定不熟悉的术语

1. 我国的基本国情

我国是一个海陆兼具的国家，有着960万平方公里的陆地面积，还有着300多万平方公里的海洋面积。对于我国这样一个海洋大国来说，维护海洋权益对于国家崛起和民族复兴显得至关重要。

2. 引入方式

以基础性课程引入课程（10分钟）。

（二）提出问题

1. 核心驱动问题

海军国防如何发展？

2. 分解问题

（1）在我国发展海洋国防的重要性是什么？

此处参考课程简介中的涉及知识。

（2）海洋国防的重要地位是什么？

此处参考课程简介中的涉及知识。

（3）中国历史悠久的海洋文化是什么样的？

此处参考课程简介中的涉及知识。

（三）解决问题

1. 基础性课程——"海洋国防知多少"

海洋国防作为国家安全保障的重要组成部分，同学们都有听到有关海洋国防的故事经历。

（1）此阶段要求大家分享一下自己了解的海洋国防故事。

（2）分组讨论参观过的海洋博物馆以及游览过的海滨城市。

（3）教师对海洋国防的基础知识进行讲解及概括。

2. 参观性课程——"海洋国防博物馆的故事"

该阶段同学们参观海洋国防类博物馆，了解中国以及世界上其他国家海洋国防的发展及海洋国防的重要性，体会海洋国防薄弱对我国发展的影响，了解中国屈辱的近现代史，培养勿忘国耻、振兴中华的精神。

3.探索性课程——"海洋国防的发展"

以"海洋国防"为中心,教师讲解中国近年来海洋国防的发展情况,学生们分小组讨论研究,寻找合理依据,畅想未来中国的海洋国防发展。

课程主题	课时安排	教学方法	教学要点	学习情境
基础性课程	1课时 (40分钟)	讲授法 讨论法 演讲法	重点:分享有关的海洋国防故事,了解海洋国防基础知识;对海洋国防有初步了解 难点:理解海洋国防知识内容	1.在教师的引导下分享故事内容 2.教师利用图片、视频等教具引导学生对海洋国防知识进行讲解
参观性课程	1课时 (40分钟)	参观法 讨论法 采访法	重点:了解中国海洋国防发展及海洋国防的重要性 难点:将参观所学内容与中国近现代史相联系	1.参观海洋国防博物馆 2.聆听博物馆人员讲解,学生做好采访记录 3.小组讨论所学,结合历史,融会贯通,回顾所学,查缺补漏
探索性课程	1课时 (40分钟)	讲授法 讨论法	重点:聆听中国海洋国防发展情况 难点:自我畅想,符合实际,内容合理	1.由教师讲解中国近年来海洋国防的发展情况 2.学生们进行小组讨论,自由发挥,合理畅想中国未来的海洋国防发展状况

(四)成果展示

1.分享会

分享自己在"海洋国防博物馆的故事"环节有什么收获。

2.职业探索

(1)题目:如何为中国海洋国防发展贡献自己的一分力量?

(2)要求:请根据自己在研学课程中积累的基础知识,结合自己的畅想,谈一谈如何为中国海洋国防事业发展添砖加瓦。

五、课程评价

评价内容	个人评价	学生互评	导师评价
在研学过程中,遵守行程规定与安排			
内务整洁有序			

续表

评价内容	个人评价	学生互评	导师评价
在公众场合懂文明、讲礼貌			
在研学过程中爱护公物、保护环境，遵守公共秩序			
研学过程中，积极主动地参与集体活动			
认真记录研学笔记			
在活动中积极交流、分享			
在活动中与同学团结友爱、互相帮助			
在研学活动中有创新能力			

案例五　青岛市红色文化研学旅行课程案例："影响海洋国防发展的人物"研学课程

序号	课程主题	学时	地点	核心问题	研学内容
1	影响海洋国防发展的人物	90分钟	戚继光纪念馆	假如没有这些影响海洋国防发展的人物，将出现怎样的结果	1. 教师引导分享展示故事内容，导入课程。（10分钟） 2. 教师利用图片、视频等教具引导学生对海洋国防英雄人物知识进行讲解。（20分钟） 3. 参观中国海军博物馆及海防英雄人物纪念馆等。（20分钟） 4. 聆听博物馆讲解员讲解，学生做好采访记录。（10分钟） 5. 小组讨论所学，结合历史，融会贯通，回顾所学，查缺补漏。（10分钟） 6. 学生根据所学自主查阅相关资料，开阔眼界。（10分钟） 7. 学生们进行小组讨论及展示，班级同学互相结合与补充。（10分钟）

一、课程简介

1. 课程名称

影响海洋国防发展的人物

2. 课程时长

90 分钟

3. 依托研学资源点

戚继光纪念馆

4. 涉及学科及知识

海洋国防发展人物：

戚继光：字元敬，号南塘，晚号孟诸，卒谥武毅。汉族，山东省蓬莱市人。明朝抗倭名将，杰出的军事家、书法家、诗人、民族英雄。著名战役：岑港之战、台州之战、福建之战、兴化之战、仙游之战等。

关天培：对加强虎门海防建设有着突出贡献，主要采取增修炮台、添铸重炮、调整炮位、精选士兵加强军事训练等措施。

二、学情分析

1. 通识年龄段学情分析

本课程设计针对 10~12 岁年龄段的学生。该年龄段的学生，对材料文字比较敏感，已具备一定的逻辑思维能力。学习方面，学科明显增多，内容难度加深，同时其对历史知识有一定的了解，但是缺乏系统认知，教师应该结合这些特点加以正确引导。因此针对此年龄段学生开展教学活动时，需要转变教学方式，用更加适合、新颖、有趣的教学模式引导青少年学习相关专业性知识。

2. 本课程学情分析

本课程依托戚继光纪念馆研学资源点，以"影响海洋国防发展的人物"为核心问题，在赞叹中国海洋国防的同时，进一步探索为海洋国防做出巨大贡献的历史人物，从这些人物身上学习优良品质，提高自身的价值。

三、研学目标

（一）课程目标

通过探索在中国海洋国防建设过程中做出伟大贡献的人物，使青少年融会贯通，进一步加以思索，学习英雄人物身上的优良品质，并在自身上加以落实和贯彻，使世界观、人生观，道德观得到升华，激发学生积极向上的心态与为国奉献的精神。

通过对相关历史知识的学习，学生完成历史知识体系图的绘制，理解和掌握基本的科学研究方法，运用科学的思维发现问题、解决问题。

（二）教学目标

1. 知识与技能

知识：

（1）能够说出中国海洋国防建设过程中做出伟大贡献的历史人物；

（2）能够深入了解其他众多国家海洋国防发展历史。

技能：

（1）能够用自己的观点分析问题，并能举一反三；

（2）通过从网络搜索知识，培养学生概括总结的能力。

2. 过程与方法

（1）描述印象最深刻的海洋国防英雄人物及其参与的主要战争、事迹；

（2）通过实地参观历史纪念馆等场所，聆听讲解人员细致入微的介绍，培养学生的信息检索能力、观察能力和交流能力；

（3）在学习海洋国防发展中，学会团队合作，与同学和睦相处。

3. 情感态度及价值观

（1）培养学生良好的归纳总结和分享意识，使学生乐于分享自己的经历、体验和收获；

（2）引导青年学生向先辈学习，培养为祖国海洋国防奉献的精神；

（3）激发和培养学生对海洋国防的重视，提升对海洋国防的认识。

四、课程实施

（一）界定不熟悉的术语

1. 我国的基本国情

我国是一个海陆兼具的国家，有着960万平方公里的陆地面积，还有着300多万平方公里的海洋面积。对于我国这样一个海洋大国来说，维护海洋权益对于国家崛起和民族复兴显得至关重要。

2. 引入方式

以基础性知识引入课程（10分钟）。

（二）提出问题

1. 核心驱动问题

假如没有这些影响海洋国防发展的人物，将出现怎样的结果？

2. 分解问题

（1）影响海洋国防发展的人物有哪些？

此处参考课程简介中的涉及知识。

（2）有关海洋国防英雄人物的故事经历有哪些？

此处参考课程简介中的涉及知识。

（三）解决问题

1. 基础性课程——"海洋国防人物知多少"

海洋国防建设中，有众多英雄人物为国家安全保障做出了重大的贡献，同学们都听到有关海洋国防英雄人物的故事经历。

（1）要求大家分享一下自己知道的海洋国防英雄人物的故事。

（2）教师对海洋国防英雄人物的基础知识进行总结、讲解、补充及概括。

2. 参观性课程——"海洋国防博物馆及英雄人物故居走一走"

同学们参观海洋国防类博物馆及相关英雄人物的故居、纪念馆等，了解中国以及世界上其他国家海洋国防发展过程中起决定性影响的历史人物及英雄人物主导的战争故事，体会我国海洋国防发展的艰辛，从小树立为祖国海洋国防奉献的精神。

3. 探索性课程——"英雄人物背后的故事"

以"海洋国防英雄人物"为中心，结合教师上课讲解的中国海洋国防英雄人物的故事，让学生分小组查阅图书、资料等，了解每位英雄人物的贡献。

课程主题	课时安排	教学方法	教学要点	学习情境
基础性课程	1课时（40分钟）	讲授法 讨论法 演讲法	重点：分享展示自己了解的海洋国防英雄人物故事 难点：分门别类地整理记录每位海防英雄人物的相关事迹	1. 在教师的引导下分享展示故事内容 2. 教师利用图片、视频等教具引导学生对海洋国防英雄人物知识进行讲解

续表

课程主题	课时安排	教学方法	教学要点	学习情境
参观性课程	1课时（40分钟）	参观法 讨论法 采访法	重点：了解中国海洋国防英雄人物的生平经历 难点：将参观所学内容与中国近现代史相联系	1. 参观中国海军博物馆及海防英雄人物纪念馆等 2. 聆听博物馆人员讲解，学生做好采访记录 3. 小组讨论所学，结合历史，融会贯通，回顾所学，查缺补漏
探索性课程	1课时（40分钟）	讲授法 讨论法	重点：学生搜集资料，整理、吸收获得内容 难点：知识分类整理，与所学相结合，温故而知新	1. 学生根据所学自主查阅相关资料，开阔眼界 2. 学生们进行小组讨论及展示，班级同学互相结合，互为补充

（四）成果展示

开展分享会进行交流分享。

题目：分享自己在"海洋国防博物馆及英雄人物故居走一走"环节有什么收获。

要求：请结合自己在研学课程中的所看所学，真实地表达自己的收获。

五、课程评价

评价内容	个人评价	学生互评	导师评价
在研学过程中，遵守行程规定与安排			
内务整洁有序			
在公众场合懂文明、讲礼貌			
在研学过程中爱护公物、保护环境，遵守公共秩序			
研学过程中，积极主动地参与集体活动			
认真记录研学笔记			
在活动中积极交流、分享			
在活动中与同学团结友爱、互相帮助			
在研学活动中有创新能力			

案例六　淄博市红色文化研学旅行课程案例："和平使者"研学课程

序号	课程主题	学时	地点	核心问题	研学内容
1	我是运输兵	180分钟	马鞍山抗日保卫战旧址	如何看待兵马未动、粮草先行	1. 研学指导师以马鞍山春秋时期古长城背景导入课程。（5分钟） 2. 学生搜集资料，自主探究马鞍山战役的历史背景。（20分钟） 3. 学生汇报探究成果，研学指导师对其评价并总结。（15分钟） 4. 询问学生在搜集资料过程中发现了和马鞍山战役相关的英雄人物，以此引出"王凤麟副团长的英雄事迹"（5分钟） 5. 就上面的问题展开，若同学们对相关知识已有基本了解，则继续引导回答：王凤麟副团长在马鞍山战役中的英雄事迹；如果没有，则由研学指导师介绍本课的核心人物，进而让同学们自主探究、深入了解，并准备接下来的演讲活动。（20分钟） 6. 进行"革命故事我来讲""王凤麟故事演讲"活动，评选"最佳演讲者"。（45分钟） 研学指导师提出问题：马鞍山战役装备运输有什么困难？（5分钟） 学生思考回答，研学指导师总结，解答问题。"地形原因，交通要道被日军破坏，本身军备储存少"（15分钟） 体验运输炸药的情景或拍摄运输装备的情景剧。（50分钟）
			中午休息时间		
2	请让我出战	60分钟	博莱蒙三县边区联防办事处旧址	"太河惨案请愿团"出现的原因	1. 研学指导师用视频等形式导入课程。（10分钟） 2. 学生自主探究办事处曾做过哪些革命组织工作。（20分钟） 3. 老师简单介绍太河惨案发生的背景，学生模拟请愿团当时的情景。（30分钟）
			大巴车车行约30分钟左右		

续表

序号	课程主题	学时	地点	核心问题	研学内容
3	时光机——保卫太河	120 分钟	太河惨案纪念地	如何避免太河惨案的发生	1. 研学指导师就"太河惨案请愿团"展开课程。（5 分钟） 2. 学生搜集资料，小组合作探究太河惨案发生的历史背景。（20 分钟） 3. 各小组汇报探究成果，研学指导师对其评价进行总结。（15 分钟） 4. 小组讨论"假设我们坐时光机回到过去，如何避免太河惨案的发生？""头脑风暴"（约 15 分钟） 5. 小组汇报讨论方案，研学指导师评价总结。（约 15 分钟） 6. 学生拍摄情景剧。（约 50 分钟）
	研学课程总结汇报，观看学生视频拍摄成果，结束课程（90 分钟）				

6-1：我是运输兵

一、课程简介

1. 课程名称

我是运输兵

2. 课程时长

180 分钟

3. 依托研学资源点

马鞍山抗日保卫战旧址

4. 涉及学科及知识

历史学科：

1942 年 11 月 9 日，日军为切断通往山东南部和胶东的主要道路，动员 1000 多人对我马鞍山根据地发动了疯狂的进攻。而我守山的士兵连老人、伤病员有 30 人，武器弹药也非常少，但英雄们在副司令员王凤麟的带领下，与敌人进行了顽强的斗争。最后，在弹药和粮食不足的情况下，他们毅然跳下悬崖殉难。

其他知识：

马鞍山抗日保卫战总指挥王凤麟，原名李芳，1935年至1937年底被派往苏联莫斯科东方大学工兵班学习深造。1942年被任命为八路军一一五师教导一旅二团副团长，因在战斗中腿脚部伤残，1942年10月来到马鞍山。

二、学情分析

1. 通识年龄段学情分析

本课程设计针对8~12岁年龄段的学生。该年龄段的学生具有思维活跃、乐于发言、兴趣广泛的特点，在日常生活中能够接触到一些抗日影视作品，对历史知识有了一定的了解和基本的认识；在经验分析方面，也具有一定的自我判断、自我分析能力，但同时受年龄的限制，系统思考能力还有待于进一步提升。基于以上分析，本部分按照8~12岁学生的认知特点和学习规律，由表及里、由浅入深地设置课程，需要运用沉浸式的教学方法，开展该部分课程。

2. 本课程学情分析

本课程依托马鞍山抗日保卫战旧址研学资源点，以"如何看待兵马未动，粮草先行"为核心问题，激发学生的学习兴趣。课程的教学内容以多种形式呈现，可以促进学生自主学习，培养自由探究、团队合作的能力。

三、研学目标

（一）课程目标

通过对马鞍山抗日保卫战革命历史相关知识的学习，真正了解历史、分析历史。重温这一历史时期在此研学资源点发生的革命故事，梳理历史，感悟历史，忆苦思甜。同时通过演讲与表演等实践方式，培养勇于探究的科学精神，学会运用团队合作的精神解决实际问题，服务于学习和生活。

把社会主义核心价值观融入国民教育全过程，落实到中小学教育教学和管理服务各环节，深入开展爱国主义教育、国情教育、国家安全教育、民族团结教育等，引导学生牢牢把握富强、民主、文明、和谐的国家层面的价值目标，深刻理解自由、平等、公正、法治的社会层面的价值取向，自觉遵守爱国、敬业、诚信、友善的公民层面的价值准则，将社会主义核心价值观内化于心、外化于行。

（二）教学目标

1. 知识与技能

知识：

（1）列举马鞍山抗日保卫战的相关历史知识；

（2）能够讲出王凤麟的英雄故事。

技能：

（1）完成演讲活动；

（2）搜集资料，探究马鞍山抗日保卫战的历史背景和王凤麟的英雄故事；

（3）观看影片片段，模拟拍摄运送装备的情景剧。

2. 过程与方法

（1）自主探究，独立思考，探究马鞍山抗日保卫战的历史背景；

（2）小组合作探究思考马鞍山战役装备运输的困难，小组形成统一意见后汇报探究成果；

（3）准备演讲活动和拍摄情景剧，学会团队合作，与同学和睦相处。

3. 情感态度及价值观

（1）通过实地研学，以史为镜，继承和发扬革命精神；

（2）通过演讲活动，抒发学生对先烈的敬佩之情；

（3）在学习马鞍山抗日保卫战历史的过程中，学习和坚守老一辈革命家的理想信念，进一步补足我们的精神之钙，筑牢我们的信仰之基。

四、课程实施

（一）界定不熟悉的术语

1. "兵马未动，粮草先行"

（1）意思解释：指出兵之前，先准备好粮食和草料。比喻在做某件事之前，提前做好准备工作。

（2）典故出处：林占财《森林中的远征》："他很同情地说道：是的，'兵马未动，粮草先行'，这是自古以来用兵的老规矩，你们没有粮食怎么走这么远的路？"

2. 引入方式

以"兵马未动，粮草先行"的典故导入课程。

（二）提出问题

1. 核心驱动问题

马鞍山战役装备运输有什么困难？

2. 分解问题

（1）与马鞍山战役有关的英雄人物有哪些？

一旅二团副团长王凤麟、鲁中联办民政处副处长谭克平、四县联办公安局一股股长董恒德、鲁中区党委组织科长李成式、四县联办公安局二股股长李绪臣和孟宪民等。

（2）王凤麟副团长在马鞍山战役中的故事是什么？

1942年9月24日，王凤麟率数名士兵前往鲁中的要冲马鞍山。那时马鞍山上只有一个当地的军队，其他的都是伤员和一些枪械修理所的工作人员。11月4日，冯毅之上山，与王凤麟谈论日伪军在鲁中一带的扫荡，也许会经过马鞍山。当时，他们并不知道日伪军已经包围了马鞍山。

1942年11月9日，由叛徒唐云三率领的日伪军千余人，向马鞍山发动了攻击。此时山上只剩下30多个人，王凤麟和他的士兵还能打。除了王凤麟手中的狙击枪，其他八支枪都是章丘制造的，每一支枪的子弹都只有几十发，王凤麟唯一的优势就是地形。马鞍山是一个非常危险的地方，日伪军必须爬上一条石梯。王凤麟将手中狙击枪的功能发挥到了极致，总是让敌人一枪毙命。其余的人，要么拿着长矛，要么拿着石头，在王凤麟的指挥下，奋起反击。第一天，他们就打败了日伪军。

不知道是不是因为狙击枪的缘故，日伪军在第二天早上就开始对着石峰开火，十几架战机轮流开火，马鞍山的主峰上到处都是浓烟。然而，战斗持续到了正午，马鞍山却是纹丝不动。日本参谋总长山田大佐气得拿起了望远镜，亲自查看，这一刻，他就是王凤麟最好的目标！

惊慌失措的日伪军呼叫火炮，飞机俯冲而下。此时，山上的战士们都没有了子弹，只好拿起石头当武器。王凤麟叮嘱众人，要注意有效增加有限子弹的威力，并在布条上写道："石头也是珍贵的，要节省，坚持到晚上就是胜利！"

傍晚时分，敌人还没有攻上山顶，在他的脚下，躺着一地的敌人，守卫赵克林阵亡，小张受伤，王凤麟浑身是血。情况变得更加危险，王凤麟决定将剩下的布料撕开,拧成一条绳子,让病人和老人的家人在天黑之前悄悄下山,只是因为绳子太短,他们都牺牲了。

此时,日伪军已经从南天门里冲了出来,汉奸唐云三藏在一块大石头后面,大叫着:"赶紧投降,日本人让你来当大官。"大家宁可战死,也不愿成为战俘。王凤麟为自己留下了最后一发子弹,英勇就义。那些穷凶极恶的敌军登上山顶,看到眼前的一幕,大吃一惊,两百多人伤亡,最后只换来一座空荡荡的大山,他们只得狼狈撤退。

(三)解决问题

(1)研学指导师以"兵马未动,粮草先行"的典故导入课程。(5分钟)

(2)学生搜集资料,自主探究马鞍山战役的历史背景。(20分钟)

(3)学生汇报探究成果,研学指导师对其进行评价并总结。(15分钟)

(4)就上面的"马鞍山战役有关的英雄人物"问题展开,如果有,请同学们回答:王凤麟副团长在马鞍山战役中的故事是什么?如果没有,就让同学们自主探究解决问题,并准备接下来的演讲活动。(20分钟)

(5)学生思考回答,老师总结解答"马鞍山战役装备运输有什么困难"的问题,从"地形原因,交通要道被日军破坏,本身军备储存少"几方面做总结。(15分钟)

地形原因	交通	根本原因
山势陡峭,山脚下有一条132级的石梯,直通山顶,是一座很好的防御工事,万人莫入。山顶有一座高达十多米的山峰,东西两座山峰连接在一起,形成一个凹陷的形状,从远处看,就像是一个马鞍,所以得名马鞍山。石峰四周都是悬崖,在西南方向,有一条狭窄陡峭的阶梯,通往南天门,是通往山顶的必经之路。	马鞍山四周群山环绕,山上树木葱郁,山下淄河蜿蜒,公路纵横,是古往今来的南北交通要冲。1942年11月9日,日伪军为切断我鲁中与鲁南、胶东的交通要道,抽调超过千人的部队,对马鞍山发动猛烈的攻击,使主要的交通要道遭到日伪军的破坏。	我守山将士连老人、伤病员在内才30余人,武器弹药也极少,本身军备储存少。

(四)成果展示

1. 开展"革命故事我来讲"(王凤麟故事演讲)活动,评选"最佳演讲者"(45分钟)

评价项目	评价要点	分值	打分
演讲内容 (35分)	演讲内容能紧紧围绕主题,观点明确、鲜明,见解独到,内容充实具体,生动感人	10分	
	材料真实、典型、新颖,事迹感人、实例生动,反映客观事实,具有普遍意义,体现时代精神	10分	
	形式丰富多彩、紧扣主题	5分	
演讲内容 (35分)	讲稿结构严谨,构思巧妙,引人入胜	5分	
	文字简练流畅,具有较强的思想性	5分	
语言表达 (35分)	演讲者语言规范、吐字清晰、声音洪亮	10分	
	演讲表达准确、流畅、自然	10分	
	语言技巧处理得当,语速恰当,语气、语调、音量、节奏张弛符合思想感情的起伏变化,能熟练表达所演讲的内容	15分	
形象姿态 (15分)	演讲者精神饱满,能较好地运用姿态、动作、手势、表情,表达对英雄的理解	15分	
综合印象 (5分)	演讲者着装朴素、端庄大方,举止自然得体	5分	
会场效果 (10分)	演讲具有较强的感染力、吸引力和号召力,能较好地与听众感情融合在一起,营造良好的演讲效果,演讲时间控制在6分钟之内	10分	

2. 体验运输装备的情景或拍摄运输装备的情景剧(50分钟)

(1)5~10人一组,选出一名导演、一名编剧、一名统筹,导演负责操作设备,编剧负责简单编写剧本,统筹负责维护演员秩序。

(2)运用设备进行简单拍摄,拍摄时长以10分钟左右为宜。

(3)研学指导师负责收集作品。

(4)小组在模仿电影片段拍摄时,要团结合作,及时交流,表达自己的想法。

五、课程评价

评价内容	个人评价	学生互评	导师评价
在研学过程中,遵守行程规定与安排			
内务整洁有序			
在公众场合懂文明、讲礼貌			
在研学过程中爱护公物、保护环境,遵守公共秩序			
研学过程中,积极主动地参与集体活动			
认真记录研学笔记			
在活动中积极交流、分享			
在活动中与同学团结友爱、互相帮助			
在研学活动中有创新能力			

6-2:请让我出战

一、课程简介

1. 课程名称

请让我出战

2. 课程时长

60 分钟

3. 依托研学资源点

博莱蒙三县边区联防办事处旧址

4. 涉及学科及知识

历史学科:

1938 年 10 月,抗日战争进入了相持阶段,日伪军为了巩固自己的占领区,消灭共产党、八路军等抗日武装,在鲁南展开了一场"扫荡"。博山是日伪军"扫荡"的必经之地,日伪军所到之处,无所不用其极,博山城乡百姓生活在水深火热之中。在此,人民急需建立自己的政权,领导人民进行抗日。

二、学情分析

1. 通识年龄段学情分析

本课程设计针对 13~16 岁年龄段的学生。该年龄段的学生处于积极了解历史背景、汲取新鲜知识的阶段，具有思维活跃、兴趣广泛的特点。在日常的学习生活中，该年龄段的学生有一定的历史知识基础，对大环境的历史事件也有一定的了解。在经验分析能力方面，该年龄段学生有一定的分析认知能力，拥有自己独特的见解及感悟。与此同时，此年龄段的学生已经形成了一定的社会责任感，心智逐渐成熟。教师应该结合这些特点加以正确引导。基于以上分析，本部分按照 13~16 岁学生的认知特点和学习规律，由表及里、由浅入深地设置课程，需要运用多种教学方法，开展该部分课程。

2. 本课程学情分析

本课程依托博莱蒙三县边区联防办事处旧址，以"太河惨案请愿团出现的原因"为核心问题，激发学生们探索的兴趣，授课方式新颖独特，可以在事件的原发生地给学生们带来更深刻的体验。

三、研学目标

（一）课程目标

通过对博莱蒙三县边区联防办事处旧址的相关知识学习，了解太河惨案的历史背景。同时通过亲身实践表演，培养勇于探究的科学精神，通过演绎请愿团的请愿场景培养学生团队合作能力，服务于学习和生活。

（二）教学目标

1. 知识与技能

知识：学习博莱蒙三县边区联防办事处旧址的相关知识，了解太河惨案的历史背景，探究太河惨案请愿团出现的原因。

技能：

（1）观看视频，了解时代背景，模仿请愿团请愿时的场景；

（2）小组合作探究办事处曾做过的革命组织工作。

2. 过程与方法

（1）观看 2020 年新冠疫情白衣天使请战书的视频，说出自己的内心感受；

（2）参与小组讨论，小组合作探究办事处曾做过的革命组织工作并汇报总结；

（3）学会运用团队合作的精神解决实际问题，服务于学习和生活。

3. 情感态度及价值观

（1）学生们通过亲临事发地，亲身感受参与请愿团的场景，获得崭新的历史体验，学习历史，正视历史，警示现在。

（2）培养学生们的爱国情感，树立报国感恩精神。

四、课程实施

（一）界定不熟悉的术语

1. "博莱蒙三县边区联防办事处"

了解"博莱蒙"三个字的含义。

1938年10月，抗日战争进入相持阶段以后，日军为巩固其占领区、消灭共产党、八路军等抗日武装力量，对鲁南进行了大规模"扫荡"。博山是日伪军出兵"扫荡"的必经之路，日伪军所到之处，烧杀抢掠无恶不作，博山城乡人民群众处于水深火热之中。这里的人民群众迫切需要有一个自己的政权，带领大家进行抗日斗争。为适应形势的发展和人民群众的需要，中共山东分局决定将蒙阴八区、莱芜六区划归中共博山县委领导。

1939年3月，博（山）莱（芜）蒙（阴）三县边区联防办事处正式建立，行使县级政权职能，县委驻地在五区上郝峪村，辖蒙阴八区、莱芜六区，以及博山四、五、七、二区，是1938年后我党在鲁中山区组织抗日较早的基层政权和指挥机构。时任博山县委书记的张敬焘兼任办事处主任，副主任为边首之。对外称"八路军四支队驻博山办事处"。

2. 引入方式

参观博莱蒙三县边区联防办事处时引入。

（二）提出问题

1. 核心驱动问题

太河惨案请愿团出现的原因。

2. 分解问题

（1）什么是请愿书？

请愿书是一种正式的书面文件，提交给当局，试图使该当局同意一项请求。通常，它是由多人签署的，表明有一大群人支持文件中详述的请求，描述事实时注意客观，不要带有主观色彩，把自己的请求写出来。

（2）办事处做过哪些革命组织工作？

办事处曾先后组织了"太河惨案请愿团"；先遣第一梯队夜袭五亩地日军据点，参与南博山下庄战斗；参加选举中共"七大"代表，积极发展党员。办事处作为安置我军伤员的转运站，还为战斗一线提供医护服务，在我军后方起到了有力的保障和支援作用。

（三）解决问题

1. 参观博莱蒙三县边区联防办事处，引入课程（10分钟）

2. 导师讲解太河惨案发生的背景，学生自主探究太和惨案请愿团出现的原因（10分钟）

太河惨案是在抗日战争进入相持阶段和1939年1月国民党五届五中全会提出"溶共、防共、限共、反共"方针的大背景下发生的。国民党山东省政府主席沈鸿烈和反共人员秦启荣是这一事件的始作俑者，王尚志及其所部是惨案的制造者。

3. 分组讨论办事处做过的革命组织工作（20分钟）

老师把学生分成小组，组内成员选举小组长，小组长负责总体事宜，组员根据参观时的介绍或者自行搜集资料，小组长做最终汇报。

4. 演绎情景剧，感受请愿团的爱国之情（20分钟）

小组要先明确设计方案中最重要的角色，如解决整个问题的负责人、设计者、开发者和记录者，最好保证每个组员都有机会尝试不同的角色。在分配任务时要注意组员的兴趣和能力，尽可能给他们提供扩展知识和能力的机会。另外，分配角色时要具有灵活性，小组成员的角色分工可以按工作需要和有利于他们自身发展的方向随时调整。

（四）成果展示

学生演绎请愿团的请愿场景（20分钟）：

（1）8~10人一组，选出一名导演、一名编剧、一名统筹，导演负责操作设备，编剧负责简单编写剧本，统筹负责进行维护演员秩序。

（2）运用设备进行简单拍摄，拍摄时长以 5 分钟左右为宜。

（3）研学指导师负责收集作品。

（4）小组在模仿电影片段拍摄时，要团结合作，及时交流，表达自己的想法。

五、课程评价

评价内容	个人评价	学生互评	导师评价
在研学过程中，遵守行程规定与安排			
内务整洁有序			
在公众场合懂文明、讲礼貌			
在研学过程中爱护公物、保护环境，遵守公共秩序			
研学过程中，积极主动地参与集体活动			
认真记录研学笔记			
在活动中积极交流、分享			
在活动中与同学团结友爱、互相帮助			
在研学活动中有创新能力			

6-3：时光机——保卫太河

一、课程简介

1. 课程名称

时光机——保卫太河

2. 课程时长

120 分钟

3. 依托研学资源点

太河惨案纪念地

4. 涉及学科及知识

历史学科：

1939年3月30日，山东纵队第三支队干部、战士及护卫团270多人，自鲁北向鲁南进发，途经博山太河镇，遇上驻在此地的国民党军事委员会别动队第五纵队司令秦启荣的王尚志部，两人阵亡，二十余人受伤，被俘二百余人。这就是泰河大屠杀，也就是博山大屠杀，是在抗日战争期间，山东的国民党顽固分子发动的一场大规模的反共流血事件。

二、学情分析

1. 通识年龄段学情分析

本课程设计针对13~16岁年龄段的学生。该年龄段的学生具有思维活跃、吸取信息广泛的特点，对社会现象和国内外新闻比较关心，对了解历史故事充满好奇，对汲取历史知识充满渴望。在认知基础和经验分析方面，该年龄段的学生有一定的分析、搜集信息和自学方面的能力，但是知识储备和认知水平有限，对很多问题的分析和理解还有所欠缺。基于以上分析，本部分按照13~16岁学生的认知特点和学习规律，由表及里、由浅入深地设置课程，需要运用多种教学方法，开展该部分课程。

2. 本课程学情分析

本课程依托太河惨案纪念地研学资源点，以"如何避免太河惨案的发生"为核心问题，激发学生的学习兴趣。课程的教学内容以拍摄情景剧等多种形式呈现，可以激发学生自由参与探索与创新。

三、研学目标

（一）课程目标

本课程充分利用独特的革命传统教育资源，帮助学生了解太河惨案整个历史事件，得出太河惨案的启示。课程通过搜集资料和拍摄情景剧等形式，培养学生勇于探究的科学精神以及团队合作的精神。本课程通过探究太河惨案历史背景，推断"太和惨案"发生的原因，培养学生的分析和理解能力。

（二）教学目标

1. 知识与技能

知识：

（1）说出"太河惨案"的历史背景；

（2）推断"太和惨案"发生的原因。

技能：

（1）拍摄情景剧，再现太河惨案发生的场景；

（2）搜集资料，探究太河惨案发生的历史背景；

（3）能够用联系的观点分析材料中的问题，并能举一反三。

2. 过程与方法

（1）参与小组讨论，就"假设我们坐时光机回到过去，如何避免太河惨案的发生？"发表自己的观点；

（2）小组合作探究太河惨案发生的历史背景，并汇报探究成果。

3. 情感态度及价值观

（1）通过学习历史知识，让学生正确面对历史，分析历史；

（2）在学习太河惨案背景的过程中，树立爱国精神。

四、课程实施

（一）界定不熟悉的术语

1. "太河惨案"的历史背景

太河惨案是中国抗日战争进入相持阶段，1939年1月国民党五届五中全会提出"限共、防共、溶共"政策的大背景下发生的。国民党山东省政府主席沈鸿烈，反共人员秦启荣、王尚志等人，都是这场屠杀的罪魁祸首。

2. 引入方式

学生搜集资料，小组合作探究太河惨案发生的历史背景。（20分钟）

（二）提出问题

1. 核心驱动问题

"假设我们乘坐时光机回到过去，如何避免太河惨案的发生？"（约15分钟）

2. 分解问题

（1）"太河惨案"相关的历史人物有哪些？故事是什么？

此处参考课程简介中涉及的知识。

（2）"太河惨案"带来的影响是什么？

太河惨案发生后，山东国民党方面也发生了变化。以沈鸿烈为代表的顽固派由以往的"公开联合,秘密限制"转变为公开打出反共的旗号,频繁进攻八路军驻地,制造事端,摧残抗日民主政权。

(三)解决问题

1.学生搜集资料,小组合作探究太河惨案发生的历史背景(20分钟)

(1)5~6人为一组,设置一名带队小组长;

(2)组长收集组员资料,汇总报告;

(3)研学指导师在此过程中加以指导。

2.各小组汇报探究成果,老师对其进行评价总结(15分钟)

成果名称							
成员							
活动情况	执行计划情况	好	10	较好	9	一般	7
	活动记录情况	好	5	较好	4	一般	3
	任务完成情况	好	10	较好	9	一般	7
	所学知识运用情况	好	5	较好	4	一般	3
参与情况	活动出勤率	好	5	较好	4	一般	3
	组员积极性	高	5	一般	4	不高	3
	小组合作情况	好	5	较好	4	一般	3
	参与情况	好	5	一般	4	不好	3

3.小组讨论:"假设我们坐时光机回到过去,如何避免太河惨案的发生?"利用头脑风暴法,请学生提出自己的想法(20分钟)

(1)小组经过协商讨论,对问题的理解要达成共识,之后,小组采取头脑风暴法,提出各种各样的解决方案或实施方案。

(2)研学指导师要鼓励学生提出尽可能多的方案和可能性,从这些方案中选择一个作为初始方案。

(四)成果展示

学生拍摄情景剧(约50分钟)。

小组先要明确设计方案中最重要的角色,如解决整个问题的负责人、设计者、开发者和记录者,最好保证每个组员都有机会尝试不同的角色。在分配任务时要注意组员的兴趣和能力,尽可能给他们提供扩展知识和能力的机会。另外分配角色时要具有灵活性,小组成员的角色分工可以按工作需要和有利于他们自身发展的方向随时调整。

成果名称							
成员							
活动情况	执行计划情况	好	10	较好	9	一般	7
	活动记录情况	好	5	较好	4	一般	3
	任务完成情况	好	10	较好	9	一般	7
	所学知识运用情况	好	5	较好	4	一般	3
参与情况	活动出勤率	好	5	较好	4	一般	3
	组员积极性	高	5	一般	4	不高	3
	小组合作情况	好	5	较好	4	一般	3
	参与情况	好	5	一般	4	不好	3

五、课程评价

评价内容	个人评价	学生互评	导师评价
在研学过程中，遵守行程规定与安排			
内务整洁有序			
在公众场合懂文明、讲礼貌			
在研学过程中爱护公物、保护环境，遵守公共秩序			
研学过程中，积极主动地参与集体活动			
认真记录研学笔记			
在活动中积极交流、分享			
在活动中与同学团结友爱、互相帮助			
在研学活动中有创新能力			

案例七 枣庄市红色文化研学旅行课程案例："壮气贯天地"研学课程

序号	课程主题	学时	地点	核心问题	研学内容
1	壮气贯天地	180分钟	台儿庄大战纪念馆	在台儿庄大战中，哪些精神值得我们学习	1.教师在介绍台儿庄大战历史意义时引出台儿庄大捷这一术语，并解释其含义。 2.台儿庄大捷在当时的社会环境下起到的积极作用是什么？ 3.参观纪念馆，观看珍贵纪录片，发表感悟。（60分钟）
1	壮气贯天地	180分钟	台儿庄大战纪念馆	在台儿庄大战中，哪些精神值得我们学习	4.独立思考："台儿庄大捷为什么可以以少胜多，有哪些精神值得我们学习？"小组讨论并发表观点。 5.小组合作以绘画的形式描绘当年的台儿庄并进行展示。（60分钟） ①3~5人一组，每组选出一位小组长。 ②确定好作品名称、作品内容，选派一位代表进行讲解。 ③导师要全程辅助各小组完成创作。 6.参观展馆内的雕塑、全景画馆，并学习台儿庄战役的历史经过和重要历史意义（60分钟）

一、课程简介

1.课程名称

壮气贯天地

2.课程时长

180分钟

3.依托研学资源点

台儿庄大战纪念馆（AAAA）

4.涉及学科及知识

历史学科：

台儿庄大捷：台儿庄大捷，又称台儿庄战役、鲁南会战或血战台儿庄。

战役由滕县战斗、临沂附近战斗、台儿庄战斗和日军的溃退、中国军队的追击作战等部分组成。

美术学科：

《血战台儿庄》全景馆是国内唯一一座以抗战主题为主的大型全景画馆，是一座高28米、宽43米、占地3100平方米的18边形圆柱形塔楼，《血战台儿庄》全景馆由绘画、地面塑型、灯光、音响、解说五个部分组成，将历史和艺术真实结合起来，展现中国部队在台儿庄上以阵地战形式与日伪军作战，直至胜利的情形。

二、学情分析

1. 通识年龄段学情分析

本课程设计针对12~17岁年龄段的学生。该年龄段的学生对世界充满好奇，有了解学习历史的欲望，15~17岁的学生则具有思维系统、兴趣广泛、分辨力强的生理特点。在认知基础方面，这两个年龄段的学生在日常生活中已经拥有一定的历史、美术学科知识，对相关内容也有了一定的认识，对美有着感知和创作能力。在经验分析方面，该年龄段的学生有了一定的分析理解能力。基于以上分析，本部分按12~17岁学生的认知理解能力和其学习规律，由表及里、由浅入深地设置课程，运用多种教学方法，来开展该部分课程。

2. 本课程学情分析

本课程依托台儿庄大战纪念馆，以美术创作为主要表现方式来探究台儿庄大捷的原因和特点，来激发学生的学习兴趣。课程的教学内容以多种形式呈现，用以激发学生探索与创新能力以及自由参与的能力。

三、研学目标

（一）课程目标

通过对革命历史相关知识的学习，可以做到发现历史，了解历史，分析历史，重温历史，梳理历史，感悟历史。同时通过参观纪念馆，培养勇于探究的科学精神，学会运用团队合作的精神解决实际问题，服务于学习和生活。

让学生了解祖国的历史，开展家国情怀教育，引导学生了解中华优秀传统文化的历史渊源；感受集体的学习生活，在学习生活中与不同的人进行交流，在集体中发挥自己的所长，培养学生的独立生活能力和团队合作意识，增强写作绘画表达能力；观察自然现象和社会现象，能够提出问题并进行探究考察，培养学生信息收集能力和解决问题的能力，提高对历史的热爱，提升社会责任感，形成积极正确的价值观念。

（二）教学目标

1. 知识与技能

知识：复述台儿庄大战的历史经过和历史地位。

技能：

（1）以绘画形式模拟台儿庄大战时的情景；

（2）独立理解历史反映的问题，能够用联系的观点分析材料中的问题，并能举一反三；

（3）观看视频，提炼影片中展现的核心要点，并能用自己的方式表达出来。

2. 过程与方法

（1）参观纪念馆、雕塑、全景画馆，交流影片观后感；

（2）参与小组讨论，就"台儿庄大战是中国正面战场最大的胜利之一"发表自己的观点；

（3）独立思考：围绕"台儿庄大捷为什么可以以弱胜强？我们应该学习哪些精神？"小组讨论并发表观点。

3. 情感态度及价值观

（1）在学习历史的过程中，养成尊重历史、正视历史的习惯；

（2）在学习台儿庄大战故事的过程中，树立爱国精神，加深爱国之情。

四、课程实施

（一）界定不熟悉的术语

1. 台儿庄大捷

台儿庄大捷，又称台儿庄战役、鲁南会战或血战台儿庄。台儿庄战役的起止时间有几种说法，一般认为从1938年3月16日开始至4月15日结束。战役由滕县战斗、临沂附近战斗、台儿庄战斗和日军的溃退、中国军队的追击作战等部分组成。

在历时 1 个月的激战中,中国军队约 29 万人参战,日军参战人数约 5 万人。中方伤亡约 5 万余人,击毙击伤日军约 2 万余人(日军自报伤亡 11984 人)。

台儿庄大捷打击了日本侵略者的嚣张气焰,坚定了全国军民坚持抗战的信心。这次战役鼓舞了全民族的士气,改变了国际视听,打压了日本侵略者的威风,歼灭了日军大量有生力量。

2. 引入方式

在介绍台儿庄大战历史地位时引出台儿庄大捷这一术语,并解释其含义。

(二)提出问题

1. 驱动核心问题

在台儿庄大捷中,有哪些精神值得我们学习?

2. 分解问题

(1)台儿庄大捷在当时的社会环境下起到的积极作用是什么?

①台儿庄战役的胜利,改变了国际上对中日战争前途的看法。抗战爆发后,国际上对中国抗战的前景比较悲观。台儿庄战役胜利的消息传出,有的国家甚至不敢相信。1938 年 4 月 9 日路透社电讯说:"英军事当局对于中国津浦线之战局极为注意,最初中国军队获胜之消息传来,各方面尚不十分相信,但现在证明日军溃败之讯确为事实。"所以,英国报刊发表了赞扬此战中国胜利的评论。显然,这次胜利提高了中国在国际上的地位,并为争取外援增添了有利条件。

②在最后环节介绍台儿庄大捷的历史意义。

③以研学指导师复述的形式进行总结。

(2)有哪些感人的英雄事迹?

这是国民党政府正面作战后赢得的首个胜仗,台儿庄之战正如火如荼地进行着,日本人利用大炮的优势,向台儿庄发起了进攻。驻守的 31 师师长池峰城连忙组织敢死队,想要收复失地。士兵们虽然知道这是一场九死一生的战斗,但还是争先恐后地加入。池峰城说:"每个人都有三十元大洋。我们是要为国家的存亡而战,而不是让我们的子孙成为日本人的奴隶。"敢死队在黑夜里发起进攻,受伤的人从血泊中站了出来,挥舞着前进,向敌人挥去。

还有的队员直接拉起了自己的手雷,和敌人同归于尽。他们夺回了阵地,但57个人,活下来的只有11个。

在战斗最激烈的时候,国民党守军伤亡惨重。

日本人要122师师长王铭章投降,他早已抱定以死报国之心,在粮食耗尽、援军还没到的情况下,他炸掉了电台,自己登上了西北城墙,命令警卫连一排攻击西门的塔楼;全军覆没后,他决定在西关站前继续防御,结果腹部中了一枪,又中了一枪,壮烈牺牲。王师长殉职后,122师大部分战士在与日本人的战斗中阵亡。李宗仁在回忆录中证实了王铭章的功绩:"如果没有滕县的艰苦防守,台儿庄的胜利又怎么会来?台儿庄之功,实滕县先人之功。"

（三）解决问题

（1）参观纪念馆,观看珍贵纪录片,发表感悟。(60分钟)

（2）小组合作以绘画的形式描绘当年的台儿庄并进行展示。(60分钟)

①3~5人一组,每组选出一位小组长。

②确定好作品名称、作品内容,选派一位代表进行讲解。

③研学指导师要全程辅助各小组完成创作。

（3）观赏展馆内的雕塑,全景画馆,并学习台儿庄战役的历史经过和重要历史意义。(60分钟)

（四）成果展示

展示各组绘画作品。

五、课程评价

评价内容	个人评价	学生互评	导师评价
在研学过程中,遵守行程规定与安排			
内务整洁有序			
在公众场合懂文明、讲礼貌			
在研学过程中爱护公物、保护环境,遵守公共秩序			
研学过程中,积极主动地参与集体活动			
认真记录研学笔记			
在活动中积极交流、分享			

续表

评价内容	个人评价	学生互评	导师评价
在活动中与同学团结友爱、互相帮助			
在研学活动中有创新能力			

案例八 枣庄市红色文化研学旅行课程案例："我是小小游击兵"研学课程

序号	课程主题	学时	地点	核心问题	研学内容
1	我是小小游击兵	180分钟	铁道游击队红色旅游景区	铁道游击队为什么深受人民的爱戴	1.教师通过介绍当时的历史背景，提问学生铁道游击队的由来，引入课程。 2.铁道游击队是怎样建立的？ 3.铁道游击队有哪些事迹？ 4.小组合作探究：铁道游击队有哪些值得我们学习的精神？ 5.学生模仿电影片段，自主筹划拍摄抗战实景演出： ① 5~10人一组，选出一名导演、一名编剧、一名统筹，导演负责操作设备，编剧负责简单编写剧本，统筹负责维护演员秩序。 ②运用设备进行简单拍摄，拍摄时长以5分钟左右为宜。 ③导师负责收集作品。 ④小组在模仿电影片段拍摄时，要团结合作，及时交流，表达自己的想法。 6.展示各组视频制作成果，并进行评价。（40分钟） ①分别观看各小组的视频。 ②各小组派出一名代表对其他小组进行评价，导师进行总结。

一、课程简介

1.课程名称

我是小小游击兵

2. 课程时长

180 分钟

3. 依托研学资源点

铁道游击队红色旅游景区

4. 涉及学科及知识

历史学科：

铁道游击队：抗日战争期间，曾活跃于山东鲁南枣庄临城（今薛城区）、峄县（今峄城区）、滕县（今滕州市）一带的抗日队伍。

1940 年 1 月 25 日，铁道游击队在八路军苏鲁支队的指示下成立，当时称为"鲁南军区铁道部队"。铁道游击队是中国共产党领导的抗日英雄部队，是八路军 115 师苏鲁支队的一支抗日英雄部队。铁道游击队以临城（现在薛城区）为核心，以人民为核心，采取游击战，与日本侵略者进行了殊死搏斗，奏出了民族自救的最强音。1945 年游击队解散，与华东野战军合并。

二、学情分析

1. 通识年龄段学情分析

本课程设计针对 13~17 岁年龄段的学生。该年龄段的学生具有思维活跃、乐于发言、活泼好动的特点；在认知基础和经验分析方面，学生通过电视、游戏接触战争知识较多，但缺少实地感观；15~17 岁具有思维能力发展较快，自我意识增强，有较强的求知欲和表现欲，学习压力大，渴望实践课程等特点；但是他们在战术学习方面的知识储备有限，教师应该结合这些特点加以正确引导。基于以上分析，本部分按照 13~17 岁学生的认知特点和学习规律，由表及里、由浅入深地设置课程，需要运用多种教学方法，开展该部分课程。

2. 本课程学情分析

本课程依托铁道游击队红色旅游景区，以"铁道游击队为什么深受人民的爱戴？"为核心问题，并通过影视剧模仿演绎来展现，激发学生的学习兴趣。课程的教学内容以多种形式呈现，可以激发学生自由参与探索与创新。

三、研学目标

(一) 课程目标

通过对铁道游击队历史相关知识的学习,真正了解铁道游击队的光辉事迹,分析当时我国所处的历史环境,感悟时代艰辛和英雄的奉献精神,珍惜当下来之不易的幸福生活。同时通过亲身实践表演,培养勇于探究的科学精神,学会运用团队合作的精神解决实际问题,服务于学习和生活。

让学生了解祖国各地的风土人情、文化历史,领略祖国的大好河山,增强对家乡、对祖国的认同感,提升爱国爱党的热情;感受集体的学习生活,在学习生活中与不同的人进行交流,在集体中发挥自己的所长,培养学生的独立生活能力和团队合作意识,增强语言表达能力;观察自然现象和社会现象,能够提出问题并进行探究考察,培养学生信息收集能力和解决问题的能力,提高对自然科学的热爱,提升社会责任感,形成积极正确的价值观念。

(二) 教学目标

1. 知识与技能

知识:复述铁道游击队的相关历史知识,列举铁道游击队的代表事迹。

技能:

(1) 观看电影《铁道游击队》,模仿拍摄电影片段;

(2) 搜集资料,展现铁道游击队的无畏精神;

(3) 能够用联系的观点分析材料中的问题,并能举一反三。

2. 过程与方法

(1) 参与小组讨论,就"铁道游击队为什么深受人民爱戴?"发表自己的观点;

(2) 小组合作探究铁道游击队的故事,并汇报探究成果。

3. 情感态度及价值观

(1) 通过学习历史知识,让学生正确地面对历史,分析历史;

(2) 通过讨论主人公的事迹,树立助人为乐、保国卫民的意识;

(3) 在学习铁道游击队英雄事迹的过程中,培养学生的爱国主义精神。

四、课程实施

（一）界定不熟悉的术语

（1）铁道：又名铁路，是供火车等交通工具行驶的轨道线路。《辞海》对于铁路的解释是：使用机车牵引车辆组成列车（或以自身有动力装置的车辆）、循规行驶的交通线路。

（2）在初始时引出介绍。

（二）提出问题

1. 驱动核心问题

铁道游击队为什么深受人民的爱戴？

2. 分解问题

（1）铁道游击队是怎样建立的？

铁道游击队是中国共产党领导的抗日英雄部队，是八路军115师苏鲁支队的一支抗日英雄部队。这支队伍围绕临城（现在薛城区），以人民为主要依托，以铁路工人、摊贩、矿工、流浪者为主，采取游击战，与日本侵略者进行了殊死搏斗，奏响了民族救亡的最高乐章。1945年游击队解散，与华东野战军合并。

（2）铁道游击队有哪些事迹？

1940年8月下旬的一天夜里，洪振海、王志胜带领32名队员，分成五个组摸到"正泰国际洋行"附近，因围墙高且有电网，不能越墙，他们便在墙上打洞，直到第二天凌晨4点，才将院墙挖通。王志胜带领4个组进院内，洪振海带短枪组在外面掩护，三四分钟便结束了战斗。1941年5月，铁道游击队再次偷袭日军洋行，击毙日军谍报队员13人。

1940年10月，鲁南军区司令员张光中、政委王麓水命令铁道大队务必想办法搞到些药品。一天，临城车站的内线宋邦珍递送情报：有一列装载药品的货车将由青岛开到临城，然后向南行驶。铁道大队立即行动，当晚10时，游击队员飞身上车，待列车行驶到沙沟与塘湖站之间时，战士们迅速将药品掀下。铁道大队把这些药品及时运到了鲁南军区。

（3）铁道游击队有哪些值得我们学习的精神？

虽然铁道游击队的队员大多都是普通老百姓，但他们在国难当头勇于保卫祖国，用自己的本领去抵御外敌，这种军民一条心的精神是值得被歌颂的。

（三）解决问题

1. 学习游击队的事迹、组织观看《铁道游击队》电影片段（40分钟）

2. 学生模仿电影片段，自主筹划拍摄抗战实景演出（90分钟）

（1）5~10人一组，选出一名导演、一名编剧、一名统筹，导演负责操作设备，编剧负责简单编写剧本，统筹负责维护演员秩序。

（2）运用设备进行简单的拍摄，拍摄时长以5分钟左右为宜。

（3）导师负责收集作品。

（4）小组在模仿电影片段拍摄时，要团结合作，及时交流，表达自己的想法。

（四）成果展示

展示各组的视频制作成果，并进行评价。（40分钟）

（1）分别观看各小组的视频。

（2）各小组派出一名代表对其他小组进行评价，导师进行总结。

五、课程评价

评价内容	个人评价	学生互评	导师评价
在研学过程中，遵守行程规定与安排			
内务整洁有序			
在公众场合懂文明、讲礼貌			
在研学过程中爱护公物、保护环境，遵守公共秩序			
研学过程中，积极主动地参与集体活动			
认真记录研学笔记			
在活动中积极交流、分享			
在活动中与同学团结友爱、互相帮助			
在研学活动中有创新能力			

案例九 枣庄市红色文化研学旅行课程案例："纪念抱犊崮"研学课程

序号	课程主题	学时	地点	核心问题	研学内容
1	纪念抱犊崮	90分钟	八路军抱犊崮抗日纪念园	鲁南民俗文化如何传承与发展	1.参观抱犊崮抗日纪念园，感受奋斗历史。 2.鲁南民俗文化有哪些？ 3.参与小组讨论，就"传统民俗文化如何继承与发展"发表自己的观点。 4.小组体验推磨、碾米、烙煎饼等农事活动，感受当年的艰苦生活。（50分钟） ①3~5人一组，轮流体验推磨、碾米等农事活动，按顺序一一进行。 ②研学指导师负责编排顺序和维护秩序。 ③研学指导师负责演示工具的使用。

一、课程简介

1. 课程名称

纪念抱犊崮

2. 课程时长

90分钟

3. 依托研学资源点

八路军抱犊崮抗日纪念园

4. 涉及学科及知识

历史学科：

1935年2月，中共苏鲁边区临时特委派郭子化等同志，到抱犊崮山区开展农村工作，建立了鲁南第一个党支部。1939年9月，罗荣桓等带领八路军115师部队进驻抱犊崮山区，相继建立了苏鲁支队、运河支队、鲁南支队，开创了抱犊崮山区的新局面。

其他知识：

抱犊崮历史悠久，早在旧石器时代就有人类在此繁衍生息，山脚下王岭遗址、小古村遗址就是远古历史的见证。

二、学情分析

1. 通识年龄段学情分析

本课程设计针对 8~12 岁年龄段的学生。该年龄段的学生具有思维活跃、乐于发言、活泼好动的特点,能够在别人的评价中发现自身的价值,产生兴奋感、自豪感,对自己充满信心,有的还表现出强烈的自我确定、自我主张的特点。在认知基础和经验分析方面,学生在日常生活中通过电视、展馆等形式,接触一定的历史知识,但未形成系统的认知,教师应该结合这些特点加以正确引导。基于以上分析,本部分按照 8~12 岁学生的认知特点和学习规律,由表及里、由浅入深地设置课程,需要运用多种教学方法,开展该部分课程。

2. 本课程学情分析

本课程依托枣庄八路军抱犊崮抗日纪念地研学资源点,以"鲁南民俗文化如何传承与发展?"为核心问题,激发学生的学习兴趣。课程的教学内容以多种形式呈现,可以激发学生自主探究、团队合作。

三、研学目标

(一) 课程目标

开展家国情怀教育,传承发展中华优秀传统文化,大力弘扬核心发展理念、中华传统美德、中华人文精神,引导学生了解中华优秀传统文化的历史渊源、发展脉络、精神内涵,增强文化自觉和文化自信。

以立德树人、培养人才为根本目的,让学生在研学旅行中感受中华传统美德,感受革命光荣历史,感受改革开放伟大成就,增强对坚定"四个自信"的理解与认同;同时学会动手动脑,学会生存生活,学会做人做事,促进身心健康、体魄强健、意志坚强,促进形成正确的世界观、人生观、价值观,培养他们成为德智体美全面发展的社会主义建设者和接班人。

(二) 教学目标

1. 知识与技能

知识:复述抱犊崮抗日历史,概括鲁南民俗文化。

技能：

（1）搜集资料，解决"传统文化如何继承与发展"的问题；

（2）体验农事活动，完成劳动教育。

2.过程与方法

（1）参观抱犊崮抗日纪念园，感受奋斗历史；

（2）参与小组讨论，就"传统民俗文化如何继承与发展"发表自己的观点；

（3）遵守班级纪律，小组合作体验农事活动。

3.情感态度及价值观

（1）通过对抱犊崮抗日纪念地的参观，培养学生的家国观念和爱国情怀；

（2）通过亲身实践进行劳作活动，培养学生吃苦耐劳的精神，学会运用团队合作的精神解决实际问题，服务于学习和生活。

四、课程实施

（一）界定不熟悉的术语

抱犊崮：山东沂蒙山脉，原称"楼山"，又名"仙方山"，"抱犊山"，"君山"，"豹子崮"，是山东省枣庄市山亭区东南20公里处的一座大山。地势高达584米，占地13.5平方公里，山体形态壮丽，陡峭，地貌独特，是华北地区寒武纪地层发育及"崮"形山的典型代表，《辞海》等工具书对"崮"字做了阐释。

（二）提出问题

1.驱动核心问题

鲁南民俗文化如何传承与发展？

2.分解问题

（1）鲁南民俗文化有哪些？

（2）方言、宗教、饮食、戏曲、地域文化等有何特点？

（三）解决问题

（1）就上面的"鲁南民俗文化如何继承与发展"问题进行展开，学生搜集相关资料，小组讨论（头脑风暴法）。（15分钟）

（2）小组体验推磨、碾米、烙煎饼等农事活动，感受当年的艰苦生活。（50分钟）

① 3~5 人一组，轮流体验推磨、碾米等农事活动，按顺序一一进行。
② 导师负责编排顺序和维护秩序。
③ 导师负责演示工具的使用。

（四）成果展示

研学指导师总结，讲述当年八路军的真实艰苦生活。（10 分钟）

五、课程评价

评价内容	个人评价	学生互评	导师评价
在研学过程中，遵守行程规定与安排			
内务整洁有序			
在公众场合懂文明、讲礼貌			
在研学过程中爱护公物、保护环境，遵守公共秩序			
研学过程中，积极主动地参与集体活动			
认真记录研学笔记			
在活动中积极交流、分享			
在活动中与同学团结友爱、互相帮助			
在研学活动中有创新能力			

案例十 东营市红色文化研学旅行课程案例："文化传承，红色刘集"研学课程

序号	课程主题	学时	地点	核心问题	研学内容
1	文化传承，红色刘集	210分钟	红色刘集	民间非物质文化遗产如何传承发扬	1.参观《共产党宣言》纪念馆、中共刘集支部旧址纪念馆，导入课程。（30分钟） 2.就参观学习的内容，小组合作完成学习记录日志。（20分钟） 3.参观枣木杠子乱弹演艺厅，学习枣木杠子乱弹的发展历程。（30分钟） 4.欣赏民间艺人的现场曲目演出。（25分钟） 5.自主思考问题："民间非物质文化遗产如何传承发扬？"并发表观点。（30分钟） 6.学生进行乐器编排演奏。（30分钟） ① 3~5人一组，进行简单的乐器曲目学习及编排。 ②研学指导师进行秩序监督。 7.汇报成果，研学指导师总结评价。（45分钟）

一、课程简介

1. 课程名称

文化传承，红色刘集

2. 课程时长

210分钟

3. 依托研学资源点

红色刘集

4. 涉及学科及知识

历史学科：

1938年1月，日本铁骑进入广饶，刘集支部组织了自卫队，组织了抗日武装，并挑选出了优秀的青年，加入到抗日战争。

1939年6月2日，八路里山东纵队第三支队在邹平县（今邹平市）刘家井及周边与日本人交火，打得十分激烈。当时，作为尖刀排排长的刘百贞，在敌人的机枪扫射下，他翻滚着爬到敌人的机枪下，抓住了机枪，向敌人开火。战斗很快就分出了胜负。刘百贞被第三支队副司令杨国夫表扬。自此，鲁北抗日根据地的英雄刘百贞之名，广为传播。

其他知识：

"枣木杠子乱弹"是大王镇具有地方特色的戏曲剧种，是我国戏曲艺苑中一朵散发着泥土芳香的绚丽之花。它以淳朴生动的语言、悦耳动听的旋律和丰富多彩的音乐语言深得广大人民群众的喜爱，是珍贵的民间非物质文化遗产。枣木杠子乱弹演艺厅，主要展示枣木杠子乱弹发展历程，由民间艺人进行现场曲目演出，以此展示大王镇独具特色的民间非物质文化遗产。演艺厅内配套扬琴、挫琴、二胡、三弦、笛子、坠琴、月琴及枣木杠子等乐器。

二、学情分析

1. 通识年龄段学情分析

本课程设计针对12~16岁年龄段的学生。该年龄段的学生具有思维开始独立、学习能力增强、形成一定的自我意识的特点；在认知基础和经验分析方面，学生能够了解抗战历史，但接触非物质文化遗产的机会较少。14~16岁的学生具有思维能力发展较快、自我意识增强、学习压力较大、渴望实践课程的特点。基于以上分析，本部分按照12~16岁学生的认知特点和学习规律，由表及里、由浅入深地设置课程，需要运用多种教学方法开展该部分课程。

2. 本课程学情分析

本课程依托东营—红色刘集研学资源点，以"民间非物质文化遗产如何传承发扬？"为核心问题，激发学生的学习兴趣。课程的教学内容以多种形式呈现，可以激发学生自由探究，团队合作。

三、研学目标

（一）课程目标

鼓励学生亲身经历各项活动，在动手做、实验、探究、设计、创作、反思的过程中进行体验、体悟、体认，在全身心参与的活动中，发现问题、分析问题和解决问题，感受生活，发展实践创新能力。

开展爱国主义教育，大力宣传爱国理念、中华传统美德、中华传统民俗特色，引导学生了解中国的历史发展、精神内涵，增强爱国信念，坚定民族自信和文化自信。

（二）教学目标

1. 知识与技能

知识：回忆红色刘集革命历史文化，阐述枣木杠子乱弹的发展历程。

技能：

（1）搜集资料，探究"民间非物质文化遗产如何传承发扬？"的问题；

（2）小组合作，进行乐器编排演奏。

2. 过程与方法

（1）参观《共产党宣言》纪念馆、中共刘集支部旧址纪念馆，感受革命历史文化；

（2）小组合作讨论，就"民间非物质文化遗产如何传承发扬？"发表观点；

（3）欣赏民间艺人的现场曲目演出，小组进行乐器编排演奏。

3. 情感态度及价值观

（1）参观《共产党宣言》纪念馆、中共刘集支部旧址纪念馆，培养学生的爱国情怀；

（2）通过亲身实践进行乐器编排演奏，学会运用团队合作的精神解决实际问题，服务于学习和生活。

四、课程实施

（一）界定不熟悉的术语

1. 大王镇的"枣木杠子乱弹"

一种颇具地域特色的戏曲剧目。是中国戏剧艺术领域里一朵灿烂的花朵，绽放着泥土的芬芳。其语言质朴生动，曲调动听，音乐语言丰富，深受广大民众的喜爱，是一项宝贵的民间非物质文化遗产。枣木杠子杂技剧场，主要是展现大王镇枣木杠子的发展过程，以及民间艺人的现场表演，展现其独特的民族非物质文化。该中心设有扬琴、挫琴、二胡、三弦、笛子、坠琴、月琴、枣木杠等。

2. 引入方式

参观枣木杠子乱弹演艺厅时,引出此名词解释。

(二)提出问题

1. 驱动核心问题

民间非物质文化遗产如何传承发扬?

2. 分解问题

(1)有哪些代表性的民间非物质文化遗产?

花毡、印染工艺、蜡染工艺、扎染工艺、生铁冶炼工艺、剪刀锻制工艺、银饰工艺、弓箭工艺、家具工艺、雕漆工艺、老陈醋酿造工艺、桑皮纸制作工艺、竹纸制作工艺、雕版印刷工艺、制扇工艺、烟花爆竹制作工艺、风筝制作工艺。

(2)学生应该如何保护民间非物质文化遗产?

在学校里,教师为我们搭建了一个保护非物质文化遗产的平台,让我们更好地了解非物质文化遗产。

在学习的过程中,要多学点传统的手艺,多了解社会地理学的差异,通过亲自体验学习更多知识与技能,并将其融入自身人文素养中,这对拓展非物质文化遗产的覆盖面,促进青年参与到保护中来有重要意义。

积极参加非物质文化遗产的传承,不是一件悲壮的事情。我们要积极参加非物质文化遗产的保护工作,尽自己的一分力量。

(三)解决问题

(1)参观《共产党宣言》纪念馆、中共刘集支部旧址纪念馆。(30分钟)

(2)就参观学习的内容,小组合作完成学习记录日志。(20分钟)

(3)参观枣木杠子乱弹演艺厅,学习枣木杠子乱弹的发展历程。(30分钟)

(4)欣赏民间艺人的现场曲目演出。(25分钟)

(5)自主思考问题:"民间非物质文化遗产如何传承发扬?"并发表观点。(30分钟)

(四)成果展示

(1)学生进行乐器编排演奏。(30分钟)

① 3~5人一组，进行简单的乐器曲目学习及编排。
② 研学指导师进行秩序监督。
（2）汇报成果，研学指导师总结评价。（45分钟）

五、课程评价

评价内容	个人评价	学生互评	导师评价
在研学过程中，遵守行程规定与安排			
内务整洁有序			
在公众场合懂文明、讲礼貌			
在研学过程中爱护公物、保护环境，遵守公共秩序			
研学过程中，积极主动地参与集体活动			
认真记录研学笔记			
在活动中积极交流、分享			
在活动中与同学团结友爱、互相帮助			
在研学活动中有创新能力			

案例十一　烟台市红色文化研学旅行课程案例："聆听雷神庙的枪声"研学课程

序号	课程主题	学时	地点	核心问题	研学内容
1	聆听雷神庙的枪声	90分钟	雷神庙战斗遗址	雷神庙战斗胜利的根本原因	1. 观看影视资料，提出问题，导入课程。（5分钟） 2. 参与小组合作讨论，思考："战争中，劣势装备下，如何取得战斗胜利？"并就此发表观点。（20分钟） 3. 通过学习历史知识，学生学会正确面对历史，分析历史。（15分钟） 4. 在参观雷神庙遗址的过程中，树立爱国精神。（30分钟） 5. 学会运用团队合作的精神解决实际问题，服务于学习和生活。（20分钟）

一、课程简介

1. 课程名称

聆听雷神庙的枪声

2. 课程时长

90 分钟

3. 依托研学资源点

雷神庙战斗遗址

4. 涉及学科及知识

历史学科：

1938年2月，山东人民抗日救国军第三军由胶东特委指挥，一部成功袭击牟平城，后在雷神庙与日本兵相遇，随后与敌军激战。胶东军民同舟共济，虽然装备不佳，但打赢了这场战斗，这使他们的抗日意志和信心得到了极大的提高。雷神庙战斗是胶东军民首次战胜日伪军，也是胶东抗日的首次战役！

二、学情分析

1. 通识年龄段学情分析

本课程设计针对 8~14 岁年龄段的学生。该年龄段的学生正处于生长发育快速期，活泼好动，注意力容易分散，自我控制能力较弱，但具有思维活跃、兴趣广泛的特点。该年龄段的学生对历史知识兴趣浓厚，有一定的概念和认识，在认知基础和经验分析方面，该年龄段的学生具有一定的分析能力。基于以上分析，本部分按照 8~14 岁学生的认知特点和学习规律，由表及里、由浅入深地设置课程，需要运用多种教学手段和教学方法开展该部分课程。

2. 本课程学情分析

本课程依托雷神庙战斗遗址研学资源点，以"战争中，劣势装备下，如何取得战斗胜利？"为核心问题，激发学生的学习兴趣。课程的教学内容以多种形式呈现，可以激发学生对历史的学习兴趣，进一步加强对近代史的学习。

三、研学目标

（一）课程目标

学习雷神庙战斗的相关知识，切身体会先辈们无私奉献的革命主义精神，以及外在装备的优劣对国家安全的重要性。同时学习新中国成立后我国国防发展的相关知识，了解国防和军队建设中发生的历史性变化以及取得的建设性成就。了解国防对国家综合国力的影响，树立民族自信心及伟大抱负。

培养学生的爱国主义精神和报效祖国的远大理想，增强学生的民族自尊心、自信心，树立祖国利益高于一切的思想，把爱国之心、报国之心、兴国之志转化为爱国的实际行动，把爱国与爱党、爱社会主义有机结合，从自身做起，从现在做起。

引导学生准确理解和把握社会主义核心价值观的深刻内涵和实践要求，形成积极健康的人格和良好的心理品质。学习历史，从历史中学习文化，促进学生核心素养提升和全面发展，为学生成长奠定坚实的思想基础。

（二）教学目标

1. 知识与技能

知识：回忆胶东地区在抗日战争中从"烽烟初起""蓄势待发"到"英勇抗争"的抗战历程。

技能：

（1）观看影视资料，提出问题，设计研学卡；

（2）完成研学卡；

（3）搜集资料，了解胶东地区的抗战历程。

2. 过程与方法

（1）观看影视资料，提出问题，梳理结果，选择课程，设计研学卡；

（2）参与小组合作讨论，思考问题："雷神庙战斗胜利的根本原因有哪些？"并就此发表观点。

3. 情感态度及价值观

（1）通过学习历史知识，让学生正确面对历史，分析历史；

（2）在参观雷神庙遗址的过程中，树立爱国主义精神；

（3）学会运用团队合作的精神解决实际问题，服务于学习和生活。

四、课程实施

（一）界定不熟悉的术语

1. 雷神庙

牟平城南有座雷神庙，人文积淀丰厚，久负盛名。其前，这里曾是金代宁海州名士范明叔的私家花园，时称"范园"。金大定七年（1167年），王重阳在此收徒传教布道，创立了"全真教"。明崇祯七年（1634年），宁海州（今牟平）大旱，知州饶登率属下及士民去城南金龙庙祈雨，归途中路过范园，风云突变，电闪雷鸣，暴雨大作。知州饶登等人认为是雷神显灵，遂于此建起雷祖庙，俗称"雷神庙"。庙内塑雷神、雨神、闪神等神像，香火供奉。后来这里相继增建三清殿、岳王庙及门厅、东西两厢。至清末民初，这些庙宇统称雷神庙。

1938年2月13日，发生在这里的雷神庙战斗，打响了胶东抗战第一枪。1945年9月，杨子荣在雷神庙兵站参加了八路军。1977年12月23日，雷神庙战斗遗址被公布为山东省重点文物保护单位。

2. 雷神庙战斗

雷神庙战斗是抗日战争时期胶东抗日武装在牟平雷神庙抗击日军进攻的战斗。

1938年2月12日夜，山东人民抗日救国军第三军在司令员理琪、政治部主任林一山率领下，袭击牟平城，俘伪县长以下百余人。次日，第三军撤出牟平，理琪等在城南雷神庙陷入日军包围。日步兵在飞机掩护下频频发起攻击，理琪等依托院墙顽强抗击，接连4次打退日军冲锋，击落敌机一架。战至黄昏，日军被迫撤退。激战中理琪负重伤牺牲。

（二）提出问题

1. 驱动核心问题：雷神庙战斗胜利的根本原因

党的直接领导鼓舞了士气，带领战士齐心协力走向胜利。

2. 分解问题

（1）雷神庙战斗发生的原因。

1937年11月，理琪同志按照省委指示回到胶东地区，组织发起武装起义进行抗日战争。12月24日，中共胶东特委领导了天福山起义，成立了山东人民抗日救国军第三军第一大队。1938年1月15日，中共胶东特委又在威海领导政训处组织进步师生群众举行了武装起义。1938年1月19日，两支起义队伍合编，成立山东人民抗日救国军第三军司令部，理琪同志任司令员，林一山同志任政治部主任。这支在中国共产党领导下的人民抗日武装成立不久，便打响了胶东抗日的第一枪——雷神庙战斗。

（2）雷神庙战斗的主要经过。

张建勋是牟平县原牟平城保安大队的大队长，他在日本人攻占牟平之前，将部队带到昆嵛山后面的龙泉汤。2月7日，张建勋在牟平城认识了贺致平，张建勋将贺致平请到龙泉汤，并透露他已做好了2月14日进攻牟平的准备。贺致平借此机会，把我们党的抗日民族阵线方针告诉了他，并且建议请示我们的第三军团指挥部，与他一起进攻牟平城。张建勋答应后，贺致平便将此事上报给理琪。此时，我第三军西上抗日部队已经到达了崔家口村，位于牟平县的东南方。理琪同志收到信后，对情况进行了分析，认为攻打牟平城是一个有利的条件。因此，胶东特委吕志恒同志带队在崔家口驻扎，理琪亲自率一大队攻打牟平城。

（三）解决问题

（1）同学们依次参观了六个主题单元，完整了解胶东地区在抗日战争中从"烽烟初起""蓄势待发"到"英勇抗争"的抗战历程。（35分钟）

（2）小组讨论时，利用头脑风暴法，请学生提出自己的想法。

（四）成果展示

小组分享讨论结果，研学指导师进行总结评价。（15分钟）

五、课程评价

评价内容	个人评价	学生互评	导师评价
在研学过程中，遵守行程规定与安排			
内务整洁有序			
在公众场合懂文明、讲礼貌			
在研学过程中爱护公物、保护环境，遵守公共秩序			
研学过程中，积极主动地参与集体活动			

续表

评价内容	个人评价	学生互评	导师评价
认真记录研学笔记			
在活动中积极交流、分享			
在活动中与同学团结友爱、互相帮助			
在研学活动中有创新能力			

案例十二　潍坊市红色文化研学旅行课程案例："追溯抗战记忆，传递历史温度"研学课程

序号	课程主题	学时	地点	核心问题	研学内容
1	追溯抗战记忆，传递历史温度	90分钟	红高粱抗战纪念馆	为什么连枪都不会开的孙家口人民能取得胜利	1. 参观红高粱抗战纪念馆，引入课程。（20分钟） 2. 导师讲解孙家口伏击战发生的背景，学生自主探究"为什么连枪都不会开的孙家口人民能取得胜利？"这一问题。（10分钟） 3. 学生利用所观所感，准备相关资料，在纪念馆内进行演讲。（10分钟） 4. 演绎情景剧，来感受请愿团的爱国之情。（25分钟） 5. 学生演绎请愿团的请愿场景。（25分钟）

一、课程简介

1. 课程名称

追溯抗战记忆，传递历史温度

2. 课程时长

90分钟

3. 依托研学资源点

红高粱抗战纪念馆

4. 涉及学科及知识

历史学科：

本课程内容以抗日战争时期的孙家口伏击战为背景。孙家口伏击战是1938年4月15日在今高密市孙家口发生的一次抗日伏击战。战斗中击毙敌人39名，缴获各种枪支50余支，子弹1万多发，10余名伪军被俘。这场战斗的胜利一举震动了胶东半岛，沉重打击了日军的嚣张气焰，大涨了中国人民的志气，鼓舞了胶东人民全民抗战、长期抗战的信心与决心。

二、学情分析

1. 通识年龄段学情分析

此次课程设计针对九年级的学生，年龄段为15~16岁。该年龄段的学生有浓厚的学习兴趣，有一定的历史学科知识基础，对抗日历史也有过系统学习，看待事物有自己独特的见解及感悟，但对事物的认识有时还停留在表面。该年龄段的学生处于青春期，中考带来的心理负担大，有必要引导学生认识意志和锻炼意志。基于以上分析，本课程适合15~16岁年龄段的学生深入了解学习。结合莫言的小说《红高粱》，由表及里、由浅入深地设置课程，给学生带来丰富的课外体验，帮助学生理解孙家口伏击战中孙家口人民不怕困难的坚强精神。

2. 本课程学情分析

本课程依托红高粱抗战纪念馆，以"为什么连枪都不会开的孙家口人民能取得胜利？"为核心问题，授课方式独特新颖，激发学生们探索的兴趣，可以在事件的原发生地给学生们带来更深刻的体验。

三、研学目标

（一）课程目标

通过对孙家口伏击战的学习，继承和发扬老一辈革命家一切从实际出发，面对困难，奋勇直前的精神；继承和发扬老一辈革命家坚持立党为公、执政为民的革命精神，始终保持同人民群众的血肉联系，始终把人民对美好生活的向往作为奋斗目标，紧密团结各民主党派和各界人士共同创造更加美好的生活。

体会革命先烈在战场上的纵横驰骋和英勇不屈，以及他们把个人的人生目标同祖国和民族的前途紧密联系起来的伟大情怀，帮助学生树立正确的世界观、人生观和价值观。

（二）教学目标

1. 知识与技能

知识：学习孙家口伏击战的相关知识，了解孙家口伏击战的历史背景，探究为什么连枪都不会开的孙家口人民能取得胜利。

技能：

（1）观看视频，了解时代背景，感受孙家口人民争先恐后地自愿报名"打鬼子"时的场景；

（2）小组合作探讨，组长以演讲的方式，讲述孙家口人民的英勇抗战精神。

2. 过程与方法

（1）参观红高粱抗战纪念馆，说出自己的内心感受；

（2）参与小组讨论，感受孙家口人民的伟大牺牲，组长将感受以演讲的方式叙述出来；

（3）学会运用团队合作的精神解决实际问题，服务于学习和生活。

3. 情感态度及价值观

（1）学生们通过亲临事发地，亲身感受孙家口人民争先恐后地自愿报名参加"打鬼子"的场景，获得历史体验，学习历史，正视历史，警示现在。

（2）培养学生们的爱国情感，树立坚强不屈的精神。

四、课程实施

（一）界定不熟悉的术语

1. 小说《红高粱》

《红高粱》是中国作家莫言创作的长篇小说，书中表现了高密人民在抗日战争中顽强的生命力和充满血性的民族精神。其中的孙家口伏击战的片段就是取材于这个真实发生的事件。

2. 引入方式

参观红高粱抗战纪念馆时引入。

（二）提出问题

1. 核心驱动问题：为什么连枪都不会开的孙家口人民能取得胜利？

2. 分解问题：

什么是伏击战？

用伏击战打击运动的敌人，常常可以用小的代价，换极大的胜利。伏击战一般分为待伏与诱伏两种。

（三）解决问题

（1）参观红高粱抗战纪念馆，引入课程。（20分钟）

（2）导师讲解孙家口伏击战发生的背景，学生自主探究为什么连枪都不会开的孙家口人民能取得胜利。（10分钟）

（3）学生利用所学知识，准备相关资料，在纪念馆内进行演讲。（10分钟）

（4）演绎情景剧，感受请愿团的爱国之情。（25分钟）

小组先要明确设计方案最重要的角色，如解决整个问题的负责人、设计者、开发者和记录者，最好保证每个组员都有机会尝试不同的角色。在分配任务时要注意组员的兴趣和能力，尽可能多地给他们提供扩展知识和能力的机会。另外分配角色时要有灵活性，小组成员的角色分工可以按工作需要和有利于他们自身发展的方向随时调整。

（5）学生演绎请愿团的请愿场景。（25分钟）

（四）成果展示

（1）7~9人一组，选出一名导演、一名编剧、一名统筹，导演负责操作设备，编剧负责简单编写剧本，统筹负责维护演员的秩序。

（2）运用设备进行简单拍摄，拍摄时长以5分钟左右为宜。

（3）导师负责收集作品。

（4）小组在模仿电影片段拍摄时要团结合作，及时交流，表达自己的想法。

五、课程评价

评价内容	个人评价	学生互评	导师评价
在研学过程中，遵守行程规定与安排			
内务整洁有序			

续表

评价内容	个人评价	学生互评	导师评价
在公众场合懂文明、讲礼貌			
在研学过程中爱护公物、保护环境，遵守公共秩序			
研学过程中，积极主动地参与集体活动			
认真记录研学笔记			
在活动中积极交流、分享			
在活动中与同学团结友爱、互相帮助			
在研学活动中有创新能力			

案例十三 济宁市红色文化研学旅行课程案例："微山岛上忆英雄"研学课程

序号	课程主题	学时	地点	核心问题	研学内容
1	微山岛上忆英雄	120分钟	微山岛铁道游击队纪念园	我们能从铁道游击队队员身上学到什么	1. 教师通过介绍《微湖曙光》和《铁道雄风》这两座雕塑背后的主人公的故事，引入课程。（20分钟） 2. 参观纪念馆，了解铁道游击队的历史和做出的贡献。（30分钟） 3. 在雕塑面前聆听老党员讲解铁道游击队的英雄事迹。（20分钟） 4. 小组合作，以情景演绎的形式呈现当年铁道游击队战斗的场景。（30分钟） ① 3~5人一组，每组选出一位小组长。 ② 研学指导师要全程辅助各小组完成创作。 5. 学习歌曲《弹起我心爱的土琵琶》，了解这首歌的创作背景，并进行大合唱。（20分钟）

一、课程简介

1. 课程名称

微山岛上忆英雄

2. 课程时长

120 分钟

3. 依托研学资源点

微山岛铁道游击队纪念园

4. 涉及学科及知识

历史学科：

铁道游击队：

铁道游击队，成立于 1940 年 1 月 25 日，是抗日战争时期活跃在现山东鲁南地区（现济宁枣庄）的一支抗日武装。该抗日武装力量依靠人民群众，开展游击战，与日本侵略者展开了浴血奋战，奏响了民族救亡的最强音。

美术学科：

铁道游击队大型群雕共分为两组，分别坐落于微山岛铁道游击队纪念园大门的东、西两侧。该大型雕塑因从体量和艺术性等方面达到世界水平，目前已被上海大世界基尼斯总部授予大世界基尼斯之最称号。

二、学情分析

1. 通识年龄段学情分析

本课程设计针对 8~14 岁年龄段的学生。该年龄段的学生具有思维活跃、乐于发言、活泼好动的特点。在认知基础和经验分析方面，日常生活中，学生通过网络、书籍获得的历史知识较多，但缺少亲身体验的经历；他们具有思维能力发展较快，自我意识增强，有较强的求知欲和表现欲，学习压力大，渴望参加实践课程的特点。同时这个年龄段的学生对历史知识有一定的了解，教师应该结合这些特点对他们加以正确引导。基于以上分析，本部分按照 8~14 岁学生的认知特点和学习规律，由表及里、由浅入深地设置课程，需要运用多种教学方法开展该部分课程。

2. 本课程学情分析

本课程依托微山岛铁道游击队纪念园，以美术创作为主要表现方式来探究铁道游击队浴血奋战、抗击日寇的战斗场景，激发学生的学习兴趣。课程的教学内容以多种形式呈现，用来激发学生探索与创新以及自由参与的能力。

三、研学目标

（一）课程目标

通过对铁道游击队历史故事的学习，学生运用科学的思维发现问题、解决问题、指导行为。同时通过动手操作实践，培养勇于探究的科学精神，学会运用团队合作的精神解决实际问题，服务于学习和生活。促进学生核心素养提升和全面发展，培养文化底蕴、科学精神，拓展学生的学习空间，丰富学生的学习经历和生活体验，提升学生知识迁移的能力。

引导学生感受祖国大好河山，提升对中华传统美德的认知，感受光荣革命历史，感受党的伟大成就，感受地域特色文化，激发对党、对祖国、对家乡的热爱之情，坚定对"四个自信"的理解与认同。

（二）教学目标

1. 知识与技能

知识：了解铁道游击队的历史、贡献。

技能：

（1）学习歌曲《弹起我心爱的土琵琶》；

（2）独立理解历史反映的问题，能够用自己的观点分析材料中的问题，并能举一反三。

2. 过程与方法

（1）参观纪念馆、雕塑；

（2）以小组为单位，在雕塑面前聆听老党员讲解铁道游击队的英雄事迹；

（3）独立思考："我们能从铁道游击队队员身上学到什么？"小组讨论并发表观点。

3. 情感态度及价值观

（1）在学习历史的过程中，养成尊重历史、正视历史的习惯；

（2）在参观微山岛铁道游击队纪念园中，培养对英雄的敬畏感，培养爱国精神。

四、课程实施

（一）界定不熟悉的术语

1. 游击队

游击队是在敌统治区或敌占、近敌区，往往采取分散流动的作战形式，以袭击战斗为主要作战模式来打击敌人的一种非正规的武装组织。通常具有编组灵活、装备轻便、便于机动的行动特点。同时，还具有组织人民群众开展游击战争、配合主力部队作战等任务。

2. 引入方式

在参观铁道游击队雕塑时引出游击队这一术语，并解释其含义。

（二）提出问题

1. 驱动核心问题

我们能从铁道游击队队员身上学到什么？

2. 分解问题

（1）《微湖曙光》和《铁道雄风》这两座雕塑的主人公是谁？

位于东边的一组为《铁道雄风》，刻画了三十七位铁道游击队队员在铁路上战斗的场面；位于西边的一组为《微湖曙光》，刻画了三十八位军民胜利归来，在微山湖上和谐闲适的情态和祥和气氛。

（2）铁道游击队的历史和贡献是什么？

①学生自主搜集资料，讨论总结铁道游击队的光辉事迹。

②在最后环节介绍铁道游击队的历史和贡献。

③以向导师复述的形式呈现。

（三）解决问题

（1）了解《微湖曙光》和《铁道雄风》这两座雕塑的主人公是谁？（20分钟）

（2）参观纪念馆，了解游击队的历史、贡献，小组合作讨论。（30分钟）

（3）参观群雕，在雕塑面前聆听老党员讲解铁道游击队的英雄事迹。（20分钟）

（4）小组合作，以情景演绎的形式呈现当年游击队战斗的场景。（30分钟）

①3~5人一组，每组选出一位小组长。

②研学指导师要全程辅助各小组完成创作。

（5）学习歌曲《弹起我心爱的土琵琶》，了解这首歌的背景，并进行大合唱。（20分钟）

（四）成果展示

展示情景演绎。

五、课程评价

评价内容	个人评价	学生互评	导师评价
在研学过程中，遵守行程规定与安排			
内务整洁有序			
在公众场合懂文明、讲礼貌			
在研学过程中爱护公物、保护环境，遵守公共秩序			
研学过程中，积极主动地参与集体活动			
认真记录研学笔记			
在活动中积极交流、分享			
在活动中与同学团结友爱、互相帮助			
在研学活动中有创新能力			

案例十四　泰安市红色文化研学旅行课程案例："打响第一枪"研学课程

序号	课程主题	学时	地点	核心问题	研学内容
1	打响第一枪	60分钟	徂徕山抗日武装起义纪念地	假如你是中共领导人，在什么条件下，会发动武装起义	1. 教师通过介绍徂徕山抗日战斗的相关内容，引入课程。 2. 讨论探究中共中央为什么选择在徂徕山武装起义。（10分钟） 3. 瞻仰纪念碑，观赏徂徕山的美景，学习徂徕山抗日武装起义发生的原因和经过。（15分钟） 4. 学生合作探究关于"武装起义"的研究性小课题。（20分钟） 5. 进行小组答辩，研学指导师进行总结。（15分钟）

一、课程简介

1. 课程名称

打响第一枪

2. 课程时长

60 分钟

3. 依托研学资源点

徂徕山抗日武装起义纪念地

4. 涉及学科及知识

历史学科：

主要事件：1938 年 1 月 1 日，在中共山东省委的直接领导下，160 余人组成队伍，集合在徂徕山大寺举行誓师大会，成功发动抗日武装起义。徂徕山抗日武装起义誓师大会上诞生的八路军山东人民抗日游击队第四支队，在抗日战争、解放战争及抗美援朝战争中，为民族独立、国家富强都建立了不朽的功勋。

二、学情分析

1. 通识年龄段学情分析

本课程设计针对 16~17 岁年龄段的学生，该年龄段的学生具有思维能力发展较快，自我意识增强，有较强的求知欲和表现欲，学习压力大，渴望实践课程的特点。在认知能力方面，该年龄段的学生已经初步具备一定的历史知识，历史学习和分析能力也大大增强。根据该年龄段的认知特点和学习规律，通过在抗日武装起义纪念地参观学习，学生可以掌握更多历史知识。本课程由表及里、由浅入深，需要运用多种教学手段和教学方法开展该部分课程。

2. 本课程学情分析

本课程依托徂徕山抗日武装起义纪念地研学资源点，以"中共中央为什么选择在徂徕山武装起义？"为核心问题，充分调动学生的学习积极性。教学以多种形式呈现，全方位多层次地展开课程学习，拓展了徂徕山抗日武装起义课程的深度和广度，提升了教学层次和水平。

三、研学目标

（一）课程目标

通过对革命历史相关知识的学习，真正了解发动抗日武装起义的原因和意义。在重温历史的过程中，能够讲述抗日武装起义的经过，深切地感受革命精神。同时通过研学指导师的引导，让学生能够结合学校、家庭生活中的现象，发现并提出自己感兴趣的问题，能将问题转化为研究小课题，自主进行思考，形成对问题的初步解释。

把社会主义核心价值观融入国民教育全过程，落实到中小学教育教学和管理服务各环节，深入开展爱国主义教育、国情教育、国家安全教育、民族团结教育等。

（二）教学目标

1. 知识与技能

知识：说出徂莱山抗日武装起义的原因和经过。

技能：

（1）能把图片提示的信息转化为文字；

（2）能够用联系的观点分析材料中的问题，并能举一反三。

2. 过程与方法

（1）参观纪念碑，观赏徂莱山的美景，感受大好河山；

（2）参与小组合作探究：中共中央为什么选择在徂徕山发动武装起义？发表自己的观点。

3. 情感态度及价值观

（1）通过学习历史知识，让学生正确面对历史，分析历史；

（2）在学习徂徕山武装起义相关历史知识的过程中，树立爱国精神；

（3）培养学生勇于探究的科学精神，学会运用团队合作的精神解决实际问题，服务于学习和生活。

四、课程实施

（一）界定不熟悉的术语

武装起义：或称"武装起事"，多带有褒贬色彩，是指在某统治力量管辖下的团体以武力的形式反抗统治，试图从中达到一定目的的事件。

（二）提出问题

1. 驱动核心问题

假如你是中共中央领导人，在什么条件下，会发动武装起义？

2. 分解问题

中共中央为什么选择在徂徕山发动武装起义？

此处参考课程简介中的涉及知识。

（三）解决问题

瞻仰纪念碑，观赏徂徕山的美景，学习徂徕山抗日武装起义的原因和经过。（15分钟）

（1）学生搜集资料，小组合作探究："中共中央为什么选择在徂徕山发动武装起义？"（10分钟）

（2）学生合作探究关于"武装起义"的研究性小课题。（20分钟）

学生成立研学小组，组长1人，副组长或秘书1人，过程促进者（协调员，轮流担任）1人；其他成员根据具体任务分工。

（四）成果展示

小组汇报展示探究成果，研学指导师进行总结评价。（15分钟）

成果汇报与答辩要求：

（1）宣讲内容，主要包括问题、研究目的和意义、主要内容与方法、结果与讨论、结论和创新点等。

（2）一是问题的背景和意义；二是研究问题的关键所在；三是解决问题的对策和特色；四是对策的主要论据和结论。

（3）陈述一般为4~6分钟，答辩者要很好地把握时间，把问题讲述圆满。讲述过程既不能过于冗长、累赘无绪，也不能过于短促、词不达意、使人不知所云。

（4）报告宣讲完后，全体同学自由提出问题，由汇报者或课题研究小组成员作答，问答时间一般为4~6分钟。

（5）汇报及答辩完毕后，研究小组做自我评价，其他小组给答辩小组做出评价，包括研究的水平、答辩的水平等。

五、课程评价

评价内容	个人评价	学生互评	导师评价
在研学过程中,遵守行程规定与安排			
内务整洁有序			
在公众场合懂文明、讲礼貌			
在研学过程中爱护公物、保护环境,遵守公共秩序			
研学过程中,积极主动地参与集体活动			
认真记录研学笔记			
在活动中积极交流、分享			
在活动中与同学团结友爱、互相帮助			
在研学活动中有创新能力			

案例十五 威海市红色文化研学旅行课程案例："观昨日铁甲雄风,壮今朝少年爱国情怀"研学课程

序号	课程主题	学时	地点	核心问题	研学内容
1	观昨日铁甲雄风,壮今朝少年爱国情怀	110分钟	中国甲午战争博物院	如何避免屈辱战争的再次发生	1.学生观看海战短片,并就如何弘扬爱国情怀进行讨论。(40分钟) 2.小组通过参与海战推演,学打海军绳结,拼装舰船模型,学打海军旗语等,学习海军日常事务。(30分钟) ①每个小组5~10人,一起学习讲解员的操作,然后再分别自行操作。 ②研学指导师在过程中及时拍照,进行辅助和帮助。 3.学生展示所学内容,评选优秀学员。(30分钟) 学生上台展示所学内容、所拼模型,拍照留念。 4.研学指导师做总结评价。(10分钟)

一、课程简介

1. 课程名称

观昨日铁甲雄风，壮今朝少年爱国情怀

2. 课程时长

110 分钟

3. 依托研学资源点

中国甲午战争博物院

4. 涉及学科及知识

历史学科：

中日甲午战争：是 19 世纪末日本侵略中国和朝鲜的战争，按中国干支纪年计算，由于战争爆发的 1894 年为甲午年，故称甲午战争。甲午战争的爆发给中华民族带来空前严重的民族危机，一方面，其大大加深了中国社会半殖民地化的程度；另一方面，战争使日本国力更为强大，为其跻身列强奠定了重要基础。

中国海军发展史：中国人民解放军海军是在人民解放军陆军的基础上组建起来的。1949 年 3 月 24 日，中国人民革命军事委员会主席毛泽东和中国人民解放军总司令朱德热烈庆祝"重庆"号巡洋舰官兵起义，指出中国人民必须建设自己强大的国防，除了陆军，还必须建立自己的空军和海军。1949 年 4 月 4 日，中国人民解放军第三野战军副司令员粟裕、参谋长张震奉中央军委命令，到达江苏省泰州白马庙乡，建立渡江战役指挥部，接受国民党起义投诚舰艇，组建一支保卫沿海沿江的海军部队。

二、学情分析

1. 通识年龄段学情分析

本课程设计针对 12~16 岁年龄段的学生。该年龄段学生思想活跃，对历史学科有很大的兴趣，在个性方面，学生的自我意识有了快速的发展，探究学习欲望强烈，在已有知识上，学生的历史知识大多来源于影视剧，对近代历史环境比较熟悉，但认识评价过于浅薄，需要加以引导。

2.本课程学情分析

本课程依托中国甲午战争博物院研学资源点，以"如何避免屈辱战争的再次发生？"为核心问题，激发学生对中日甲午战争背后的历史进行探究，真正了解战争的意义与警示。

三、研学目标

（一）课程目标

了解甲午战争的概况以及背后的意义与历史，引导学生用辩证唯物主义和历史唯物主义的观点分析历史问题，通过战争的影响，培养学生比较分析的能力，准确表达内心浓厚的爱国情怀，培养学生壮志报国的精神。

通过对甲午战争相关知识的学习，学生运用科学的思维发现问题、解决问题、指导行为。同时通过自主学习探究，培养勇于探究的科学精神，学会运用团队合作的精神解决实际问题，服务于学习和生活。

（二）教学目标

1.知识与技能

知识：

（1）背诵中日甲午战争的相关知识，回忆历史；

（2）分析造成这段历史的主要原因。

技能：

（1）观看甲午海战真实影像，再现当时的战争情形；

（2）积极尝试学习海军日常的相关事务；

（3）能够用联系的观点分析材料中的问题，并能举一反三。

2.过程与方法

（1）参与小组讨论，就"如何弘扬爱国情怀"发表自己的观点；

（2）小组合作参与海战推演，学打海军绳结，拼海军模型，学打海军旗语，并展示所学内容。

3.情感态度及价值观

（1）学习中日甲午战争的历史意义，警示现在美好生活的来之不易；

（2）在学习海军日常事务的过程中，树立爱国精神。

四、课程实施

（一）界定不熟悉的术语

1.《南京条约》

《南京条约》，又称《万年和约》《白门条约》《江宁条约》，是中国近代史上第一个不平等条约。该约于 1842 年 8 月 29 日（道光二十二年七月二十四日），由清廷代表耆英、伊里布、牛鉴与英国代表璞鼎查在停泊于南京下关江面的英舰皋华丽号上签订，标志着第一次鸦片战争的结束。

《南京条约》破坏了中国的领土完整和关税主权，便利了英国对华的商品输出，使中国开始沦为半殖民地半封建社会。《南京条约》签订后，西方列强趁火打劫，相继强迫清政府签订了一系列不平等条约，进一步侵犯了中国的主权，破坏了中国的自然经济，并加速了清王朝的衰亡。

2.《马关条约》

《马关条约》是中国清朝政府和日本明治政府于 1895 年 4 月 17 日（光绪二十一年三月二十三日）在日本马关（今山口县下关市）签订的不平等条约，原名《马关新约》，日本称为《下关条约》或《日清讲和条约》。《马关条约》的签署标志着甲午中日战争的结束。中方全权代表为李鸿章、李经方，日方全权代表为伊藤博文、陆奥宗光。

《马关条约》使日本获得巨大利益，刺激其侵略野心。与此同时，条约也使中国民族危机空前严重，半殖民地化程度大大加深。该条约适应了帝国主义列强对华资本输出的需要，随后列强掀起了瓜分中国的狂潮。

3. 社会主义现代化

是指用现代科学技术全面改造人们生存的物质条件和精神条件，以经济发展为中心，涉及政治、法律和社会精神生活等各个方面的整体社会变迁的过程。

（二）提出问题

1. 驱动核心问题

如何避免屈辱战争的再次发生？

2. 分解问题

签订马关条约有什么样的危害？

《马关条约》是继《南京条约》以来最严重的不平等条约，它给近代中国社会带来严重危害，是帝国主义变中国为半殖民地、半封建社会的一个重要的步骤。

如何避免外敌入侵的悲剧再次发生？

（1）牢记历史，坚决维护国家主权、领土完整。

（2）树立先进的社会意识，弘扬以爱国主义为核心的伟大民族精神。

（3）明确落后就要挨打，全面把握机遇，沉着应对挑战，增强综合国力，全面建成小康社会，把我国建设成为富强民主文明和谐的社会主义现代化国家。

（4）维护世界和平与发展，必须坚决反对霸权主义和强权政治，改变旧的国际秩序，建立以和平共处五项原则为基础的有利于和平与发展的国际新秩序。

（三）解决问题

（1）学生们观看海战短片，并就如何弘扬爱国情怀进行讨论。（40分钟）

（2）小组通过参与海战推演，学打海军绳结，拼装舰船模型，学打海军旗语等，学习海军日常事务。（30分钟）

①每个小组 5~10 人，一起学习讲解员的操作，然后再分别自行操作。

②研学指导师在过程中及时拍照，进行辅助和帮助。

（四）成果展示

（1）学生展示所学内容，评选优秀学员。（30分钟）

学生上台展示所学内容、所拼模型，拍照留念。

（2）研学指导师总结评价。（10分钟）

五、课程评价

评价内容	个人评价	学生互评	导师评价
在研学过程中，遵守行程规定与安排			
内务整洁有序			
在公众场合懂文明、讲礼貌			
在研学过程中爱护公物、保护环境，遵守公共秩序			

续表

评价内容	个人评价	学生互评	导师评价
研学过程中，积极主动地参与集体活动			
认真记录研学笔记			
在活动中积极交流、分享			
在活动中与同学团结友爱、互相帮助			
在研学活动中有创新能力			

案例十六　威海市红色文化研学旅行课程案例："海洋国防的"利刃""研学课程

序号	课程主题	学时	地点	核心问题	研学内容
1	海洋国防的"利刃"	180分钟	刘公岛	你认为对我国海防影响最大的武器是什么？为什么？	1. 在教师引导下分享武器知识，引入课程。（10分钟） 2. 教师利用图片、视频等教具引导学生对海洋国防武器知识进行讲解。（20分钟） 3. 参观刘公岛。（30分钟） 4. 聆听人员讲解，学生做好采访记录。（20分钟） 5. 小组讨论所学，绘制知识体系图，回顾所学，融会贯通，查缺补漏。（20分钟） 6. 学生们进行小组讨论，自由发挥，合理畅想模型完成方法。（40分钟） 7. 实际操作，在教师指导下完成作品。（40分钟）

一、课程简介

1. 课程名称

海洋国防的"利刃"

2. 课程时长

180分钟

3. 依托研学资源点

刘公岛

4. 涉及学科及知识

海洋军事装备相关的知识：

（1）101导弹驱逐舰

101导弹驱逐舰为海军第一艘驱逐舰"鞍山"号，是首艘入列人民海军的驱逐舰，曾作为中国海军早期"四大金刚"之首。

（2）136导弹驱逐舰

"杭州"号，为俄制现代级驱逐舰，1994年5月下水。

（3）辽宁号（瓦良格号）

辽宁号航空母舰，是中国人民解放军海军隶下的一艘可以搭载固定翼飞机的航空母舰，也是中国第一艘服役的航空母舰。

（4）001A型航空母舰

001A型航空母舰属于中型滑跃起飞常规动力航母，001A型航母是中国真正意义上的第一艘国产航空母舰。

二、学情分析

1. 通识年龄段学情分析

本课程设计针对10~12岁年龄段的学生。该年龄段的学生知识面较广，个性普遍突出，对于新鲜事物富有好奇心，因此教师应顺应学生特点，激发学生的积极性，让学生主动学习，激发学生敢想、敢说、爱说、爱分享的欲望。

2. 本课程学情分析

本课程依托刘公岛研学资源点，以"海军国防武器装备如何发展？"为核心问题，激发学生对海军国防武器装备的学习兴趣，通过近代的一些战役，了解各种海军武器装备在特定的历史时期的意义和价值，激发学生对祖国的热爱。

三、研学目标

（一）课程目标

通过对海军装备武器的了解，扩大学生的知识面，提升学生的国家归属感,培养学生的信息检索能力、观察能力和交流能力,使学生在学习海洋国防发展中,学会团队合作,与同学和睦相处,提高海洋文化素养。

(二)教学目标

1. 知识与技能

知识:

(1)了解近年来中国海军建军历史;

(2)能够说出中国著名军舰、航空母舰等的名称。

技能:

(1)能够用联系的观点分析问题,并能举一反三;

(2)通过网络搜索所需知识,培养概括总结的能力。

2. 过程与方法

(1)通过实地参观刘公岛、潜艇博物馆等场所,聆听讲解人员细致入微的介绍,培养学生的信息检索能力、观察能力和交流能力;

(2)在学习海洋国防发展中,学会团队合作,与同学和睦相处。

3. 情感态度及价值观

(1)培养学生良好的观察、归纳、总结能力和分享意识,使学生乐于分享自己的经历、体验和收获。

(2)激发学生勿忘国耻、振兴中华、热爱祖国、奋发学习的意识。

(3)激发和培养学生对海洋国防的重视,提升海洋素养。

四、课程实施

(一)界定不熟悉的术语

1. 海军武器装备简介

1999年,世界海军武器装备的发展可以归纳为五句话,即:攻击型潜艇不断推陈出新,驱逐舰、护卫舰是水面战斗舰艇发展的主流,防空反导武器系统是舰载武器发展的重点,反水雷战装备注重提高技术含量,航母依然受到某些大国海军的青睐。

2. 引入方式

以基础性课程引入课程。(10分钟)

（二）提出问题

1. 核心驱动问题

你认为对我国海防影响最大的武器是什么？为什么？

2. 分解问题

（1）影响海洋国防的武器装备有哪些？

此处参考课程简介中涉及的知识。

（2）军舰模型有哪些？

军舰模型种类很多，大方向上可以将其分为五类，如：①具有珍藏价值的历史名船模型；②供观赏陈列的各种象征性工艺品军舰模型；③用于宣传、介绍产品的各种展览模型；④用于讲述航海与舰船知识，进行海战演示的各种教学模型；⑤水上游乐与表演模型以及研究、实验用的各种军舰模型。国内军舰模型的分类主要是按其运动形式和材质划分。

（三）解决问题

1. 基础性课程——"海洋国防武器知多少"

海洋国防作为国家安全保障的重要组成部分，同学们都有了解的有关海洋国防武器知识。

（1）要求大家分享一下自己有一定了解的海洋国防武器。

（2）分组讨论参观过的博物馆等。

（3）教师对海洋国防武器的相关基础知识进行组织、讲解及概括。

2. 参观性课程——"刘公岛不只是个岛"

同学们参观刘公岛或其他潜艇博物馆（如大连旅顺潜艇博物馆等），了解中国以及世界上其他国家海洋国防武器的发展，了解中国屈辱的近现代史，培养勿忘国耻、振兴中华的精神。

3. 操作性课程——"舰艇模型我来做"

以"海洋国防舰艇"为中心，在研学指导师讲解指导下，学生们分小组讨论研究，利用身边材料制作海军武器模型。

课程主题	课时安排	教学方法	教学要点	学习情境
基础性课程	1课时（45分钟）	讲授法 讨论法 演讲法	重点：分享自己了解的海洋国防武器知识，对海洋国防武器有初步了解 难点：记录、整理不同武器的性能	1. 在教师引导下分享武器知识 2. 教师利用图片、视频等教具引导学生对海洋国防武器知识进行讲解
参观性课程	2课时（90分钟）	参观法 讨论法 采访法	重点：了解中国海洋国防武器发展 难点：景点颇多，把所看所学与实际教学相联系	1. 参观刘公岛 2. 聆听讲解员讲解，学生做好采访记录 3. 小组讨论所学，结合历史，融会贯通，回顾所学，查缺补漏
操作性课程	1课时（45分钟）	讨论法 操作法	重点：小组讨论构思制作海洋国防武器模型 难点：将所想付诸实践，完成作品	1. 学生们进行小组讨论，自由发挥，合理畅想模型完成方法 2. 实际操作，在教师指导下完成作品

（四）成果展示

1. 分享会

（1）题目：分享自己在"刘公岛不只是个岛"环节有什么收获。

（2）要求：请结合自己在研学课程中的所看所学，富有真情实感地表达自己的收获。

五、课程评价

评价内容	个人评价	学生互评	导师评价
在研学过程中，遵守行程规定与安排			
内务整洁有序			
在公众场合懂文明、讲礼貌			
在研学过程中爱护公物、保护环境，遵守公共秩序			
研学过程中，积极主动地参与集体活动			
认真记录研学笔记			
在活动中积极交流、分享			
在活动中与同学团结友爱、互相帮助			
在研学活动中有创新能力			

案例十七 日照市红色文化研学旅行课程案例："民俗文化我来传"研学课程

序号	课程主题	学时	地点	核心问题	研学内容
1	民俗文化我来传	60分钟	日照市抗日战争纪念馆	如何保护、传承、弘扬民俗文化	1. 参观日照市抗日战争纪念馆，观赏民俗文物，学习各种简单文物模型制作方法。（15分钟） 2. 学生搜集资料，小组合作探究"为何要保护、传承、发扬民俗文化？"（10分钟） 3. 学生合作探究关于"民俗文化"的研究性小课题。（20分钟） ①学习相关民俗知识，了解各种民俗文化的历史背景，探究每种民俗文化出现的原因。 ②小组合作探究工作，观看各类民俗文化视频，说出自己的内心感受；参与小组讨论。 4. 小组合作探究古代人民的发展并汇报总结；学会运用团队合作的精神解决实际问题，服务于学习和生活。（15分钟）

一、课程简介

1. 课程名称

民俗文化我来传

2. 课程时长

60分钟

3. 依托研学资源点

日照市抗日战争纪念馆

4. 涉及学科及知识

历史学科：

日照是山东建立中共地方组织较早的地区之一，漫长的峥嵘岁月在这片热土上留下多处革命遗址，其中声名远扬的有日照市抗日战争纪念馆。纪仿馆是以全面记录抗日战争史实、纪念中国人民伟大抗日战争、弘扬伟大抗战精神和进行和平教育为己任的大型综合性专题纪念馆，是山东省首家综合类实物展览馆。

政治学科：

中国共产党名称由来：1920年9月1日，陈独秀在《新青年》发表的《对于时局之我见》一文中，曾称"吾党"为"社会党"，后来才改称为"共产党"。

中国共产党指导思想：中国共产党的指导思想，是指导中国共产党全部活动的理论体系，是中国共产党的思想建设、组织建设和作风建设的理论基础。

二、学情分析

1. 通识年龄段学情分析

本课程设计针对6~13岁年龄段的学生。该年龄段的学生活泼、机灵，待人有礼貌，情感日益丰富，道德感有很大的发展，情感的稳定性和控制力增强，对历史的兴趣浓厚。日常生活中，学生通过电视、影音传媒接触革命历史知识较多，但缺少系统学习；他们具有思维能力发展较快，自我意识增强，有较强的求知欲和表现欲，学习压力大，渴望参加实践课程的特点。基于以上分析，本部分按照6~13岁学生的认知特点和学习规律，由表及里、由浅入深地设置课程，需要运用多种教学方法开展该部分课程。

2. 本课程学情分析

本课程依托日照市抗日战争纪念馆研学资源点，以"如何保护、传承、弘扬民俗文化？"为核心问题，学习党史的相关知识，学好文化知识，用党的优良传统和历史经验启迪智慧，砥砺品质。

三、研学目标

（一）课程目标

通过对民俗文化相关知识的学习，真正了解传统历史，分析传统历史。同时通过亲身实践学习民俗文化知识，培养学生勇于探究的科学精神，学会运用团队合作的方式解决实际问题，服务于学习和生活。

当代青少年是未来中国建设事业的承担者，中国的伟大复兴离不开当代青少年的努力。任何一个国家的兴起，都是根植于民族传统之中，以传统文化为前提的，需要各位青少年的共同努力。

（二）教学目标

1. 知识与技能

知识：学习相关民俗文化知识，了解各种民俗文化的历史背景，探究每种民俗文化出现的原因。

技能：

（1）观看视频，了解时代背景，模仿各种风俗文化场景；

（2）小组合作探究工作。

2. 过程与方法

（1）观看各类民俗文化视频，说出自己的内心感受；

（2）参与小组讨论，小组合作探究古代人民曾做过的发展工作并汇报总结；

（3）学会运用团队合作的方式解决实际问题，服务于学习和生活。

3. 情感态度及价值观

（1）学生们通过亲临场地，感受风俗习惯场景，获得崭新的历史体验，学习历史。

（2）培养学生们的爱国情感，树立爱国精神。

四、课程实施

（一）界定不熟悉的术语

（二）提出问题

1. 驱动核心问题

如何保护、传承、弘扬民俗文化？

2. 分解问题

为何要保护、传承、发扬民俗文化？

此处参考课程简介中的涉及知识。

（三）解决问题

参观日照市抗日战争纪念馆，观赏美丽的民俗文物，学习各种简单文物的制作方法。（15分钟）

（1）学生搜集资料，小组合作探究"为何要保护、传承、发扬民俗文化？"（10分钟）

（2）学生合作探究关于"民俗文化"的研究性小课题。（20分钟）

学生成立研学小组，组长1人，副组长或秘书1人，过程促进者（协调员，轮流担任）1人，其他成员根据具体任务分工。

（四）成果展示

（1）小组汇报探究成果，讲述关于民俗传承的的故事，进行"优秀传承我来讲"活动。（10分钟）

（2）研学指导师总结课程，评选"最佳讲课小能手"。（5分钟）

成果名称								
小组成员姓名								
任务完成情况	好（5）							
	较好（3）							
	一般（1）							
出勤率	高（5）							
	较高（3）							
	一般（1）							
积极性	高（5）							
	较高（3）							
	一般（1）							
合作性	好（5）							
	较好（3）							
	一般（1）							
对成果贡献	大（5）							
	较大（3）							
	一般（1）							
自评等级	甲（5）							
	乙（3）							
	丙（1）							

续表

组评等级	甲（5）							
	乙（3）							
	丙（1）							
小组成员签名								

五、课程评价

评价内容	个人评价	学生互评	导师评价
在研学过程中，遵守行程规定与安排			
内务整洁有序			
在公众场合懂文明、讲礼貌			
在研学过程中爱护公物、保护环境，遵守公共秩序			
研学过程中，积极主动地参与集体活动			
认真记录研学笔记			
在活动中积极交流、分享			
在活动中与同学团结友爱、互相帮助			
在研学活动中有创新能力			

案例十八　临沂市红色文化研学旅行课程案例："演绎浓浓红嫂情"研学课程

序号	课程主题	学时	地点	核心问题	研学内容
1	演绎浓浓红嫂情	150分钟	沂南红嫂家乡旅游区暨沂蒙红色影视基地	如何理解当代"红嫂精神"	1. 研学指导师通过询问学生在生活中是否聆听过"沂蒙红嫂"的故事，引入课程。（10分钟） 2. 学生根据搜集的资料，探究"红嫂"定义的是一个怎样的群体。（10分钟） 3. 根据"红嫂"群体的定义探究"红嫂精神"是什么。（10分钟） 4. 学生搜集资料，小组合作探究沂蒙红嫂背后的故事。（20分钟） 5. 小组讨论："如果回到过去，你是否愿意像沂蒙红嫂一样，在革命斗争年代无私奉献？"（15分钟） 6. 小组汇报讨论方案，老师评价总结。（25分钟） 7. 借助影视基地的条件，进行实景表演。演绎浓浓红嫂情，深度体验沂蒙红嫂的故事。（约60分钟）

一、课程简介

1. 课程名称

演绎浓浓红嫂情

2. 课程时长

150分钟

3. 依托研学资源点

沂南红嫂家乡旅游区暨沂蒙红色影视基地

4. 涉及学科及知识

历史学科：

红嫂：沂蒙山区有一个伟大的母性群体，她们送子参军、送夫支前，她们缝军衣、做军鞋、抬担架、推小车，她们舍生忘死救伤员，不遗余力抚养革命后代，谱写了一曲曲血乳交融的军民鱼水情——她们就是"沂蒙红嫂"。

红嫂精神：指在革命斗争年代里沂蒙老区人民无私奉献、艰苦奋斗、爱党、爱军的崇高品格和精神。

沂蒙红嫂代表人物：明德英，祖秀莲，许来英，张淑贞，等等。

二、学情分析

1. 通识年龄段学情分析

本课程设计针对13~16岁年龄段的学生。此年龄段的学生具有思维活跃、兴趣广泛的特点。历史知识的学习是重要的课程，此年龄段的学生对未知的事物保持好奇的同时，还对一些课外学习的课程具有极大的兴趣，对红色文化也有天然的热爱。基于以上分析，按照13~16岁学生的认知特点和学习规律，本部分需要运用多种新颖的教学方法开展该部分课程，才更能吸引学生的兴趣，使学生更能掌握学习内容。

2. 本课程学情分析

本课程依托沂南红嫂家乡旅游区暨沂蒙红色影视基地研学资源点，以"如何理解当代'红嫂精神'？"为核心问题，激发学生的学习兴趣。课程的教学内容以多种精彩形式呈现，可以激发学生自由参与探索与创新的勇气。

三、研学目标

（一）课程目标

通过对革命历史相关知识的学习，丰富学生历史知识的储备量，同时也让学生了解沂蒙的风土人情、文化历史，领略祖国的大好河山，增强对家乡、对祖国的认同感，提升爱国爱党的热情。通过观察沂蒙山的自然现象和了解"沂蒙山红嫂"这种历史文化现象，能够提出问题并进行探究考察，培养学生信息搜集能力和解决问题的能力，提高对自然科学及红色文化的热爱，提升社会责任感，形成积极正确的价值观念。

（二）教学目标

1. 知识与技能

知识：能够列举沂蒙红嫂的相关历史知识。

技能：

（1）情景代入，回归过去，能够将图片信息转化为文字信息；

（2）搜集资料，探究沂蒙红嫂背后的故事；

（3）能够用自己的观点分析材料中的问题，并能举一反三。

2. 过程与方法

（1）参与小组讨论，就如何理解当代"红嫂精神"发表自己的观点；

（2）学会运用团队合作的精神解决实际问题，服务于学习和生活。

3. 情感态度及价值观

（1）通过学习历史知识，让学生正确面对历史，分析历史；

（2）在了解沂蒙红嫂故事的过程中，学习红嫂精神，树立爱国精神。

四、课程实施

（一）界定不熟悉的术语

1. "红嫂"的意义？

沂蒙山区有一个伟大的母性群体，她们送子参军、送夫支前，缝军衣、做军鞋、抬担架、推小车，舍生忘死救伤员，不遗余力抚养革命后代，谱写了一首首血乳交融的军民鱼水情——她们就是"沂蒙红嫂"。

2. 引入方式

教师询问学生在生活中是否聆听过"沂蒙红嫂"的故事，以此引入课程。

（二）提出问题

1. 核心驱动问题

如何理解当代"红嫂精神"？

2. 分解问题

（1）红嫂的定义是什么？

此处参考课程简介中的涉及知识。

（2）"红嫂精神"是什么？

此处参考课程简介中的涉及知识。

（3）沂蒙红嫂代表人物事例有哪些？

此处参考课程简介中涉及的知识。

（三）解决问题

（1）学生搜集资料，小组合作探究沂蒙红嫂背后的故事。（20分钟）

（2）场景式教学，研学指导师带领学生走进沂蒙红嫂的住所，深入讲解沂蒙红嫂的故事。（30分钟）

（3）小组讨论："如果回到过去，你是否愿意像沂蒙红嫂一样，在革命斗争年代无私奉献？"（约15分钟）

小组讨论时，利用头脑风暴法，请学生提出自己的想法。

（4）小组汇报讨论方案，研学指导师评价总结。（约15分钟）

（四）成果展示

借助影视基地的条件进行实景表演，演绎浓浓的红嫂情，深度了解沂蒙红嫂的故事。（约60分钟）

成果名称						
小组成员姓名						
任务完成情况	好（5）					
	较好（3）					
	一般（1）					
出勤率	高（5）					
	较高（3）					
	一般（1）					
积极性	高（5）					
	较高（3）					
	一般（1）					
合作性	好（5）					
	较好（3）					
	一般（1）					
对成果贡献	大（5）					
	较大（3）					
	一般（1）					
自评等级	甲（5）					
	乙（3）					
	丙（1）					

续表

组评等级	甲（5）						
	乙（3）						
	丙（1）						
小组成员签名							

五、课程评价

评价内容	个人评价	学生互评	导师评价
在研学过程中，遵守行程规定与安排			
内务整洁有序			
在公众场合懂文明、讲礼貌			
在研学过程中爱护公物、保护环境，遵守公共秩序			
研学过程中，积极主动地参与集体活动			
认真记录研学笔记			
在活动中积极交流、分享			
在活动中与同学团结友爱、互相帮助			
在研学活动中有创新能力			

案例十九 临沂市红色文化研学旅行课程案例："愚公移山，改造中国"研学课程

序号	课程主题	学时	地点	核心问题	研学内容
1	愚公移山，改造中国	150分钟	毛主席亲笔批示纪念地——厉家寨	如何理解"幸福是奋斗出来的"这句话	1. 研学指导师通过带领学生参观厉家寨、王家坊前、高家柳沟等地，引入课程。（15分钟） 2. 参观厉家寨、王家坊前、高家柳沟后，围绕如何理解"幸福是奋斗出来的"这一问题展开课程，学生通过搜集资料，自主学习厉家寨艰苦奋斗的峥嵘岁月。（15分钟） 3. "厉家寨"的由来背景是什么？（10分钟） 4. 小组探讨：厉家寨的奋斗历史是怎样的？（25分钟） 5. "幸福是奋斗出来的"这句话的出处来自哪里？（20分钟） 6. 小组合作参与劳动，体验摘樱桃或者其他劳动，进行劳动教育，体验艰苦奋斗的厉家寨改革历程。（45分钟） 7. 研学指导师总结课程，评选"最美小劳动者"。（20分钟）

一、课程简介

1. 课程名称

愚公移山，改造中国

2. 课程时长

150分钟

3. 依托研学资源点

毛主席亲笔批示纪念地——厉家寨

4. 涉及学科及知识

历史学科：

新中国成立后，莒南人民在党的领导下，战天斗地，创造了一个个辉煌业绩，先后有三个单位受到毛主席的亲笔表扬，厉家寨便位于其中。

政治学科：

厉家寨的生动实践告诉我们，正因发挥党支部的战斗堡垒作用和广大党员的先锋模范作用，他们冲锋在前、奉献在前、吃苦在前，才迎来厉家寨的沧桑巨变。

关于厉家寨：

"愚公移山"只是古代的一则神话故事，而厉家寨人却创造了现实版"愚公移山"的真实实例。厉家寨人整山治水、科学种田的"愚公精神"，不怕困难、敢为人先的实干精神至今依然熠熠生辉。

二、学情分析

1. 通识年龄段学情分析

本课程设计针对8~12岁年龄段的学生。该年龄段的学生具有思维活跃、心性善良、活泼好动的特点；在认知基础和经验分析方面，学生在日常生活中能够接触到简单的劳动工作，例如在家中做家务，在学校做值日；10~12岁的学生具有思维能力发展较快，自我意识增强，有一定的学习压力，渴望参加实践课程的特点；基于以上分析，本部分按照8~12岁学生的认知特点和学习规律，运用课外教学及情感教学等方法，开展厉家寨文化劳动教育课程。

2. 本课程学情分析

本课程依托毛主席亲笔批示纪念地——厉家寨研学资源点，以"如何理解幸福是奋斗出来的？"为核心问题，激发了学生的学习兴趣。课程的教学内容以多种形式呈现，可以引导学生进行自由探究和团队合作等学习能力。

三、研学目标

（一）课程目标

根据教育目标，针对不同学段、类型学生的特点，以日常生活劳动、生产劳动、创造性劳动和服务性劳动为主要内容开展厉家寨文化劳动教育。并结合农业新业态、劳动新形态，注重新型的创造性劳动。

小学低年级（8~10岁）启蒙劳动意识，让学生学习日常生活自理，感知劳动乐趣，知道人人都要劳动，劳动最光荣。

小学中高年级（10~12岁）养成卫生、劳动习惯，让学生做好个人清洁卫生，主动分担家务，适当参加校内外公益劳动，学会与他人合作进行劳动，进行创新农业教育，体会到劳动的光荣。

引导学生树立尊重自然、顺应自然、保护自然的发展理念，通过厉家寨文化农业劳动教育养成勤俭节约、低碳环保、自觉劳动的生活习惯，弘扬优秀的厉家寨传统劳动文化。

（二）教学目标

1. 知识与技能

知识：能够说出厉家寨艰苦奋斗的历史，举例说明未来农业转型发展方向。

技能：

（1）完成演讲活动；

（2）搜集资料，探究厉家寨艰苦奋斗的峥嵘岁月；

（3）参与劳作，体验樱桃采摘或其他劳动，进行劳动教育。

2. 过程与方法

（1）参观厉家寨、王家坊前、高家柳沟，学习艰苦奋斗的历史；

（2）小组合作探究：厉家寨艰苦奋斗的峥嵘岁月，并汇报探究成果；

（3）能够用联系的观点分析问题，并能举一反三。

3. 情感态度及价值观

（1）通过对厉家寨、王家坊前、高家柳沟等的参观，学习整山治水、科学种田的"愚公精神"，不怕困难、敢为人先的实干精神；

（2）通过亲身实践参加劳动活动，培养吃苦耐劳的精神，学会运用团队合作的精神解决实际问题，服务于学习和生活。

四、课程实施

（一）界定不熟悉的术语

1. "厉家寨"的由来背景

此处参考课程简介中的涉及知识。

2. 引入方式

参观厉家寨、王家坊前、高家柳沟前引入。（15分钟）

（二）提出问题

1. 驱动核心问题

如何理解"幸福是奋斗出来的"这句话？

2. 分解问题

（1）厉家寨的奋斗历史是怎样的？

此处参考课程简介中的涉及知识。

（2）"幸福是奋斗出来的"这句话出自哪里？

（三）解决问题

（1）参观厉家寨、王家坊前、高家柳沟。（15分钟）

（2）参观厉家寨、王家坊前、高家柳沟后，就如何理解"幸福是奋斗出来的"问题展开，学生搜集资料，了解厉家寨艰苦奋斗的峥嵘岁月。（10分钟）

（3）小组合作参与劳作，体验采摘樱桃或者其他劳动，进行劳动教育，体验艰苦奋斗的厉家寨改革历程。（45分钟）

（四）成果展示

（1）小组汇报探究成果，讲述厉家寨的故事。（10分钟）

（2）研学指导师总结课程，评选"最美小劳动者"。（10分钟）

成果名称									
小组成员姓名									
任务完成情况	好（5）								
	较好（3）								
	一般（1）								
出勤率	高（5）								
	较高（3）								
	一般（1）								
积极性	高（5）								
	较高（3）								
	一般（1）								

续表

合作性	好（5）							
	较好（3）							
	一般（1）							
对成果贡献	大（5）							
	较大（3）							
	一般（1）							
自评等级	甲（5）							
	乙（3）							
	丙（1）							
组评等级	甲（5）							
	乙（3）							
	丙（1）							
小组成员签名								

五、课程评价

评价内容	个人评价	学生互评	导师评价
在研学过程中，遵守行程规定与安排			
内务整洁有序			
在公众场合懂文明、讲礼貌			
在研学过程中爱护公物、保护环境，遵守公共秩序			
研学过程中，积极主动地参与集体活动			
认真记录研学笔记			
在活动中积极交流、分享			
在活动中与同学团结友爱、互相帮助			
在研学活动中有创新能力			

案例二十　临沂市红色文化研学旅行课程案例："沂蒙小调永流传"研学课程

序号	课程主题	学时	地点	核心问题	研学内容
1	沂蒙小调永流传	60分钟	沂蒙山小调诞生地	如何改造沂蒙山小调	1.教师通过播放、聆听、介绍沂蒙小调的方式，使得学生对此部分知识有初步了解，进而引入课程。（10分钟） ①《沂蒙山小调》属于哪种歌曲体裁？ ②《沂蒙山小调》反映了怎样的情感？ ③研学指导师请一位山东籍的学生教大家说山东话"俺是山东人"并提问：这句话有什么特点？ ④欣赏民歌演唱，请学生分析演唱特点。 2.学唱《沂蒙山小调》。（20分钟） 3.小组合作探究：《沂蒙山小调》可以如何改造？（20分钟） 4.研学指导师总结课程，讲述歌曲表达的情感，升华主题。（10分钟）

一、课程简介

1.课程名称

沂蒙小调永流传

2.课程时长

60分钟

3.依托研学资源点

沂蒙山小调诞生地

4.涉及学科及知识

音乐学科：

《沂蒙山小调》诞生于1940年抗战时期，其前身是为配合八路军——五师打击地方武装组织"黄沙会"而创作的民歌《反对黄沙会》。后来经过不断地修改加工，便成了今天传唱长城内外、大江南北的《沂蒙山小调》。

历史学科：

1999年，费县县委、县政府在《沂蒙山小调》诞生地建立了纪念碑、纪念亭，记载了《沂蒙山小调》诞生的过程，以及现今流传的《沂蒙山小调》词曲及作者，以启后人，永志不忘。

二、学情分析

1. 通识年龄段学情分析

本课程设计针对8~12岁年龄段的学生。此年龄段的学生具有生性活泼，天真好动的特点，他们具有活跃的思维、善良的心灵和极强的共情能力。在认知基础和经验分析方面，学生们在日常生活中已经开始学会聆听、欣赏音乐，对音乐中传达的情感有一定的感知和学习能力，也对了解音乐背后的故事充满兴趣。基于以上分析，本部分按照8~12岁学生的认知特点和学习规律，设置了新颖的音乐教育课程，需要运用多种高科技教学方法开展该部分沂蒙小调课程。

2. 本课程学情分析

本课程开展依托沂蒙山小调诞生地，以"《沂蒙山小调》反映了怎样的歌曲情感"为核心问题，激发学生的学习兴趣。课程的教学内容以多种音乐的形式呈现，可以实现学生全方位发展的目标，同时激发学生自由探究、团队合作的兴趣。

三、研学目标

（一）课程目标

根据此课程教育目标，针对不同学段、类型的学生特点，以学习歌曲、欣赏歌曲、体会歌曲、共唱歌曲为主要内容开展课程。通过学唱、欣赏、表演等多种方式，引导学生感知音乐、体验音乐，参与《沂蒙山小调》歌曲演唱和艺术改编活动等。并通过体验音乐之美，让学生们在学习过程中感受民族音乐歌曲风格，增强学习民族音乐兴趣，让学生能够终身、全面发展，来提升学生对中国传统音乐的认知程度，从而培养学生的爱国主义热情，提高学生的综合素质能力。

（二）教学目标

1. 知识与技能

知识：了解中国民歌题材，学习《沂蒙山小调》。

技能：

（1）能够总结劳动号子、山歌、小调等多种民歌体裁的特点；

（2）完成《沂蒙山小调》的演唱；

（3）能够用联系的观点分析问题，并能举一反三。

2. 过程与方法

（1）遵守班级规章制度，关心班集体；

（2）小组成员依次展示，尊重他人，愿意欣赏同学的优点。

3. 情感态度及价值观

（1）通过学习中国民歌体裁，了解中国传统音乐形式，培养学生们对中国传统文化的喜爱之情；

（2）通过亲身学唱《沂蒙山小调》，了解其中的背景知识。引导学生们尊重历史，缅怀历史，表达对革命志士的敬佩之情，获得更深的爱国主义教育。

四、课程实施

（一）界定不熟悉的术语

1. 小调

又称"小曲""小令"，是我国民歌重要的体裁之一，流行于城镇和集市的民间独唱、对唱或歌舞小曲。

2. 引入方式

直接介绍，引入课程。（10分钟）

（二）提出问题

1. 驱动核心问题

如何改造沂蒙山小调？

2. 分解问题

（1）《沂蒙山小调》属于哪种歌曲体裁？

山东民歌《沂蒙山小调》的体裁是"小调"。

（2）《沂蒙山小调》反映了怎样的情感？

这首民歌,体现了对家乡的热爱与赞美之情。

(三)解决问题

(1)研学指导师请一位山东籍的学生教大家说山东话"俺是山东人",并提问这句话有什么特点。

(音调高、起伏,表现了山东人豪爽的性格。"俺"是方言。)

(2)欣赏民歌演唱,学生听听她的演唱有什么特点。

(演唱时有些字加了儿化音。如:"草地儿"。)

演唱者独特的音色和儿化音、滑音的运用,使歌曲具有浓郁的地方色彩,同时也体现了歌者赞美自己家乡的自豪感。

(3)学唱《沂蒙山小调》。(20分钟)

(4)小组合作探究:《沂蒙山小调》可以如何改造?(20分钟)

①小组成立后,经过制定规范、明确要解决的问题或研学项目后,需要将任务理解吃透并进行分工。

②在整个过程中要注意兼顾集体研学和个人思考,研学指导师要在关键点适时引导、指导。

(四)成果展示

(1)小组汇报探究成果,表达自身感悟。(5分钟)

(2)研学指导师总结课程,讲述歌曲表达的情感,升华主题。(5分钟)

五、课程评价

评价内容	个人评价	学生互评	导师评价
在研学过程中,遵守行程规定与安排			
内务整洁有序			
在公众场合懂文明、讲礼貌			
在研学过程中爱护公物、保护环境,遵守公共秩序			
研学过程中,积极主动地参与集体活动			
认真记录研学笔记			
在活动中积极交流、分享			
在活动中与同学团结友爱、互相帮助			

续表

评价内容	个人评价	学生互评	导师评价
在研学活动中有创新能力			

案例二十一 德州市红色文化研学旅行课程案例："初心不改，使命担当"研学课程

序号	课程主题	学时	地点	核心问题	研学内容
1	初心不改，使命担当	60分钟	乐陵冀鲁边区革命纪念园	枣香红韵下的革命文化是什么	1. 参观乐陵冀鲁边区革命纪念园，学习革命文化，导入课程。（20分钟） 2. 小组合作探究："枣乡红韵下的革命文化是什么？"（20分钟） 3. 就"农民们是如何支持革命的？"这一问题展开讨论，小组成员合作探究。（10分钟） 4. 小组代表发表观点，研学指导师总结评价。（10分钟）

一、课程简介

1. 课程名称

初心不改，使命担当

2. 课程时长

60分钟

3. 依托研学资源点

乐陵冀鲁边区革命纪念园

4. 涉及学科及知识

历史学科：

冀鲁边区抗战事迹：抗战期间，冀鲁边区军民对日伪作战近千次，歼灭日伪军数万人，转移出部队15000人开辟鲁西、鲁南根据地，对开创华北敌后抗战新局面和山东抗日根据地的建立起到了积极的作用。

美术学科：

休闲广场主题雕塑

雕塑主体由昂首并肩的工人、农民、军人三种人物形象组成，寓意我们的党是工人阶级的先锋队，引领着中国前进的方向。雕塑下方有四面浮雕，分别雕刻了发生在冀鲁边区的肖华挺进冀鲁边区、黄夹起义、万人挽留牟宜之、乐陵籍抗日名将宋哲元所领导的国民革命军第29军打响全国抗日战争第一枪四个历史故事。

冀鲁边区革命纪念馆

纪念馆整体建筑面积3000平方米，馆名由原中央军委副主席迟浩田将军亲笔题写。建筑设计采用了枣林中红枣的红色与纯洁的白色，分别象征了先烈流淌的鲜血和边区人民爱党爱军、无私奉献精神，表达了后人对革命先烈的怀念和敬仰之情。整个展馆分为序厅和五个相对独立的单元，以图像、文字、实物及绘画、模型、多媒体等形式，突出重大事件、重大活动和著名人物，全面反映边区军民在党的领导下进行的波澜壮阔的革命历史。

二、学情分析

1. 通识年龄段学情分析

本课程设计针对6~12岁年龄段的学生。该年龄段的学生具有一定的逻辑思维能力、文字表达能力、资源获取能力，对世界充满了好奇，处于认知新事物的阶段，了解新历史知识的欲望强烈，但辩证地看待历史的能力不强，需要适当加以引导，帮助他们树立正确的历史观，增添学习的动力。基于以上分析，本部分按照6~12岁学生的认知特点和学习规律，由表及里、由浅入深地设置课程、开展课程。

2. 本课程学情分析

本课程依托乐陵冀鲁边区革命纪念园研学资源点，以"枣香红韵下的革命文化是什么？"为核心问题，激发学生的学习兴趣。课程的教学内容以多种形式呈现，可以激发学生自由参与探索与创新。

三、研学目标

（一）课程目标

通过对乐陵冀鲁边区革命纪念园的参观，加深对红色文化的了解，培养热爱祖国、积极向上、团结友爱、文明礼貌的合格人才。同时通过亲身实践参观纪念馆，培养勇于探究的科学精神和集体主义精神，激发追求理想和信仰的动力。

（二）教学目标

1. 知识与技能

知识：列举冀鲁边区抗战事迹，了解革命英雄。

技能：

（1）讲解能力，能概述革命文化；

（2）理解与表达能力，根据学习内容发表自己的意见；

（3）能够用联系的观点分析材料中的问题，并能举一反三。

2. 过程与方法

（1）参与小组讨论，就"枣乡红韵下的革命文化是什么？"发表自己的观点；

（2）小组合作交流讨论，并总结概括。

3. 情感态度及价值观

（1）通过学习历史知识，让学生正确面对历史、分析历史。

（2）通过学习革命英雄事迹，树立爱国精神。

四、课程实施

（一）界定不熟悉的术语

1. 枣乡乐陵

乐陵市位于鲁冀两省、四市（德州—滨州—沧州—济南）交界处，隶属山东省德州市。乐陵市是山东省的北大门和主要进京门户，素有"齐燕要塞""鲁冀枢纽"之称。2006年被列为鲁北沿海开发城市。

2. 引入方式

在参观纪念馆时引出介绍。

（二）提出问题

1. 驱动核心问题

枣香红韵下的革命文化是什么？

2. 分解问题

农民们是如何支持革命的？

（1）参与建设抗日根据地；（2）积极参与各种政治活动。

（三）解决问题

（1）参观纪念馆，学习革命文化。（20分钟）

（2）小组合作探究："枣乡红韵下的革命文化是什么？"（20分钟）

（3）就上面的问题展开，学生分小组合作探究。（10分钟）

（四）成果展示

小组代表发表观点，研学指导师总结评价。（10分钟）

五、课程评价

评价内容	个人评价	学生互评	导师评价
在研学过程中，遵守行程规定与安排			
内务整洁有序			
在公众场合懂文明、讲礼貌			
在研学过程中爱护公物、保护环境、遵守公共秩序			
研学过程中，积极主动地参与集体活动			
认真记录研学笔记			
在活动中积极交流、分享			
在活动中与同学团结友爱、互相帮助			
在研学活动中有创新能力			

案例二十二　聊城市红色文化研学旅行课程案例："人民公仆，大爱无疆"研学课程

序号	课程主题	学时	地点	核心问题	研学内容
1	人民公仆，大爱无疆	120分钟	孔繁森同志纪念馆	孔繁森精神在学习生活中该如何体现	1. 回忆孔繁森事迹，引入课程。（40分钟） 2. 参加小组讨论，就"孔繁森精神是什么？""孔繁森精神在现代社会有哪些体现？"发表自己的观点；小组合作交流孔繁森的生平事迹，并汇报探究成果。（40分钟） 3. 在学习孔繁森精神的过程中，树立爱人、帮助人、关心人的人生价值观；在学习孔繁森事迹的过程中，树立爱国精神。（40分钟）

一、课程简介

1. 课程名称

人民公仆，大爱无疆

2. 课程时长

120分钟

3. 依托研学资源点

孔繁森同志纪念馆

4. 涉及学科及知识

历史学科：

孔繁森事迹：1944年，孔繁森出生于山东聊城一个贫苦的农民家庭。在党的培养教育下，他参军、入党，后来转业到地方工作。1979年，国家要从内地抽调一批干部到西藏工作，时任中共聊城地委宣传部副部长的孔繁森欣然赴藏。进藏后，他担任日喀则地区岗巴县委副书记。在岗巴工作3年，孔繁森跑遍了全县的乡村、牧区，与藏族群众结下了深厚的友谊。

孔繁森精神：孔繁森作为中华人民共和国成立以来重要的典型人物，被

誉为"九十年代的雷锋""新时期的焦裕禄""领导干部的楷模""民族团结的典范"。他用真挚的爱民之情，赤诚的为民之心，强烈的富民之愿，谱写了最朴素的普世价值和人文情怀，闪烁着不朽的文明之光、人性之光和理想之光。

二、学情分析

1. 通识年龄段学情分析

本课程设计针对12~15岁年龄段的学生。该年龄段的学生正处于乐于接受新事物、思维开始独立、乐于发言、善于思考的阶段，很多这个年龄段的学生学习积极性高，但对人民英雄的了解不深。在认知基础和经验分析方面，该年龄段的学生有了一定的分析能力。基于以上分析，本部分按照12~15岁学生的认知特点和学习规律，由表及里、由浅入深地设置课程，需要运用多种教学方法开展该部分课程。

2. 本课程学情分析

本课程依托孔繁森纪念馆研学资源点，以"孔繁森精神在学习生活中该如何体现？"为核心问题，激发学生的学习兴趣。课程的教学内容以多种形式呈现，可以激发学生自由参与探索与创新。

三、研学目标

（一）课程目标

通过对孔繁森相关知识的学习，学生运用科学的思维发现问题、解决问题、指导行为。同时通过实时现场学习，培养勇于探究的科学精神，学会运用团队合作的精神解决实际问题，服务于学习和生活。

学生系统地了解孔繁森的生平事迹，理解民族英雄的定义，明白孔繁森对于国家的守护作用，学习无私奉献的精神。同时能针对学习内容提出自己的见解或解答他人疑问，培养自学能力，深入理解爱国主义精神。

进而让学生牢牢把握作为国家层面价值目标的富强、民主、文明、和谐，深刻理解作为社会层面价值取向的自由、平等、公正、法治，自觉遵守作为公民层面价值准则的爱国、敬业、诚信、友善，将社会主义核心价值观内化于心、外化于行。

（二）教学目标

1. 知识与技能

知识：回忆孔繁森的事迹，列举详细事例。

技能：

（1）讲解能力，阐述孔繁森的生平事迹；

（2）搜集资料，再现孔繁森的生平事迹；

（3）能够用联系的观点分析材料中的问题，并能举一反三。

2. 过程与方法

（1）参加小组讨论，就"孔繁森精神是什么？""孔繁森精神在现代社会有哪些体现？"发表自己的观点；

（2）小组合作交流孔繁森的生平事迹，并汇报探究成果。

3. 情感态度及价值观

（1）在学习繁森精神的过程中，树立爱人、帮助人、关心人的人生价值观；

（2）在学习孔繁森事迹的过程中，树立爱国主义精神。

四、课程实施

（一）界定不熟悉的术语

《好人好官孔繁森》；纪录电影，时长90分钟，运用纪实采访结合艺术再现的表现手法，还原了孔繁森同志的感人事迹。

（二）提出问题

1. 驱动核心问题

孔繁森精神在学习生活中该如何体现？

2. 分解问题

（1）现在孔繁森精神的时代内涵是什么？

孔繁森同志作为党员领导干部的楷模，以自己的实际行动展现了当代共产党人的优秀品质，塑造起新时期党的领导干部的崇高形象，其精神犹如一面旗帜始终砥砺我们前行。

（2）我们该如何学习孔繁森精神？

①学习他具有坚强的党性原则和组织观念，始终将党和人民的利益放在首位的精神；

②学习他为党和人民的事业鞠躬尽瘁、无私奉献的优良品质；

③学习他密切联系群众，关心群众疾苦，真心诚意为人民谋利益的精神；

④学习他廉洁勤政、克己奉公的高尚品格。

学习孔繁森精神，更贵在行动，重在实效。在实践中对待人民群众，不但要积极主动地去做，而且还要充满感情地去做、全力以赴地去做；要把孔繁森精神作为思想上、工作上的一面镜子、一把尺子，经常照一照、量一量，取长补短，不断进步；发扬他热爱党、热爱人民、无私奉献的崇高精神，继承他艰苦朴素、廉洁自律、克己奉公的高尚品质。

（三）解决问题

（1）观看《好人好官孔繁森》纪录片，导入课程。（20分钟）

（2）学生搜集资料，自主探究孔繁森的生平事迹。（15分钟）

（3）提出问题："孔繁森精神是什么？""孔繁森精神在现代社会有哪些体现？"（5分钟）

（4）学生小组合作探究上面的问题。（20分钟）

（5）研学指导师评价学生探究成果，总结知识。（15分钟）

（四）成果展示

学生汇报探究成果，举办"讲好孔繁森故事"演讲。（45分钟）

五、课程评价

评价内容	个人评价	学生互评	导师评价
在研学过程中，遵守行程规定与安排			
内务整洁有序			
在公众场合懂文明、讲礼貌			
在研学过程中爱护公物、保护环境，遵守公共秩序			
研学过程中，积极主动地参与集体活动			
认真记录研学笔记			
在活动中积极交流、分享			
在活动中与同学团结友爱、互相帮助			
在研学活动中有创新能力			

案例二十三 聊城市红色文化研学旅行课程案例："纪念孔繁森"研学课程

序号	课程主题	学时	地点	核心问题	研学内容
1	纪念孔繁森	90分钟	孔繁森同志纪念馆	根据孔繁森的事迹,你觉得他是一个什么样的人	1.研学指导师以孔繁森的故事为兴趣点,导入课程。(5分钟) 2.学生搜集资料,自主探究孔繁森所在时期的历史背景与当时西藏的社会情况。(10分钟) 3.学生分享对于孔繁森人物事迹的感想与感触,交流核心问题,研学指导师带领学生们探究成立孔繁森纪念馆的意义。(15分钟) 4.根据孔繁森的故事展开探究,学生依次分享类似孔繁森的人物,并通过查阅历史资料,分享其他历史故事,展示中华民族精神。(15分钟) 5.进行"红色文化传播小能手"的活动,评选"最佳红色文化朗读者"。(45分钟)

一、课程简介

1. 课程名称

纪念孔繁森

2. 课程时长

90分钟

3. 依托研学资源点

孔繁森同志纪念馆

4. 涉及学科及知识

孔繁森精神

孔繁森作为中华人民共和国成立以来的重要典型人物,被誉为"九十年代的雷锋""新时期的焦裕禄""领导干部的楷模""民族团结的典范"。他用真挚的爱民之情,赤诚的为民之心,强烈的富民之愿,谱写了最朴素的普世价值和人文情怀,闪烁着不朽的文明之光、人性之光和理想之光。

相关人物知识:

孔繁森，山东聊城人，他18岁参军，1966年加入中国共产党。1969年复员后，他先当工人，后被提拔为国家干部。1979年，国家要从内地抽调一批干部到西藏工作，时任聊城地委宣传部副部长的孔繁森主动报名，请人写了"是七尺男儿生能舍己，作千秋鬼雄死不还乡"的条幅。刚到西藏，他又写下"青山处处埋忠骨，一腔热血洒高原"，以此明志。

2018年12月18日，党中央、国务院授予孔繁森同志改革先锋称号，颁授改革先锋奖章。2019年9月25日，孔繁森被评为"最美奋斗者"个人。

二、学情分析

1. 通识年龄段学情分析

本课程设计针对13~15岁年龄段的学生。此年龄段的学生已经初具分析比较复杂情况的能力，思维形式正在向抽象思维过渡。对他们重在引导，要有针对性和启发性。这个年龄段的学生已经具备一定的逻辑思维能力，但知识面有局限性，学生不能很好地运用知识迁移能力。那么研学活动将给予学生一个深刻的课堂，让学生有机会去深入了解模范人物的事迹和精神思想。13~15岁的学生正处于青春期的关键时期，对学生给予正确的引导将对其人生发展产生重要作用，应引导学生了解模范人物的精神，帮助学生树立正确的人生观，培养模范精神。基于以上分析，本部分按照13~15岁学生的认知特点和学习规律，由表及里、由浅入深地设置课程，运用多种教学方法开展该部分课程。

2. 本课程学情分析

本课程依托孔繁森同志纪念馆为研学资源点，以"根据孔繁森的事迹，你觉得他是一个什么样的人？"为核心问题，激发学生的学习兴趣。课程的教学内容以多种形式呈现，可以激发学生自由参与探索与创新。

三、研学目标

（一）课程目标

通过对孔繁森精神相关知识的学习，学生运用科学的思维发现问题、解决问题、指导行为。同时通过实时现场学习，培养勇于探究的科学精神，学会运用团队合作的精神解决实际问题，服务于学习和生活。

学生系统地了解孔繁森生平事迹，理解民族英雄的定义，明白孔繁森对于国家的守护作用，学习孔繁森无私奉献的精神。同时能针对学习内容提出自己的见解或解答他人疑问，培养自学能力，深入理解爱国主义精神。

开展先锋模范教育，满足学生内心需要，帮助其领会道德标准和行为规范，养成良好的道德品质和行为习惯。增强学生的中国特色社会主义道路自信、理论自信、制度自信、文化自信，勇于进行具有许多新的历史特点的伟大斗争，坚决战胜前进道路上的各种艰难险阻。

（二）教学目标

1. 知识与技能

知识：理解后复述孔繁森的英雄事迹，概括模范精神。

技能：搜集资料，解决"模范精神如何继承与发展"的问题。

2. 过程与方法

（1）参观孔繁森同志纪念馆，了解孔繁森同志一生的事迹；

（2）参与小组讨论，就"模范精神如何继承与发展"发表自己的观点。

3. 情感态度及价值观

（1）通过对孔繁森同志纪念馆的参观，培养学生的奉献精神；

（2）通过亲身实践进行劳动活动，培养吃苦耐劳的精神，学会运用团队合作的精神解决实际问题，服务于学习和生活。

四、课程实施

（一）界定不熟悉的术语

1. "噶尔县门士乡"

解释：西藏自治区阿里地区噶尔县辖乡，辖门士村、索多村 2 个行政村。

2. 引入方式

以孔繁森的故事导入课程。

（二）提出问题

1. 核心驱动问题

根据孔繁森的事迹，你觉得他是一个什么样的人？

2. 分解问题

（1）根据孔繁森的事迹，如何结合环境描写和细节描写进行分析？

（2）世人对于孔繁森的评价是什么？

在孔繁森的葬礼上，悬挂着一副挽联，形象地概括了孔繁森的一生，也道出了藏族人民对他的怀念："一尘不染，两袖清风，视名利安危淡似狮泉河水；两离桑梓，独恋雪域，置民族团结重如冈底斯山。"

（三）解决问题

（1）研学指导师以孔繁森的故事导入课程。（5分钟）

（2）学生搜集资料，自主探究孔繁森所在时期的历史背景与当时西藏的社会情况。（10分钟）

（3）学生进行关于孔繁森人物的感想与感触，交流核心问题，研学指导师带领学生们探究成立孔繁森同志纪念馆的意义。（15分钟）

（4）根据孔繁森的故事展开探究，学生依次分享类似孔繁森的英雄人物事迹，并通过查阅历史书籍，分享其他历史故事，展示中华民族精神。（15分钟）

（四）成果展示

1. 开展"红色文化传播小能手"活动

开展活动，评选"最佳红色文化朗读者"。（45分钟）

评价项目	评价要点	分值	打分
主题内容 （35分）	内容：题材不限，内容健康向上；充实生动，富有真情实感	15分	
	主题：寓意深刻，富有感召力和警世作用	20分	
表达 （35分）	表达自然得体，动作恰当，节奏优美，富有感情	10分	
	朗读者表达准确、流畅、自然，感情处理得当	10分	
	语言富有感召力，富有创意，引人入胜	15分	
台风 （15分）	服装得体，上下场致意、答谢自然大方	15分	
综合印象 （15分）	朗读者整体朗读流利自然，普通话标准，富有感情	15分	

2. 打分表

选手序号	主题内容	表达	台风	综合印象	总分

五、课程评价

评价内容	个人评价	学生互评	导师评价
在研学过程中，遵守行程规定与安排			
内务整洁有序			
在公众场合懂文明、讲礼貌			
在研学过程中爱护公物、保护环境，遵守公共秩序			
研学过程中，积极主动地参与集体活动			
认真记录研学笔记			
在活动中积极交流、分享			
在活动中与同学团结友爱、互相帮助			
在研学活动中有创新能力			

案例二十四　滨州市红色文化研学旅行课程案例："沿先辈足迹，走进红色革命堡垒村"研学课程

序号	课程主题	学时	地点	核心问题	研学内容
1	沿先辈足迹，走进红色革命堡垒村	180分钟	博兴县高家渡革命历史纪念馆	如何理解"农民革命英雄"精神	1. 研学指导师以博兴县农民"八四暴动"为背景，导入课程。（10分钟） 2. 学生搜集资料，自主探究"八四暴动"的历史背景。（20分钟） 3. 学生汇报探究成果，研学指导师对其进行评价并总结知识。（15分钟） 4. 研学指导师提问：在"八四暴动"中，体会到了农民英雄什么精神品质？还了解哪些农民革命战役？（30分钟） 5. 学生汇报成果，研学指导师进行总结、拓展。（20分钟） 6. 观看相关历史视频或影视资料，研学指导师提问：同学们理解的革命英雄精神是什么？从中得到什么启示？（45分钟） 7. 进行"革命英雄精神我来唱"演唱表演，评选"最佳红歌小唱将"。（40分钟）

一、课程简介

1. 课程名称

沿先辈足迹，走进红色革命堡垒村

2. 课程时长

180 分钟

3. 依托研学资源点

博兴县高家渡革命历史纪念馆

4. 涉及学科及知识

历史学科：

博兴县历史：

1932 年 7 月，山东省军委书记张鸿礼来到高家渡，组织成立了中共博兴县委临时行动委员会。其间，还成立了全省乃至全国第一个在农民武装暴动前成立的后备县委——中共博兴后备县委。1932 年 8 月 8 日凌晨，起义遭到血腥镇压，大批共产党员惨遭杀害，博兴党组织遭到严重破坏。暴动虽然失败，但它向国民党反动派展示了革命的力量、人民的力量，并在群众中产生了重大影响。

纪念馆介绍：

中国山东高家渡革命历史纪念馆坐落在博兴县吕艺镇高渡村，馆里有山东最大的半景画，纪念馆内展示了滨州市第一个农村党支部的发展史，包含博兴军民轰轰烈烈的战斗故事，也有博兴改革开放以来的发展成果。

二、学情分析

1. 通识年龄段学情分析

本课程设计针对 12~14 岁年龄段的学生。该年龄段的学生具有乐于接受新事物、开始独立思考、善于思考的特点，学习积极性高。在认知基础和经验分析方面，该年龄段的学生有了一定的分析能力，此研学活动的开展让学生有机会更深入地了解博兴县的历史。基于以上分析，本部分按照 12~14 岁学生的认知特点和学习规律，由表及里、由浅入深地设置课程，需要运用多种教学方法开展该部分课程。

2.围绕本课程学情分析

本课程依托博兴县高家渡革命历史纪念馆为研学资源点,以"如何理解'农民革命英雄'精神?"为核心问题,激发了学生的学习兴趣。课程的教学内容以多种形式呈现,并且可以激发学生自由参与探索与创新。

三、研学目标

(一)课程目标

通过对"八四暴动"事件相关知识的学习,初步掌握历史知识,进行归纳概括。开展爱国主义教育,大力弘扬爱国理念、中华传统美德、中华传统民俗特色,学习革命英雄精神,引导学生了解滨州的历史发展,增强爱国信念,感悟当代青少年的责任使命,坚定民族自信和文化自信。

通过小组合作等方式培养学生团队合作的能力,分享自己的心得体会,培养学生语言表达能力。培养坚持不懈的毅力;能不畏困难,有坚持不懈的探索精神;能大胆尝试,积极寻求有效的问题解决方法。

(二)教学目标

1.知识与技能

知识:学习博兴农民"八四暴动",阐述革命英雄精神。

技能:①讲解能力,阐述"八四暴动"事件;

②搜集资料,探究"八四暴动"的历史背景;

③能够用联系的观点分析材料中的问题,并能举一反三。

2.过程与方法

①参加小组讨论,就"你理解的革命英雄精神是什么?"发表自己的观点;

②小组合作交流博兴县的历史,并汇报探究成果。

3.情感态度及价值观

①在学习革命英雄精神的过程中,树立正确的人生观、价值观;

②在学习"八四暴动"的过程中,树立爱国主义精神。

四、课程实施

（一）界定不熟悉的术语：

1. 联庄会

据清雍正八年《井陉县志》和有关史料记述，"明清时期"推行移民和八股取士量大举措，实施保、甲、里、社的严格划分和管制，清康熙建制分里、社、庄、村，一庄辖数村或十多个自然村落不等联合过会。特别是以横涧川为中心的"青横庄"，与其他庄，几个庄的数十个村联合起来交流过会，称之为"联庄会"。（10分钟）

2. 引入方式

直接介绍，引入课程。

（二）提出问题

1. 驱动核心问题

什么是"农民革命英雄精神"？

2. 分解问题

（1）"八四暴动"体现了哪些农民革命英雄精神品质？

了解这一历史事件不屈抗争、与民族同生共死、军民同心迎接曙光、当家做主走向富强的决心和力量。

（2）在了解这一历史事件的过程中受到了什么启示？

真实生动地再现了博兴人民不怕牺牲、敢为人先，前赴后继、英勇奋战的革命历史场景，体会到革命英雄的伟大以及今日生活的来之不易。

（三）解决问题

（1）观看相关纪录片导入课程。（20分钟）

（2）学生搜集资料，自主探究"八四暴动"的历史背景。（15分钟）

（3）提出问题："怎么理解革命英雄精神？"（5分钟）

（4）学生小组合作探究上面的问题。（20分钟）

（5）研学指导师评价学生探究成果，总结知识。（15分钟）

（四）成果展示

学生汇报探究成果，评选"最佳红歌小唱将"。（45分钟）

五、课程评价

评价内容	个人评价	学生互评	导师评价
在研学过程中，遵守行程规定与安排			
内务整洁有序			
在公众场合懂文明、讲礼貌			
在研学过程中爱护公物、保护环境，遵守公共秩序			
研学过程中，积极主动地参与集体活动			
认真记录研学笔记			
在活动中积极交流、分享			
在活动中与同学团结友爱、互相帮助			
在研学活动中有创新能力			

案例二十五　菏泽市红色文化研学旅行课程案例："红色情怀驻心间"研学课程

序号	课程主题	学时	地点	核心问题	研学内容
1	红色情怀驻心间	180分钟	鲁西南战役指挥部旧址纪念馆	如何理解革命英雄精神	1. 研学指导师以鲁西南战役指挥部旧址为背景，导入课程。（5分钟） 2. 学生搜集资料，自主探究鲁西南战役的历史背景。（20分钟） 3. 学生汇报探究成果，研学指导师对其进行评价并总结知识。（15分钟） 4. 研学指导师询问学生搜集了哪些与鲁西南战役有关的英雄人物。（引出战斗英雄王克勤）（5分钟） 5. 就上面的问题展开，学生自主总结战斗英雄王克勤在鲁西南战役中的光辉事迹。（20分钟） 6. 研学指导师提问：你理解的革命英雄精神是什么？你受到什么启示？（35分钟） 7. 进行"革命英雄精神我来演"短剧表演，评选"最佳表演小能手"。（80分钟）

一、课程简介

1. 课程名称

红色情怀驻心间

2. 课程时长

180 分钟

3. 依托研学资源点

鲁西南战役指挥部旧址纪念馆

4. 涉及学科及知识

历史学科:

鲁西南战役,前后共历时 28 天,是晋冀鲁豫野战军主力突破黄河防线,在鲁西南地区对国民党军队进行的一次大规模的歼灭战,歼灭了国民党军队共 5.6 万多人。鲁西南战役的胜利,打乱了国民党的战略部署,同时也揭开了人民解放军从战略防御转入战略进攻的序幕。

二、学情分析

1. 通识年龄段学情分析

本课程设计针对 13~16 岁年龄段的学生。此年龄段的学生对事物有着独特的看法,属于由形象思维向抽象思维过渡的阶段;他们思维活跃,对学习新知识有着极大的渴望,但对历史的认识正处于感性认识的阶段,需要加以引导,帮助其树立正确的历史观和价值观。基于以上分析,本课程适合 13~16 岁年龄段的学生深入了解。按照层层渐入的课程开展方式,引导和鼓励学生。

2. 本课程学情分析

本课程依托鲁西南战役指挥部旧址纪念馆,以"如何理解革命英雄精神?"为核心问题,激发学生们探索的兴趣,授课方式新颖独特,可以在事件的原发生地给学生们带来更深刻的体验。

三、研学目标

(一)课程目标

通过参观鲁西南战役指挥部旧址纪念馆,学习鲁西南战役有关的历史知识，深入了解历史，深入对红色文化的理解，感受战斗英雄王克勤的伟大付出，感悟先辈的精神与意志，引发更深层的思考；成员密切合作，培养团队精神。

促进学生培育和践行社会主义核心价值观，激发学生对党、对国家、对人民的热爱之情，促进书本知识和生活经验的深度融合，培养学生的社会责任感、集体意识，加深学生对自然、社会、文化、历史的理解，丰富教育内涵，有助于学生坚定中国特色社会主义方向和增进爱国主义感情。

（二）教学目标

1. 知识与技能

知识：学习相关知识，了解鲁西南战役的历史背景，探究这场战役发生的原因。

技能：

（1）观看视频，了解时代背景，感受指挥部指挥时的场景；

（2）小组合作探究指挥部曾做过的革命组织工作。

2. 过程与方法

（1）观看战斗英雄王克勤的视频，说出自己的内心感受；

（2）参与小组讨论，小组合作探究指挥部曾做过的革命组织工作并汇报总结；

（3）学会运用团队合作的精神解决实际问题，服务于学习和生活。

3. 情感态度及价值观

（1）学生通过亲临事发地，亲身体验参与指挥的场景，获得崭新的历史体验，学习历史，正视历史，警示现在。

（2）培养学生的爱国情感，树立报国感恩精神。

四、课程实施

（一）界定不熟悉的术语

（二）提出问题

1. 驱动核心问题

如何理解革命英雄精神？

2. 分解问题

战斗英雄王克勤在鲁西南战役中的故事有哪些？

此处参考课程简介中涉及的知识。

（三）解决问题

参观鲁西南战役指挥部旧址纪念馆，学习鲁西南战役发生的原因和经过。（15分钟）

（1）学生搜集资料，小组合作探究"战斗英雄王克勤在鲁西南战役中的故事有哪些？"（10分钟）

（2）学生合作探究关于"鲁西南战役"的研究性小课题。（20分钟）

学生成立研学小组，组长1人，副组长或秘书1人，过程促进者（协调员，轮流担任）1人，其他成员根据具体任务分工。

（四）成果展示

（1）小组汇报探究成果，讲述鲁西南战役的故事，进行"革命英雄精神我来讲"活动。

（2）研学指导师总结课程，评选"最佳讲课小能手"。（10分钟）

成果名称						
小组成员姓名						
任务完成情况	好（5）					
	较好（3）					
	一般（1）					
出勤率	高（5）					
	较高（3）					
	一般（1）					
积极性	高（5）					
	较高（3）					
	一般（1）					
合作性	好（5）					
	较好（3）					
	一般（1）					

续表

对成果贡献	大（5）							
	较大（3）							
	一般（1）							
自评等级	甲（5）							
	乙（3）							
	丙（1）							
组评等级	甲（5）							
	乙（3）							
	丙（1）							
小组成员签名								

五、课程评价

评价内容	个人评价	学生互评	导师评价
在研学过程中，遵守行程规定与安排			
内务整洁有序			
在公众场合懂文明、讲礼貌			
在研学过程中爱护公物、保护环境，遵守公共秩序			
研学过程中，积极主动地参与集体活动			
认真记录研学笔记			
在活动中积极交流、分享			
在活动中与同学团结友爱、互相帮助			
在研学活动中有创新能力			